Lo que los niños aprenden del matrimonio de sus padres

LO QUE LOS NIÑOS APRENDEN DEL MATRIMONIO DE SUS PADRES

JUDITH P. SIEGEL, PH.D., C.S.W.

Traducción
Ángela García

GRUPO
EDITORIAL
norma

Bogotá, Barcelona, Buenos Aires, Caracas, Guatemala,
Lima, México, Panamá, Quito, San José,
San Juan, Santiago de Chile, Santo Domingo

Siegel, Judith P.
    Lo que los niños aprenden del matrimonio de sus padres /
Judith P. Siegel; traducción Angela García. – Bogotá : Grupo
Editorial Norma, 2006.
    282 p. ; 21 cm.
    Título original What Children Learn from Their Parent's
Marriage.
    ISBN 958-04-9250-6
    1. Familia - Aspectos psicológicos 2. Relaciones familiares
3. Educación para la vida familiar 4. Padres e hijos I. García,
Angela, 1957- , tr. II. Tít.
173 cd 20 ed.
A1078229

        CEP-Banco de la República-Biblioteca Luis Ángel Arango

Título original:
What Children Learn from Their Parent's Marriage
De Judith P. Siegel, Ph.D., C.S.W
Publicado por HarperCollins
Copyright © 2006 por Judith P. Siegel, Ph.D., C.S.W

Edición, Adriana Martínez-Villalba
Diseño de cubierta, María Clara Salazar
Diagramación, Blanca Villalba Palacios

*Para Lillian y Gerry, el matrimonio del cual aprendí;
y para Mitchell y Jenna, los amores de mi vida.*

Contenido

Los casos clínicos que se presentan en este libro incorporan una mezcla de personas a quienes he tratado a lo largo de mi práctica de muchos años. Todos los nombres y los detalles se han modificado para proteger la confidencialidad.

AGRADECIMIENTOS

ESTE LIBRO TUVO COMO INSPIRACIÓN LA CHARLA que me invitó a dictar una colega y amiga, Peggy Herzog. Le agradezco por ayudarme a concentrarme nuevamente en un tema que había dejado de lado. La redacción de un libro exige una enorme cantidad de tiempo y energía, y me habría sido imposible culminar este proyecto sin el apoyo entusiasta de mi pareja, Morris, y la cooperación de mis hijos, Mitchell y Jenna. Monika Polank también merece mi más sincero agradecimiento por haber mantenido funcionando la casa mientras la mamá se enfrascaba una vez más en el computador.

Aunque ya había escrito varios libros y artículos especializados, fue todo un reto aprender a cambiar de enfoque para este proyecto específico. Jane Dystel me ayudó enormemente en el desarrollo de la propuesta del libro, y le agradezco su paciencia y su constante apoyo. También, tengo una profunda deuda de gratitud con mi editora en HarperCollins, Gail Winston, quien me ayudó a preservar el enfoque, a desarrollar mis ideas y, más importante aún, a "encontrar mi voz". Es una editora sumamente talentosa y consagrada. Así mismo, quiero darles las gracias a mi secretario en la Universidad de Nueva York, Richard Lenert, quien ubicó mágicamente todos los artículos para la investigación que

Agradecimientos

yo no lograba encontrar, y al decano Tom Meenaghan, quien apoyó plenamente este proyecto.

Muchos amigos me dieron su aliento, en especial Hannah Fox, Michelle Sacks, Alan Gratch y Lori Rosenfeld. También, agradezco las contribuciones de Denny Jewart, cuya sabiduría clínica ha mejorado mi trabajo a lo largo de los años. Denny, el capítulo cinco se lo dedico especialmente. Gracias, igualmente, a Holly Starkman, por contribuir a las preguntas desde el punto de vista de una niña. Agradezco profundamente el apoyo que me brindó mi familia, y a mis hermanas –Shelley Fingerhut, Wendy Sokolowski y en especial Debbie Naftolin–, quienes leyeron y criticaron la primera versión del texto. Mis padres, Lillian y Gerry Siegel, me han alentado siempre y les doy las gracias por su amor y su admiración.

Finalmente, quisiera expresar mi gratitud a los cientos de padres e hijos a quienes he tratado durante los últimos veinticinco años. Todos ustedes me han conmovido hasta un grado que jamás imaginaron.

Introducción

Su matrimonio: un modelo de intimidad para sus hijos

HACE DOS AÑOS UN COLEGA ME PREGUNTÓ si me interesaría participar en un evento comunitario para padres. El coloquio estaría conformado por un grupo de pediatras, psicólogos infantiles, educadores y otros expertos locales que abordarían el tema "Qué necesitan los niños en el siglo veintiuno". Me pidieron que diera una charla sobre los cambios que podríamos anticipar en el hogar y, específicamente, sobre qué iban a requerir los niños del matrimonio de sus padres.

Al comienzo, esto me sorprendió un poco. Durante los últimos quince años, mi práctica profesional, mis conferencias y mis publicaciones habían versado casi exclusivamente sobre terapia de pareja y, de manera sutil pero contundente me había ido alejando del tema de los niños. Me impresionó percatarme de esto, pues también era madre de dos pequeños y me esforzaba por adaptarme a la gran cantidad de cambios que habían ocurrido en mi propio hogar desde su nacimiento. Era curioso que yo, que había trabajado con familias y niños con problemas durante más de diez años, hubiera perdido el contacto con este tema. Desde luego, el matrimonio de los padres afectaba a los niños. Y desde luego, daría una charla sobre ese tema en la reunión comunitaria.

Esa noche, después de la charla, varios padres se acercaron a conversar conmigo. Su interés y su sincero agradecimiento fueron muy gratificantes. Sin embargo, dos semanas después, sucedió algo más que ejerció un impacto aún mayor en mí. Peter y Catherine pidieron una cita conmigo y me dijeron que, luego de haber asistido a mi charla, habían decidido buscar ayuda para su matrimonio. Llevaron consigo a su hermosa hija de ocho meses, Amy. Después de haberme presentado a Amy, Catherine dijo: "Durante cinco años fuimos a clínicas y nos sometimos a tratamientos de fertilidad para tener a Amy. Tengo cuarenta y cuatro años y Amy es nuestra única hija. Peter y yo queremos que sea feliz, pero nos la pasamos peleando. Ella nos mira cuando empezamos a gritar, y si no nos detenemos, se pone a llorar. Por favor, ayúdenos por el bien de ella".

Más adelante, me referiré en detalle al caso de Peter, Catherine y Amy. De hecho, el libro está lleno de ejemplos de familias a quienes he conocido y tratado en los últimos veinticinco años. Mi primer cargo profesional fue como trabajadora social en el Hospital para Niños Enfermos de Toronto, en donde trabajé con familias cuyos hijos tenían síntomas físicos sin una causa médica aparente. Allí tuve contacto con varios centenares de padres que amaban profundamente a sus hijos, pero que no tenían idea de que las tensiones y los problemas que afrontaban sus matrimonios estaban ejerciendo un impacto tan devastador en ellos. Pude apreciar, por primera vez, el grado hasta el cual los niños reaccionan frente a asuntos que los padres suponen incorrectamente como algo "privado", o que piensan que sus hijos no perciben. Mi experiencia de varios años con estas familias me ayudó a comprender la incidencia que tiene el matrimonio en la configuración de las personalidades de los niños y en su bienestar. De hecho, empecé a interesarme cada vez más por los matrimonios, lo que me llevó a profundizar en esta área en mis estudios doctorales.

Aunque mi interés por la terapia marital se originó en mi convicción sobre la importancia que ejerce el matrimonio en la estructuración de un entorno saludable para los hijos, descubrí otro hecho asombroso: pese a que los adultos a quienes había tratado no decían tener vidas familiares infelices o una niñez sintomática, los problemas que interferían con su felicidad también se relacionaban invariablemente con los matrimonios de sus propios padres.

En el proceso de ayudarles a las parejas a entender sus expectativas y sus reacciones frente al otro, pronto comprendí hasta qué punto el matrimonio en el que crece el niño influye en sus propias relaciones futuras. Casi todos los adultos a quienes he tratado en terapia de pareja se han visto profundamente afectados por las relaciones de sus propios padres. Las creencias sobre la intimidad "aprendidas" durante la niñez habían generado temores, posturas defensivas y expectativas que iban en contra de esa relación de intimidad. Incluso la pareja parecía haber sido inconscientemente escogida para recrear algunos aspectos del matrimonio de los padres.

Me sorprendió un poco descubrir que lo que a mí me parecía tan obvio raras veces se menciona en la literatura profesional. Los terapeutas que tratan a individuos ponen énfasis en la manera en la que los niños se ven afectados por sus relaciones individuales con el padre y la madre, pero descuidan por completo la importancia que reviste la relación entre los padres. Los terapeutas de familia se concentran en los problemas que se pueden presentar en los niños cuando el matrimonio es conflictivo o problemático, pero prestan poca atención al grado hasta el cual la relación que se observa durante la niñez influye profundamente en la intimidad cuando el niño se convierte en adulto.

El propósito de este libro es crear una mayor conscientización sobre esta dinámica. A lo largo de mis veinticinco años de experiencia clínica con familias de niños con problemas y parejas desdichadas, he comprendido que el matrimonio de los padres es crucial para el bienestar y la salud emocional de los hijos. Incluso si casi no se recuerdan, estas "lecciones" de amor son muy poderosas. La relación matrimonial que observa el niño es como una marca a partir de la cual se construirán todas las relaciones de intimidad futuras. Por esta razón, es importante que los padres hagan un alto y examinen el plan de lecciones que han creado para sus propios hijos. Los padres deberían preguntarse qué podrían estar captando sus hijos y cuestionarse sobre si les están ayudando a crear el mejor futuro posible.

No me cabe duda de que la mayor parte de los padres quiere lo mejor para sus hijos. Mientras escribía este libro, pensé no sólo en los clientes con quienes he trabajado a lo largo de los años, sino también en mis dos pequeños hijos. A semejanza de otros padres que conozco, tengo una lista de deseos para mis niños. Espero que crezcan sabiendo cuán especiales son y que siempre se sientan orgullosos de sí mismos. Espero que se lleven bien con los demás y que sepan cómo llegar a acuerdos cuando sea necesario, pero también espero que sepan cuándo y cómo luchar por lo que es realmente importante para ellos. Y sobre todo, espero que sean amados durante todas sus vidas, y que las parejas que escojan los apoyen y se preocupen por su bienestar con tanta pasión como lo he hecho yo.

Los padres que quieren ese mismo tipo de cosas para

sus hijos son padres activos. Conversan con sus hijos sobre cosas que suceden en el colegio o con sus compañeros. Reflexionan sobre la disciplina y la confianza en sí mismos, y sobre todo lo que pueden hacer para ayudarles a sus hijos a desarrollarse de manera sana. Sin embargo, aunque a casi todos los padres y madres les interesa profundamente la relación que mantienen con cada uno de sus hijos, muchos no se dan cuenta de las maneras en que los niños se ven afectados por el clima emocional del hogar. Con frecuencia, existen problemas en el matrimonio, tensiones y asuntos no resueltos que se evitan o se posponen indefinidamente. Estoy segura de que, una vez que los padres entiendan las maneras en que sus hijos se ven afectados por estas cuestiones, hallarán la fuerza requerida para afrontar los problemas y mejorar su relación. El resultado tiene dos beneficios: una vida hogareña más feliz y la esperanza de que esta generación de niños aprenda las lecciones positivas del amor.

Cuando preparé mi charla para el coloquio hace dos años, me di cuenta de que si bien todos probablemente estarían de acuerdo en que un buen matrimonio provee una base sólida para los hijos, la mayor parte de los padres requiere ayuda para entender cuáles son los componentes específicos que contribuyen a crear un entorno feliz en el hogar. En los capítulos que siguen, he identificado y explorado siete ingredientes clave del matrimonio que proveen información esencial para los niños: la prioridad del matrimonio, el apoyo, el respeto, la confianza, la negociación, la resolución de conflictos y el afecto. En la escogencia de estos temas, me he guiado por la teoría, las investigaciones más recientes sobre desarrollo infantil y muchos años de práctica clínica con niños y parejas. Todas estas ideas se traducen en el tipo de interacciones que se presentan cotidianamente entre las personas. Empiezo el libro explicando cómo los niños aprenden del matrimonio de sus padres. Los padres a quienes les interese la psicología quizás encuentren esta teoría interesante e informativa, pero he escrito el libro de forma tal que quienes prefieran ir más rápido y leer sobre cómo cada tema afecta a los niños puedan hacerlo.

A lo largo del libro, hay dos aspectos que me gustaría que los lectores tuvieran en cuenta. Uno es la manera en que los niños de todas las edades reaccionan en el "aquí y ahora" frente a las fortalezas y los problemas en su entorno familiar. El segundo es una mirada a las consecuencias que tal vez no sean inmediatamente visibles durante la niñez, pero que más tarde se manifiestan en la experiencia de intimidad en la edad adulta. Esto incluye la escogencia de la pareja, así como los tipos de problemas que probablemente experimenten en sus propias relaciones adultas.

Abrigo la esperanza de que el lector aprenda un poco más sobre las maneras en que su matrimonio afecta a sus hijos. Muchos de ustedes se identificarán con los ejemplos de casos que extraigo de mi práctica. Algunos capítulos les confirmarán los aspectos de sus matrimonios que marchan bien, y probablemente se sientan satisfechos al darse cuenta del obsequio que están dando a sus hijos. Es posible que otras áreas los insten a ver su situación desde un ángulo nuevo y a cuestionarse sobre lo que está sucediendo entre ustedes y sus parejas. También, incluyo una lista de preguntas al final de cada capítulo, para ayudarle a cada cual a puntualizar su situación y reflexionar sobre cosas específicas que tal vez sus hijos estén percibiendo.

En este punto, me gustaría compartir con los lectores el más reciente aspecto de mi desarrollo profesional, pues no sólo soy una terapeuta sino también una educadora y entrenadora de terapeutas. Cuando dicto cursos sobre desarrollo humano, me sorprenden las reacciones intensas de mis estudiantes mayores: hombres y mujeres que están criando niños o cuyos hijos ya son grandes. A menudo, menean la cabeza y, con un sentimiento de autoacusación grave, me dicen que habrían deseado tener esta información cuando sus hijos eran más pequeños. Cuando dicto cursos sobre terapia marital, los estudiantes que están en proceso de divorcio o que se han divorciado me cuentan lo doloroso que resulta examinar críticamente sus propias relaciones y asumir la responsabilidad por cosas que saben son culpa de ellos. En mis clases, puedo hablarles a estas personas y tratar de eliminar el sentimiento de culpa y autocondena que produce este "conocimiento". Les digo que en la vida todos hacemos lo mejor que podemos en el momento en cuestión. El objetivo de entender las relaciones desde una perspectiva nueva no es culparnos a nosotros mismos, sino obtener la orientación e inspiración requeridas para mejorar las situaciones.

Sé muy bien que este libro puede resultar atractivo aunque a la vez genere ansiedad. Mis amigos que son padres y madres sintieron curiosidad pero también cierta aprensión cuando les dije que estaba escribiendo un libro sobre lo que los niños aprenden del matrimonio de sus padres. La respuesta que más escuché fue "eso es miedoso", seguida rápidamente de "me gustaría leerlo cuando termines". Casi todas las personas temen hacer daño sin intención y quizás no quieran examinar muy de cerca ciertos aspectos de sus propias relaciones que son difíciles de confrontar. Incluso los padres divorciados necesitan reflexionar sobre la relación que tienen con su "ex" y la manera en que los niños siguen siendo afectados. Este libro es su aula de clase. No fue escrito con la intención de hacerlo sentir mal, sino más bien busca darle la información y el aliento que quizás requiera para lograr que las cosas se desarrollen como usted realmente quiere que sean para sus hijos. Como estoy convencida de que nuestros propios matrimonios se ven en gran parte influidos por los matrimonios que presenciamos, también he incluido preguntas con el fin de estimular la toma de conciencia a este respecto. Sé que también esto genera aprensión. Cuando entreno a terapeutas de pareja y de familia, a menudo, les tengo que ayudar a impugnar creencias y reacciones inconscientes frente a sus clientes. A fin de hacerlo, deben reflexionar sobre las relaciones en medio de las cuales se criaron y sobre las creencias que tienen en la actualidad. He descubierto que mientras a la mayor parte les parece fácil percibir los problemas en las vidas de otras personas, es doloroso y difícil verlos en sus propias vidas.

Para entender cabalmente la manera en que su propio matrimonio se ha desarrollado, podría ser útil examinar el matrimonio de sus padres y las lecciones que aprendió inadvertidamente mientras crecía. Una vez más, no puedo estar a su lado para tranquilizarlo si surgen dudas o sentimientos de ansiedad. Sólo espero que recuerde que la comprensión es el primer paso hacia el cambio. Al reflexionar sobre si sus creencias y expectativas le han ayudado a construir la vida que quiere, podrá visualizar el tipo de relación que en verdad desea, y esforzarse para lograrla. Éste es el inicio de un proceso que puede cambiar la dinámica de su matrimonio y permitirnos a todos cumplir nuestra principal obligación: crear un legado de amor positivo para nuestros hijos.

1

CÓMO APRENDEN LOS NIÑOS DEL MATRIMONIO

"Me pregunto qué recordarás cuando seas grande"

EXISTE UN VIEJO REFRÁN QUE DICE: "Los niños hacen lo que ven, no lo que les dicen que hagan". Lo más probable es que ya haya escuchado esto antes: si quiere que su hijo lea más, la mejor manera de lograrlo es que usted lea más. Si quiere mejorar los modales de su hijo, o su manera de tratar a los demás, primero debe reflexionar sobre cómo trata usted mismo a los otros y pensar en lo que su hijo está aprendiendo al observar su comportamiento. Los niños imitan y se convierten en aquello que observan. Si bien es cierto que el niño se ve influenciado por la relación que tiene con cada uno de sus padres individualmente, también, se da cuenta de la relación que existe entre su padre y su madre y saca sus propias conclusiones al respecto. De hecho, esa relación se convierte en el modelo de todas sus relaciones de intimidad en el futuro.

Los niños son observadores agudos del matrimonio de sus padres. Aunque usted no se dé cuenta, sus hijos se dan cuenta de los detalles grandes y pequeños de su relación matrimonial. Lo cierto es que la mayor parte de los niños son conscientes de muchos intercambios "privados" que sus padres suponen que escapan a su capacidad de comprensión: un pequeño gesto de solidaridad o un gesto hostil. Si bien es posible que sus hijos no conversen con usted sobre lo que están aprendiendo, están sacando conclusiones sobre "lo que sucede" entre las personas casadas. Estas conclusiones se convertirán en una parte permanente de sus creencias y expectativas, y los prepararán para conformar sus propias relaciones matrimoniales cuando sean mayores.

Los niños observan a sus padres a fin de darle sentido al mundo. También, son supremamente sensibles y receptivos a la atmósfera emocional que los rodea, y se compenetran con conflictos y tensiones que ni siquiera les competen de manera directa. Los niños quieren ser felices y se desarrollan mejor en entornos que les brinden paz y seguridad. Con el fin de evitar ser castigados o generar un problema, procuran entender las reglas, para luego experimentar hasta qué punto las pueden doblegar.

Sin embargo, los psicólogos han descubierto que los niños no necesitan aprender todo de primera mano. También, aprenden mucho al observar las interacciones de los demás y aplicar luego estas "reglas" a sí mismos. El psicólogo Alfred Bandura demostró esto en un proceso que se conoce como "aprendizaje social"[1]. Bandura hizo que dos grupos de niños ingresaran a una habitación que contenía una variedad de juguetes, incluido Bobo, un muñeco de inflar, que se bamboleaba cuando lo golpeaban. El primer grupo de niños jugó

---

[1] Para mayor información sobre la teoría del aprendizaje social, véase Bandura y Walters, *Social Learning and Personality Development* (1963).

libremente con todos los juguetes, entre ellos Bobo. Antes de ingresar a la habitación, a los niños del segundo grupo les mostraron una videocinta en la que un niño se ponía a jugar con Bobo y enseguida un adulto lo reprendía severamente y le advertía que no podía seguir jugando con el muñeco. Después de haber visto la cinta, los niños fueron llevados a la misma habitación repleta de juguetes. Bandura descubrió que los niños del segundo grupo jugaban libremente con la mayor parte de los juguetes, ¡pero ninguno se acercaba a Bobo! Aunque no les habían dicho directamente que dejaran en paz a Bobo, con sólo mirar la cinta y observar lo que les pasaba a otros habían aprendido que era más prudente escoger otros juguetes.

De la misma manera, los hijos son observadores perspicaces del matrimonio de sus padres. Prestan atención al momento y a la forma en que están en desacuerdo, se dan cuenta de cómo usted y su pareja reaccionan el uno con el otro, y de un sinnúmero de maneras se forman impresiones propias sobre las reglas de la vida matrimonial. Parte de lo que aprenden tiene que ver con los roles, es decir, las actividades que definen lo que hacen una mamá o un papá. Quizás tenga recuerdos gratos o historias actuales sobre su hija, simulando ser una mamá e interpretando el papel con habilidad suficiente como para ganarse un Emmy. Sin embargo, los niños también se sintonizan con la atmósfera emocional y la sensación de bienestar entre los miembros de la familia. Los pequeños los observan a usted y a su pareja interactuar y manejar situaciones juntos. Luego, sacan conclusiones sobre cómo se tratan las personas casadas, ya sea para bien o para mal.

Si Mónica observa a sus padres conversar sobre la compra de un auto nuevo, aprende cómo interactúan los adultos casados para tomar una decisión. Cuando los dos son capaces de conversar con calma y compartir ideas y puntos de vista diferentes, Mónica aprende que tanto el padre como la madre son dignos de respeto y que es posible expresar puntos de vista distintos con tranquilidad y seguridad. Si el padre de Mónica actúa como si las ideas de su esposa fueran estúpidas y considera que la decisión la debe tomar exclusivamente él, Mónica aprende mucho sobre el poder y sobre cómo las personas dirimen sus diferencias. Incluso, es posible que los padres ni siquiera se hayan dado cuenta de que Mónica los estaba escuchando y probablemente se sorprenderían si les dijeran que la reacción de la niña frente a ellos como pareja ayudará a configurar sus propias creencias acerca de las relaciones de intimidad.

¿Qué ves?

¿Alguna vez se ha preguntado qué están pensando sus hijos? A veces nos divierten las explicaciones que se les ocurren. Otras veces nos asombran su percepción y su intuición. Lo que los niños observan, creen y recuerdan cambia a medida que se van desarrollando.

Lo que Mónica aprende acerca del matrimonio de sus padres se basa parcialmente en su edad, pero también en lo que ha llegado a esperar a partir de observaciones anteriores. Los psicólogos han aprendido que los niños crean, desde muy temprana edad, un mapa de ruta mental que les ayuda a darle un sentido al mundo que los rodea. Esto es necesario a fin de ubicar las situaciones nuevas en un contexto que las haga comprensibles, de manera que la información se pueda procesar con mayor eficiencia. Incluso de adultos, utilizamos lo que ya sabemos para interpretar los sucesos nuevos. La estructura subyacente, que se denomina "esquema", se modifica ocasionalmente para absorber información nueva, pero la mayor parte de nuestras interpretaciones y conclusiones refleja el sistema de creencias ya existente. Las investigaciones sobre niños y adultos han demostrado que las personas seleccionan o se concentran en información que confirma sus convicciones, y descartan o minimizan evidencias que sustentan lo contrario[2].

Las investigaciones de Jean Piaget ilustran esto muy bien[3]. Recuerdo haber visto una videocinta fascinante sobre un experimento en el que se mostraba a unos preescolares dos recipientes de vidrio colocados sobre una mesa pequeña. El primer recipiente, largo y muy delgado, estaba lleno de agua. Uno a la vez, cada niño miró mientras se vertía el agua dentro del segundo contenedor, que era menos largo pero más ancho. Cuando a los niños se les preguntó cuál de los dos recipientes tenía más agua, todos convinieron en que el largo y delgado contenía mayor cantidad. Pese a que habían visto verter la misma cantidad de agua repetidamente de un recipiente al otro, los pequeños explicaron que el nivel de agua en el primer recipiente era más alto, por lo cual contenía "más". Los niños habían desarrollado un esquema de tamaño que ponía de manifiesto su comprensión de la altura, mas no del diámetro. Pese a la evidencia de que había exactamente la misma cantidad de agua, el esquema de "más alto significa más" los instó a sacar conclusiones específicas. El concepto de diámetro es demasiado complejo para que lo entiendan

---

[2] Varias investigaciones han examinado la manera en que la estructura cognitiva afecta la percepción. Véase, por ejemplo, Baucom, Epstein, Sayers y Sher (1989), p. 31. Véanse también, Dobson y Kendall (1993), p. 8, y Chelune, Robinson y Kommer (1984), p. 19.

[3] Para un excelente resumen del trabajo de Piaget, véase Hugh Rosen (1985). El experimento que aquí se describe se encuentra en la p. 15.

niños tan pequeños. Más adelante, serán capaces de modificar sus esquemas de dimensión, pero todavía su primer instinto va a ser esperar que la altura prediga el tamaño. Las convicciones originales permanecen con nosotros y siguen influyendo en nuestro pensamiento durante muchos años.

Pero, ¿cómo aprenden los niños acerca de las relaciones? Si bien los psicólogos saben bastante sobre cómo los niños aprenden a distinguir entre lo que está bien y lo que está mal a través de sus amistades y situaciones sociales, existen pocas investigaciones sobre cómo los niños deducen sentido a partir de las relaciones familiares. Uno de los pocos estudios que he encontrado a este respecto fue un proyecto de investigación sobre familias con padrastro o madrastra[4]. Aunque éste no era el propósito principal del estudio, al conversar con los niños, la psicóloga Ann Bernstein observó que los niños de diferentes edades definen la "familia" de manera bastante diferente. Los preescolares son egocéntricos y piensan sobre todo en cuáles adultos cuidan de ellos. Los niños de edad escolar son más objetivos y definen la familia según su historia y sus arreglos de vivienda. Los adolescentes, que han desarrollado la capacidad de pensar en abstracto, utilizan conceptos más complejos como reciprocidad y la naturaleza de la relación entre padres e hijos. Los niños desarrollan poco a poco la capacidad de entender las cosas de una manera multidimensional. Así pues, la conversación de sus padres acerca del nuevo auto generará una comprensión y una reacción diferentes, dependiendo de si Mónica tiene cinco o quince años. Los niños pequeños son más proclives a culparse a sí mismos cuando sus padres discuten; los más grandes pueden permitir que sus padres tengan una relación

---

[4] Bernstein, A. Citado por Mary F. Whiteside (1986), p. 156.

que no los implique directamente. El producto o esquema final del matrimonio de sus padres probablemente contiene elementos de todas las fases de desarrollo.

¿Qué tan exacto es esto?

El esquema del niño se basa en las relaciones que observa, pero se trata en esencia de una creencia construida por el niño mismo, abierta a sus interpretaciones y sus reacciones emocionales. El esquema consta de recuerdos, pero es mucho más que la suma de los recuerdos que contiene. De hecho, se ha descubierto que los recuerdos son extremadamente inconsistentes, mientras que los esquemas persisten. Por ejemplo, los psicólogos han estudiado la frecuencia con que las personas embellecen o alteran, sin estar conscientes de ello, los detalles sobre sucesos importantes del pasado[5]. En un estudio, se preguntó a un grupo de universitarios cómo se habían enterado de que el transbordador espacial Challenger había explotado. Cuando les hicieron la misma pregunta varios años después, sus respuestas habían cambiado notoriamente. Sin embargo, todos juraron que sus respuestas más recientes eran correctas, y se sorprendieron mucho al leer cuáles habían sido sus respuestas anteriores. No obstante, cuando se hicieron a varios adultos preguntas diferentes sobre el matrimonio de sus padres y luego se les repitieron cuatro años después, sus respuestas fueron casi idénticas. El tiempo no había alterado sus evaluaciones. A diferencia de los recuerdos de sucesos individuales, el esquema del matrimonio de los padres es persistente, e incluso, según han sugerido algunos, casi forma parte de nuestra identidad[6].

---

[5] Neisser (1994), p. 6.
[6] Lewis y Owen (1995), p. 462.

Pero nunca es demasiado tarde para cambiar el modelo matrimonial que estamos transmitiendo a nuestros hijos. Incluso si han sido testigos de cosas que quizás lamentemos, cuando son adultos son capaces de distinguir entre diferentes fases de su familia durante la época en que estaban creciendo. Los estudios han demostrado que los adultos pueden describir las diferencias entre los años iniciales del matrimonio de sus padres y la forma en que se desarrollaba su relación años después[7]. De alguna manera, los múltiples aspectos se integran para crear un esquema global.

También, se debe poner énfasis en que el niño construye activamente esta imagen interna. Cada niño es sensible o receptivo a diferentes asuntos, y experimenta los sucesos familiares de una manera única[8]. Si quiere poner a prueba esta idea, hágales a sus hermanos y hermanas preguntas sobre diversos aspectos de su familia en la niñez. Aunque todos provengan de la misma familia, cada hermano o hermana evaluará su vida familiar de una manera diferente y desarrollará su propia "realidad privada". Si bien tal vez coincidan en cuanto al número de habitaciones que tenía la casa de su niñez, es probable que se escuchen respuestas muy distintas a preguntas acerca del humor familiar o la toma de decisiones en el hogar. Así pues, en vez de buscar "la verdad" de lo que sucedió, es más importante aceptar las realidades subjetivas que se produjeron.

Creencias silenciosas

La gente rara vez se pregunta qué cosas considera verdaderas y cómo llegó a esa conclusión. Los esquemas no son ple-

---

[7] Hampson, Hyman y Beavers (1994), pp. 66 - 67.
[8] Robins, Schoenberg, Holmes *et al.* (1985), p. 37.

namente reconocibles y a menudo operan de maneras silenciosas. Después de conformado un esquema, por lo general, se convierte en conocimiento "tácito", es decir, en una creencia que se acepta como una verdad universal. Este tipo de creencias nos lleva a suponer que lo que funcionó en nuestro caso es válido para todos los demás. Por ejemplo, un niño criado en una familia norteamericana típica observaría que la gente come con tenedores y cuchillos. Probablemente, daría esto por sentado y supondría que todo el mundo come así. ¡Imagine su sorpresa cuando lo llevan por primera vez a un restaurante chino y descubre que la gente también come con palillos! Quizás ha sido expuesto a amigos o parientes europeos que sostienen el tenedor con la misma mano todo el tiempo. Tal vez, antes de la experiencia de los palillos, el niño no se haya dado cuenta de eso. El esquema de cómo come la gente posiblemente no se haya visto lo bastante alterado como para registrar diferencias sutiles. Sin embargo, una vez que el niño se ha dado cuenta de que las personas comen de diferentes maneras, es posible que esté más atento y note las variaciones que existen.

Gran parte de lo que los niños observan acerca del matrimonio de sus padres se convierte en información "tácita", creencias que sólo son aparentes mediante la forma en que se interpretan los sucesos y se reacciona frente a ellos. Sin embargo, las creencias sobre cómo debe ser un matrimonio se pueden rastrear a aquello a lo que se vio expuesta la persona en su familia de origen. Con frecuencia, las parejas se sorprenden cuando comparan sus antecedentes y descubren lo diferentes que pueden ser dos familias. Cada uno de los cónyuges está convencido de que la manera en que se hacían las cosas en su propia familia es la manera "correcta". ¡En cierta ocasión trabajé con una pareja que, después de diez años de matrimonio, seguía peleando sobre qué era "correcto" servir en la cena de Acción de Gracias!

Lo que es preciso enfatizar es el poder de estas creencias tempranas. El conocimiento tácito que se absorbe en la niñez conforma las creencias que ayudan a explicar la manera en que la cultura se transmite de una generación a la siguiente. Incluso cuando una persona está expuesta a un entorno diferente en la edad adulta, él o ella sigue aferrado a las creencias, los valores y las expectativas que adquirió en el hogar de su niñez[9].

Soy hija de mi madre; soy hijo de mi padre

Otra manera de entender la forma en que sus hijos se ven afectados por su matrimonio es mediante el proceso psicológico de la identificación: la forma en que se modelan de acuerdo con los adultos que son importantes en su vida cotidiana. Es fácil observar el momento en que su hijo o hija está imitándolos a usted o su pareja, "tomando prestada" una manera de hablar, un gesto o una forma de caminar. Sin embargo, a diferencia de los juegos de roles, las identificaciones no son imitaciones temporales que se abandonan a medida que el niño pasa al siguiente juego. Inicialmente, las identificaciones se toman prestadas, pero luego se convierten en características o atributos que el niño experimenta como parte de sí mismo. Cada vez que una parte de la psiquis del niño se va "pareciendo" a uno de sus padres, el proceso de identificación está en marcha[10].

---

[9] Langston, p. 128.

[10] El proceso de identificación se explica especialmente en W. Meissner (1986), p. 240.

1. Cómo aprenden los niños del matrimonio

Es engañoso pensar que los niños sólo se identifican con el padre del mismo sexo. Los niños no son plenamente conscientes de las diferencias sexuales y de su propia identidad sexual sino desde los tres o cuatro años. Hasta entonces, modelan libremente su comportamiento a partir de ambos padres. Incluso después, es posible que se sigan identificando con aspectos de ambos padres, aunque la manera en que perciben al padre del mismo sexo, sin duda, ejerce un rol en la configuración de su identidad[11].

A los niños no necesariamente les gustan todas las características de sus padres, y no siempre aceptan los modelos de roles que les han dado. Esto se hace más evidente a medida que van creciendo e intentan diferenciarse de sus padres, volviéndose más como sus compañeros, las estrellas de los medios o sus héroes deportivos. Una manera de ver eso es como un proceso denominado "desidentificación", que es la parte de la identidad que se construye a partir del disgusto que sienten con respecto a ciertos aspectos de su padre o su madre, y el intento de *no* parecerse a ese padre[12]. Las personas pueden decidir repudiar ciertas características y "enfrentar" estas identificaciones. Sin embargo, incluso los aspectos que han sido rechazados se convierten en parte de la identidad de la persona y seguirán siendo una fuente de vulnerabilidad emocional. Como dice la psicóloga Ruthellen Josselson, "estamos tan estrechamente ligados a las personas cuando no soportamos descubrirlas en nosotros mismos, como cuando eso es lo que más deseamos hacer"[13].

---

[11] Snyder, Velásquez y Clark (1997), p. 192.
[12] Fuss (1995), p. 6.
[13] Citado a partir de Josselson (1996), p. 145.

Lo que los niños aprenden del matrimonio...

Esto significa que mientras sus hijos observan cómo interactúa usted con su pareja, absorben o adoptan ciertos aspectos de cada uno de ustedes en sus propias identidades. Si su hijo se siente orgulloso o seguro acerca de determinada característica, es probable que se produzca una identificación positiva. "Poseerán" esa parte de usted, y se sentirán fuertemente motivados a comportarse de esa manera en su propio matrimonio. Sin embargo, cuando su hijo se siente molesto o avergonzado por el comportamiento de ambos, es posible que trate de desidentificarse de ese comportamiento. Incluso en una edad temprana, un niño puede prometerse nunca hacer o tolerar algo que ha visto en el matrimonio de sus padres. Una identificación negativa podría hacer que su hijo asuma una posición defensiva cuando sea mayor, a fin de evitar parecerse mucho a su padre o madre o repetir algo que ha juzgado ofensivo (por ejemplo, una hija que cree que su madre es egoísta porque pasa muy poco tiempo con sus hijos al tiempo que socializa con otros constantemente puede prometer que cuidará mejor de sus propios hijos; un hijo que ve cómo su padre apuesta y pierde el dinero del arriendo podría decidir que cuando él sea grande sí atenderá las necesidades de sus seres queridos). Esto se aplica a valores y formas de tratar a otros miembros de la familia, así como a características individuales[14].

De esta manera, la identificación puede ser una fuente de fortaleza o de tensión. Las identificaciones positivas nos pueden servir de inspiración al utilizar las partes de nosotros que están más conectadas con las fortalezas de nuestros padres. Las identificaciones negativas pueden generar reacciones exageradas y tensiones, sobre todo, cuando nos encontramos

---

[14] Gerson y Hoffman (1993), p. 341.

en situaciones que despiertan las partes de nosotros que hemos rechazado.

La pareja interiorizada

Dentro de cada uno de nosotros existe un modelo de matrimonio basado en nuestras experiencias familiares tempranas. El problema es que gran parte de esto se conformó cuando éramos demasiado jóvenes para entender a cabalidad de qué se trata en realidad el matrimonio. Nuestras creencias y expectativas también se ven coloreadas por el mundo emocional de un niño, un mundo que, como señalan los psiquiatras Jill y David Scharff, está regido tanto por hechos como por fantasías. Nuestras creencias, sin duda se basan en lo que hemos observado, pero hay atributos "adicionales" inspirados por la imaginación[15]. El contorno se extrae de sucesos reales, pero es coloreado de maneras que captan el estado de ánimo y el estado emocional del niño.

Por ejemplo, si el padre de Mónica tiene una voz fuerte que asusta a la niña, o si suele perder el control y discutir iracundo con su madre, es posible que la pareja interiorizada de Mónica se vea emocionalmente teñida de terror. Podría fantasear que las peleas entre sus padres conducirán a estados de ira interna y quizás hasta el asesinato. La imagen fantasiosa se exagera más allá de los "hechos", pero aun así se convierte en parte del sistema de creencias que influirá en las expectativas y reacciones de Mónica frente al conflicto.

La pareja interiorizada no es un "hecho" que el niño maneja voluntariamente, sino una referencia emocional con

---

[15] David y Jill Scharff fueron los primeros en referirse a la "pareja interiorizada" en su libro *Object Relations Family Therapy* (1987), p. 241.

capacidad propia para influir en él. Cualquier situación es susceptible de activar las creencias y las respuestas emocionales que se mantienen dentro de esta pareja interiorizada. Si la referencia que Mónica tiene del matrimonio es una que no es capaz de manejar el conflicto de manera segura, creerá que los desacuerdos pueden provocar violencia y destrucción. Sus temores y sus reacciones emocionales se mantendrán durante mucho tiempo y complicarán su capacidad de establecer una relación de intimidad confiable propia.

Cuando la identidad de un niño incluye reductos llenos de confusión y tensión, es posible que no siempre manifieste síntomas que indiquen que existe un problema serio. Algunos niños manifiestan indicios de problemas al imitar estos conflictos o interpretarlos con sus compañeros. Sin embargo, otros no exhiben señales visibles de problemas en la niñez. Tal vez el niño sufra de sobrepeso; quizás sea tímido o desconfiado. Las consecuencias de la interiorización no se aprecian plenamente sino cuando el niño inicia la edad adulta y se basa en estos aspectos de su identidad para conformar su propia relación de intimidad. Por razones que no se entienden a cabalidad, tal parece que todos necesitamos repetir las vulnerabilidades y las tensiones de nuestra niñez. De adultos, repetimos comportamientos que nos perturban, a semejanza de la manera en que los niños intentan solucionar sus problemas: repitiéndolos una y otra vez[16].

En los juegos, los niños pueden repetir el mismo tema incansablemente, siempre buscando un mejor resultado. Lo que he aprendido a partir de mi experiencia como terapeuta

---

[16] La repetición de la dinámica es un tema que he explorado en documentos profesionales y libros. Véanse Siegel (1991), p. 72, y Siegel (1992), pp. 9-19. Véase también, Scarf (1986), p. 126.

matrimonial es que los asuntos no resueltos que se repiten de maneras tan dolorosas no siempre tienen que ver con la relación que cada persona tuvo con sus padres individualmente. Con gran frecuencia, trabajo con asuntos dolorosos que mis clientes interiorizaron de niños a partir del matrimonio de sus padres.

Niños con problemas

Los niños son sumamente sensibles a los conflictos no resueltos entre sus padres y aprenden que al actuar de cierta manera pueden evitar que un conflicto emerja a la superficie y amenace a la familia como tal. Las maneras en que los niños reaccionan frente a las tensiones entre sus padres son uno de los descubrimientos más importantes de la terapia de familia. Asombra constatar el grado hasta el cual los niños adaptan su comportamiento y sus personalidades para satisfacer una necesidad en su familia o para mantener a ésta unida[17]. Por lo general, los padres son los últimos en reconocer esto.

Cuando Mónica escucha que sus padres pelean por el auto que van a comprar, es probable que haga todo lo posible por poner fin a la discusión. A los niños los perturba y los atemoriza el desequilibrio emocional de sus padres e instintivamente procuran restaurar la paz en la familia. Mónica quizás les suplique directamente a sus padres que dejen de pelear. Si eso no funciona, podría intentar distraerlos, hacien-

---

[17] James Framo escribió por primera vez sobre esto en un artículo de periódico titulado "Symptoms from a family transactional viewpoint" (1970), p. 128. El rol de los niños en la estabilización del matrimonio de sus padres se encuentra en Byng–Hall (1980), p. 356. Véase también, Scarf (1986).

do alguna travesura o peleando con su hermano menor. Si Mónica se porta mal, sus padres tienen que dejar de discutir a fin de manejar el caos suscitado por los niños. Así, se crea un nuevo rol para Mónica.

Una de las primeras lecciones que aprendí como terapeuta de familia fue el aspecto Jekyll/Hyde de muchos niños. El niño se comportaba de cierta manera cuando hablaba con él en privado, y de otra completamente distinta cuando el resto de la familia participaba en la sesión. El comportamiento agresivo de Mónica, que en este ejemplo era necesario para impedir las peleas de sus padres, quizás sólo se dé en el contexto familiar. Es muy posible que en el colegio y con sus amigos Mónica sea una niña sociable y juguetona. Éste sería un ejemplo de una niña que sabe cómo y cuándo actuar de maneras que solucionen las tensiones familiares, pero que puede establecer un yo genuino en otras situaciones. Sin embargo, en otras instancias, la necesidad de la niña de desempeñar un rol particular en la familia hace que bloquee su yo verdadero y "se convierta" en la persona requerida para la supervivencia emocional de la familia. Si esto le sucediera a Mónica, su sentido de sí misma como una persona que perturba y como la niña problema de la familia haría que este lado suyo se pronuncie en todas las esferas de su vida.

Los ejemplos de las formas en que los niños se comportan y se desarrollan con relación a los problemas familiares se han descrito particularmente en textos referidos a niños de familias con problemas de alcoholismo. En estas familias los niños asumen roles previsibles, de tal manera que uno podría convertirse en una persona hiper responsable mientras que otro se convierte en el payaso o en el niño problema. El niño problemático podría actuar de manera lo suficientemente seria como para hacer que la familia entera se someta a terapia. Sin embargo, todos los niños se enfrentan a las mismas cuestiones subyacentes y son vulnerables, debido a lo que aprendieron del matrimonio de sus padres[18]. A los padres se les dificulta entender que un niño hiper responsable, o "perfecto", quizás tenga de hecho muchos problemas y se sienta confundido. Con demasiada frecuencia, estos asuntos emocionales se ocultan bajo la superficie hasta cuando el niño es casi adulto y empieza a salir en pareja. Una vez más, no sorprende el hecho de que estos adultos jóvenes se sientan atraídos por parejas que afrontan problemas similares, y que repitan la dinámica a la que se vieron expuestas en el hogar de su niñez.

El conflicto no es lo único que puede crearles problemas a los niños. En algunas familias, existen altos niveles de ansiedad que interfieren con su desarrollo psicológico. Por lo general, esta ansiedad se relaciona con temores de ser abandonados o dejados solos, lo cual hace que las personas se aferren a otros de maneras poco sanas y se aglutinen. En este tipo de familia, es probable que las personas eviten las diferencias y el conflicto por temor a producir una ruptura en la calidad estrecha de la relación. Como la ira no se puede tolerar, los niños reprimen sus sentimientos de maneras que conducen a problemas psicosomáticos y emocionales. Los niños criados en una atmósfera de ansiedad subyacente, a menudo, se vuelven inseguros y buscan una excesiva cercanía con los adultos para sentir seguridad. Como las necesidades de conexión de los padres se están satisfaciendo al aferrarse a sus hijos, es menos probable que apoyen los esfuerzos de sus hijos por independizarse o por conectarse socialmente con sus compañeros o con personas ajenas a la familia. Por consiguiente, la corriente subyacente de an-

---

[18] Véase también, Ackerman (1986).

siedad se transmite de generación en generación, creando problemas en las maneras en que los niños y sus padres experimentan las relaciones con la familia y con "otros"[19].

Los niños no sólo se ven afectados por las interacciones tensionantes o problemáticas, sino también por las interacciones positivas. Cuando los padres son capaces de manifestar respeto y afecto el uno por el otro y resuelven sus diferencias de manera constructiva, están dándoles mucho a sus hijos. Les están brindando un entorno seguro en el que pueden concentrarse en sus propios asuntos, sin tener que asumir las cargas de sus padres. Los niños que crecen en este tipo de familias tienen excelentes modelos de roles pero, más importante aún, están creando un esquema interior de matrimonio lleno de creencias y expectativas positivas. Para ellos, el matrimonio es un estado en el que las personas se preocupan unas por otras, disfrutan de su mutua compañía y saben cómo solucionar los problemas.

Por el contrario, los niños que crecen en hogares en donde impera la discordia matrimonial tienen una experiencia muy distinta. Se les priva de la oportunidad de escoger sus propias prioridades y se les asignan responsabilidades injustas. Su exposición a padres que no se apoyan mutuamente o no actúan de manera amorosa los lleva a creer que el matrimonio no es ni seguro ni agradable, y les infunde dudas sobre si realmente se puede confiar en los demás. Cuando ven que uno de sus padres desprecia, humilla o insulta al otro, se encuentran en una posición conflictiva en la que no se pueden identificar con ninguno de ellos de una manera positiva. Las exigencias de lealtad generan presión y resentimiento en sus

---

[19] El término familias "aglutinadas", desarrollado por Minuchin, está descrito en Gerson (1996), pp. 140 - 142.

vidas cotidianas, lo cual hace que les aterrorice encontrarse en una posición similar a la de los adultos. No basta con que estos niños luchen con la autoestima, la depresión y la ira intensa de jóvenes; es muy probable que también tengan problemas en sus relaciones cuando sean adultos.

Las cuestiones que fueron "puntos sensibles" en el hogar de una generación se convertirán en áreas objetivo de receptividad emocional en la siguiente. Cuando los padres reaccionan mutuamente de maneras extremas, por lo general, están reexperimentando asuntos que fueron problemáticos en su propia niñez. Es probable que los niños perciban la perturbación emocional y desarrollen una vulnerabilidad en la misma área. Por ejemplo, es probable que los padres que se critican uno al otro, o que tienden a culparse mutuamente cuando las cosas no marchan bien, hayan crecido en familias sentenciosas y/o exigentes. Independientemente de si limitan esta manera de relacionarse a su matrimonio o si también son exigentes y críticos con sus hijos, han expuesto a los niños a una imagen del matrimonio que excluye el perdón y el apoyo. Es probable que el ser juzgados y culpados se convierta en un área problemática para sus hijos.

Los niños también pueden desarrollar dificultades cuando los problemas entre sus padres trascienden los límites de la relación matrimonial e interfieren en la relación que cada uno de ellos tiene con el niño. A menudo, los padres a quienes les fastidia una característica de su pareja pero que no pueden combatirla directamente ventilan su frustración en un hijo que de alguna manera se parece o llega a representar su motivo de queja. En otras situaciones, se puede involucrar a un niño en el matrimonio, al presionarlo para que represente el conflicto de uno de los padres contra el otro. Cuando se utiliza a un niño para manejar o desviar la tensión del matrimonio, se crea un triángulo. Por ejemplo, es posible que un niño sea forzado a participar en un triángulo matrimonial por una madre que necesita apoyo o por un "padre", cuando se presentan problemas o infelicidad en el matrimonio. En todas estas situaciones, los niños están expuestos a información que los distrae de las prioridades de la niñez y les impone cargas abrumadoras. Una vez más, mientras que algunos niños desarrollan síntomas inmediatos, otros pueden parecer amoldarse bien hasta que les llega el momento de establecer sus propias relaciones de intimidad en la edad adulta.

Lo bueno tanto como lo malo

Como las personas acuden a los terapeutas cuando tienen problemas, tendemos a utilizar ejemplos de situaciones problemáticas para ilustrar nuestras teorías. Sin embargo, existen muchas lecciones positivas de amor que los niños aprenden del matrimonio de sus padres y que luego transmiten a sus propios hijos. Así como los niños sienten la tensión y el conflicto, también observan el cariño y el apoyo que se brinda al otro. Las parejas con matrimonios exitosos pueden decirnos mucho acerca de los secretos de su felicidad. No sorprende el hecho de que el ejemplo positivo del matrimonio de sus padres suela ocupar uno de los primeros lugares en su lista. Cuando las parejas hablan sobre un buen matrimonio y sobre la importancia que reviste para ellos la relación matrimonial, por lo general, reconocen el matrimonio de sus propios padres como una influencia positiva y una fuente de inspiración[20].

---

[20] Edward Waring (1980), p. 474, informó que las parejas más felices en su investigación dijeron que el matrimonio exitoso de sus padres había afectado PROFUNDAMENTE su propio éxito matrimonial.

1. Cómo aprenden los niños del matrimonio

Cuando los niños son criados en entornos afectuosos y tranquilos en los que los padres claramente disfrutan el uno del otro, desarrollan un aprecio y un deseo de intimidad. Como han crecido viendo y experimentando la sensación grata y el apoyo que ofrece la intimidad, están más dispuestos a crearla en sus propias vidas. La creencia en las bondades del matrimonio se establece en la niñez y en la adolescencia, y ya se ha formado en los inicios de la edad adulta. Los psicólogos que han estudiado la expectativa positiva y el deseo de intimidad han descubierto que los hombres y mujeres que poseen esta creencia son más felices en sus matrimonios, disfrutan más de la paternidad y la maternidad, y también son físicamente más saludables[21]. Si bien muchos factores se combinan para producir un matrimonio feliz, los adultos jóvenes que valoran la intimidad y esperan establecer una relación exitosa tienen más probabilidades de lograrlo.

Aunque sus hijos están expuestos a muchos tipos diferentes de matrimonios en la medida en que pasan tiempo con las familias de sus amigos y observan las familias en los programas de televisión, el matrimonio de la familia nuclear sigue ejerciendo una influencia de por vida. Las acciones y los valores que colorean su matrimonio se filtran hasta el sistema de creencias básico de sus hijos. Pese a que las lecciones de amor raras veces se articulan explícitamente, el niño "sabe" qué esperar con base en las interacciones que presenció entre usted y su pareja. El poder de este tipo de aprendizaje no se puede subestimar, sobre todo, porque opera de maneras silenciosas.

---

[21] Steil (1997).

Lo que los niños aprenden del matrimonio...

En los siguientes capítulos, me referiré a personas a quienes he tratado y que ilustran cómo y qué aprenden los niños de los matrimonios de sus padres. Casi todas estas personas ponen de relieve los tipos de problemas que se pueden desarrollar, ya sea en niños que están manteniendo una paz frágil, o en adultos que han rastreado la conexión entre sus problemas actuales y el matrimonio de sus padres. La terapia se convirtió en una manera de reconocer y de impugnar finalmente estos problemas. Sin embargo, la meta central de la terapia es la prevención. Al examinar cada uno de estos temas en su propio matrimonio, es posible que sus hijos puedan aprender las lecciones positivas del amor.

2

ESTABLECER LA PRIORIDAD
DEL MATRIMONIO

"Papá y yo somos las personas más importantes en la vida de cada cual"

MI TRABAJO CLÍNICO CON NIÑOS con problemas y con matrimonios desdichados me ha convencido de que un matrimonio sólido es la base del bienestar de una familia. Cuando los padres tienen una relación que les provee apoyo y afecto, se sienten enriquecidos y alimentados y así pueden disfrutar mejor entre ellos y con sus hijos. Los niños que crecen en esta atmósfera reciben dos regalos valiosísimos: un entorno familiar más estable y consistente y un modelo de matrimonio feliz que los inducirá a buscar eso mismo cuando sean mayores. Sin embargo, las estadísticas confirman que numerosos matrimonios no funcionan bien. La tasa de divorcio en Estados Unidos ya alcanza el 50 por ciento, con tendencia al aumento. Los terapeutas de pareja informan sobre una alta incidencia de matrimonios infelices que no terminan en divorcio, pero que no responden a los enfoques tradicionales en materia de terapia. Incluso los estudios sobre individuos que sufren de depresión demuestran que la mitad de las personas que buscan ayuda dicen que su problema principal es su relación sentimental[22]. Así pues, conviene examinar lo que sucede en los matrimonios felices en comparación con los desdichados. Porque no sólo los terapeutas se dan cuenta de qué está funcionando bien o mal... también lo saben los niños.

Un elemento que me ha parecido extremadamente importante para la construcción de un matrimonio sólido es la capacidad de la pareja de convertir la relación marital en una prioridad en sus vidas[23]. En algunas parejas, el reto se plantea desde el momento en que afirman su compromiso mutuo. Incluso, en esta etapa temprana, no logran encontrar el equilibrio correcto entre las exigencias de su pareja y su lealtad con la familia de su niñez. Otras parejas afrontan esta dificultad más tarde, cuando llegan los niños y tienen que aprender a ser padres, al tiempo que procuran mantener algo de privacidad y dedicarle tiempo a su propia relación. En el frenético mundo actual, con su sobrecarga de actividades, casi todas las parejas necesitan ayuda para aprender a proteger su matrimonio de las presiones externas.

Si los padres sucumben a las demandas de otros hasta el punto de que les queda muy poca energía o tiempo para

---

[22] Neuman (1998), p. 93, cita esta tasa de divorcio con base en el Centro Nacional de Estadísticas de Salud de la Oficina de Censos de los Estados Unidos. La elevada incidencia de matrimonios infelices que no terminan en divorcio pero que no responden a la terapia marital se examina en Heaton y Albrecht (1991), p. 747. La investigación sobre la relación entre depresión y problemas matrimoniales se cita en Prince y Jacobson (1995), p. 380.

[23] Este tema también se enfatiza en Wallerstein (1996). Véanse también, Weeks (1995), pp. 37-39, y Taffel (1994), p. 231.

2. Establecer la prioridad del matrimonio

el matrimonio, olvidan cuánto se necesitan y se aprecian y muchas veces expresan esta pérdida mediante sentimientos de ira o depresión. Aunque el matrimonio no es el único compromiso que las personas tienen en su vida, para sostenerlo es preciso tratarlo de manera especial. Cuando los cónyuges actúan como si su relación con sus padres, sus hijos o sus empleos fuera más importante, el matrimonio afronta problemas. Muchos individuos a quienes he tratado en terapia de pareja se quejan de que su cónyuge los da por descontados. Cuando conozco por primera vez a una pareja, por lo general, les pregunto a ambos si pasan tiempo juntos, sin sus hijos, y en qué lugar ubican su matrimonio en medio de sus demás compromisos y obligaciones. He descubierto que una pareja que rara vez pasa tiempo junta no es capaz de brindarse apoyo y cuidados mutuos, lo cual trae consecuencias dolorosas.

En cada familia, se crea una determinada atmósfera y cultura. La manera en que los padres se hablan uno al otro, se tocan y conversan sobre su pareja; el tono que acompaña las minucias de las interacciones diarias... todo esto compone las creencias, los valores y las expectativas que comparten los miembros de la familia. La atmósfera y la manera en que se vive a diario se imprimen en el esquema de pareja que se forma el niño. Cuando los padres se aprecian uno al otro, se sienten felices de verse y tienen en cuenta sus necesidades mutuas, sus hijos aprenden la importancia de la cercanía marital. Cuando los cónyuges pasan poco tiempo juntos y no prestan atención a su matrimonio, transmiten a sus hijos la idea de que otras personas y responsabilidades son más importantes. Sin quererlo, les enseñan a sus hijos que los cónyuges no necesariamente disfrutan el uno con el otro, y que el trabajo, la familia extensa y los amigos son las verdaderas fuentes de gratificación y satisfacción adultas.

"¿Estás casado conmigo o con tu familia?"

Los terapeutas que trabajan con parejas y familias creen que la familia atraviesa por etapas previsibles de conexión familiar[24]. Por ejemplo, si bien es normal que los niños amen a sus padres y se aferren a ellos, llega un momento en el que el adolescente tiene que tomar distancia y desarrollar relaciones con otros adolescentes que se vuelven igualmente importantes. Mediante el proceso de separación emocional de sus padres, los jóvenes aprenden a abrirles espacio a nuevas personas a quienes amar.

Aprender a establecer una relación de intimidad con otra persona no es un proceso sencillo o automático. Casi todas las personas luchan por hallar un equilibrio entre el yo y el otro, y aprenden a afrontar las diferencias y las decepciones que se van presentando. A medida que la relación se vuelve más seria, la voluntad de volverse vulnerable y depender de otra persona se convierte en parte de la fórmula para el éxito. Sin embargo, la capacidad de una relación de crecer y tolerar también se ve afectada por la forma en que cada integrante de la pareja aprende a manejar y redefinir las responsabilidades y los compromisos con su nuevo amor, frente a la familia de su niñez.

Para convertirse en una buena pareja, es preciso fusionar y equilibrar tres identidades distintas: el yo que es una persona independiente, el yo que ahora conforma la mitad de una pareja y el yo que sigue siendo hijo y hermano. No es fácil satisfacer las expectativas de nuestra propia familia al tiempo que demostramos nuestra lealtad con nuestra pareja y nuestra nueva familia extensa. En la mayor parte de los casos, estos retos se presentan poco después de que se anuncia

---

[24] Carter y McGoldrick (1989), p. 15.

26

2. Establecer la prioridad del matrimonio

el compromiso matrimonial. La planeación del matrimonio, a menudo, se convierte en una experiencia tensa, en la que cada decisión inicia una batalla familiar. En una época que debería estar colmada de felicidad, casi todas las parejas tienen que esforzarse por equilibrar las diferentes expectativas de los miembros de sus familias y sosegar los ánimos alterados. Para muchos, el primer año de matrimonio sigue siendo una época tensionante, pues las lealtades, las responsabilidades y los compromisos se ponen constantemente a prueba.

Cuando la familia extensa tiene prelación: familias aglutinadas

Es bien cierto que si se examinara la manera en que los individuos casados de diferentes culturas se relacionan con sus familias de su niñez, se encontraría una amplia gama de opciones, cada una de ellas con repercusiones en la relación matrimonial. En sociedades en las que se pone más énfasis en el grupo o la familia, hay menos expectativas de que el matrimonio provea intimidad. Es posible que se esperen y consideren esenciales los vínculos permanentes entre padres e hijos y la lealtad con la familia de origen. Pero en estas culturas, se hace menos hincapié en la importancia del amor o de la felicidad personal. Los adultos buscan, en amigos del mismo sexo, la familia extensa e incluso en los niños, compañía, estimulación y conexión[25].

No obstante, en nuestra sociedad existe la creencia de que las personas deben buscar su alma gemela y casarse con ella. Esa persona se considera la fuente principal de amistad

---

[25] Falicov (1998), p. 38, describe cómo varía la intimidad entre los miembros de la pareja y otros en diferentes culturas.

y afecto, y el matrimonio se percibe como la culminación del amor romántico. Como las áreas del matrimonio que implican romance, sexo e intimidad están diseñadas para la pareja, queda poco espacio para los padres o los suegros.

Sin embargo, la vida no se limita al matrimonio y cada uno de los cónyuges debe buscar la manera de mantener una relación grata con su propia familia. Es inusual que ambos tengan las mismas ideas y las mismas expectativas con respecto a cuál es el nivel "correcto" para involucrarse. En mi caso personal, me preocupaba el hecho de que mi marido viera a su madre con muy poca frecuencia, al tiempo que él sufría por el tiempo y el dinero que yo invertía en llamadas telefónicas de larga distancia con mis padres y hermanas. Los dos tuvimos que redefinir nuestras percepciones distintas sobre qué tipo de información podíamos compartir y qué cosas debíamos mantener dentro de la privacidad de nuestro matrimonio.

Si una pareja no es capaz de crear fronteras cómodas con sus propias familias de origen antes del nacimiento de los hijos, la situación suele agravarse. Los padres a quienes se les dificulta soltar a sus hijos adultos muchas veces encuentran su verdadera vocación cuando nace su primer nieto. Una pareja que no ha aprendido a regular su relación con la generación anterior se encuentra en una delicada desventaja cuando se ve confrontada con el inevitable diluvio de consejos bien intencionados y exigencias de participación. A menos que estas fronteras se definan claramente en los años iniciales de la relación, los niños aprenderán que sus padres valoran sus relaciones con miembros de la familia extensa por encima del matrimonio. Esto resulta problemático porque es crucial que los niños vean cuán importantes son sus padres el uno para el otro.

2. Establecer la prioridad del matrimonio

Los niños que crecen en hogares en donde la familia extensa se interpone entre sus padres podrían concluir que la lealtad primaria a los padres o hermanos de uno es normal y que los cónyuges no son lo primordial en la vida de cada cual. En casos extremos, se considera que la familia de uno de los padres es especial, al tiempo que la otra familia extensa se menosprecia. Si uno de los padres manifiesta más dedicación a su propia familia que a su cónyuge, es posible que se establezca una perspectiva de "los de adentro versus los de afuera", lo cual crea tensiones y problemas de lealtad para los niños. Los niños podrían ser aceptados como parte de la familia "superior", mientras que su otro padre y la familia extensa de éste se dejan de lado. Así mismo, los niños podrían crecer abrigando prejuicios similares con respecto a otros. Este tipo de superioridad a menudo genera el sentimiento de que se tienen derechos superiores, lo cual agrega tensión a una relación. Ése fue el caso de Paul e Irene.

Paul e Irene

Irene conoció a Paul en su primer mes de universidad, y se sintió encantada cuando, ocho meses después, él le obsequió un anillo de diamante. Cuando la familia de Irene conoció a Paul, lo describió como "un poco tosco pero con buen potencial", y aunque aprobó la relación, le hizo saber claramente a Paul que debía mejorar sus modales y su forma de vestirse para adaptarse a su nueva familia. La madre de Irene era muy sensible a los juicios de los demás y siempre se había cerciorado de que los miembros de su familia causaran una impresión positiva a donde quiera que fueran. Se había casado con un hombre exitoso desde el punto de vista financiero, pero cuyos padres habían sido inmigrantes pobres. Aunque era cortés con sus suegros, la única relación cercana de familia que se alentaba era con su propia familia de niñez. Irene y sus dos hermanos mantenían relaciones estrechas con sus parientes por el lado materno, pero eran casi extraños para la familia extensa de su padre.

Ahora, el ciclo se estaba perpetuando, siendo la familia de Irene la exitosa y socialmente apropiada, mientras a Paul se le percibía como el hijo de padres de un estrato más popular. Pese a la inteligencia, el excelente sentido del humor y el encanto de Paul, la familia de Irene lo consideraba "inferior". Paul sabía que así lo describía su futura suegra y se sentía herido por sus comentarios. "Siempre y cuando tú no creas eso, estaremos bien", le había dicho a su futura esposa. Sin embargo, a medida que se aproximaba la fecha de la boda, la gravedad del problema se fue haciendo más obvia.

Los padres de Irene le sugirieron a la pareja utilizar la apreciable suma de dinero que hubieran invertido en la boda de su hija para pagar la cuota inicial de una casa. De todos modos, habría una pequeña recepción, pero sólo para los parientes inmediatos y los amigos cercanos. Paul, empero, provenía de una familia muy grande que valoraba las celebraciones. Sus padres se sintieron heridos y confundidos cuando se enteraron de la decisión, y dijeron que los obsequios de boda que recibirían les ayudarían a equipar el hogar. A su juicio, no había prisa para comprar una casa y, en cambio sí muchas razones para celebrar la primera boda de la generación de Paul en su familia. Paul también se preguntó si quizás la madre de Irene se avergonzaba de la familia de su futuro yerno y temía los comentarios de sus amigos cuando vieran lo pobres y poco sofisticados que eran. Cuando Irene estuvo de acuerdo con la oferta de sus padres, Paul se sorprendió y se sintió herido. Al darse cuenta del punto hasta el cual Irene se dejaba influir por su familia y no tenía en cuenta los sentimientos de él, optó por suspender el matrimonio.

Problemas para los niños

Aunque existen suficientes ejemplos exitosos de relaciones estrechas con padres y suegros como para advertirnos no juzgar como "incorrecto" el involucramiento de los padres con sus hijos adultos, también, existe evidencia de que los padres que están excesivamente conectados con sus propios progenitores pueden estar complicándoles la vida a sus hijos. Numerosos terapeutas de familia han establecido conexiones entre la cercanía interfamiliar y problemas con niños y adolescentes. Varios psiquiatras han descubierto que las adolescentes que sufren de anorexia severa tienden a provenir de familias en las que existe una relación excesivamente cercana entre la madre y su familia de niñez[26].Jill Harkaway, que trabaja con niños obesos, también observa que la mayor parte de sus pacientes proviene de familias en las que los padres no han logrado conformar una identidad independiente y no han tomado distancia frente a sus propios padres[27]. Los terapeutas de familia se refieren a este tipo de familias como "aglutinadas", y con gran frecuencia uno o ambos padres se compenetran con sus propios padres en vez de con su cónyuge. Es probable que este patrón de vínculos intergeneracionales se perpctúe, creando tensiones y cargas emo-

---

[26] Stierlin y Weber (1989), p. 31.
[27] Harkaway (1989), p. 236.

cionales para los niños. Esto fue bastante evidente en una familia a la que traté hace algunos años.

La familia Perlmutter

Rhonda y Jack Perlmutter ya habían iniciado antes una terapia de pareja, pero la habían abandonado al cabo de algunas sesiones. Eran sarcásticos y despectivos en su descripción de la terapeuta anterior, a quien percibían como ingenua y superficial, y abrigaban dudas sobre la posibilidad de que yo les pudiera ayudar. Sin embargo, al pediatra de sus hijos le preocupaba el entorno de la familia y había aconsejado a la pareja buscar ayuda nuevamente.

La pareja tenía tres hijos grandes y una niña de edad preescolar. A los pocos minutos de iniciada la sesión, comprendí que la hija menor era una parte importante de los problemas actuales de la pareja, pero que el matrimonio ya afrontaba problemas desde antes de su nacimiento. Elana había sido adoptada cuando Rhonda tenía cuarenta y seis años, un año después de que el menor de sus hijos biológicos se marchó de casa cuando ingresó a la universidad. Mientras Jack se sentía contento de poder viajar más y disfrutar de la cacería, un deporte que le encantaba, Rhonda no soportaba la sensación de soledad y presionó a su marido hasta que éste aceptó la adopción. Ahora, Rhonda se sentía abrumada con una niña muy activa y un esposo que no quería cambiar su estilo de vida. Tenía largas jornadas laborales y, en los fines de semana, salía de casa temprano para aprovechar las mejores horas de cacería. Cuando Rhonda buscó mi apoyo, Jack lanzó un gruñido: "¿Y qué esperabas? Te dije antes de adoptarla que yo no iba a cambiar mis hábitos laborales ni a renunciar a la cacería. Ése fue el trato. ¡Tú estuviste de acuerdo y ahora el problema es tuyo!"

Desde el momento en que se introdujo el conflicto en la sesión, la hostilidad entre la pareja emergió con toda su fuerza. A los pocos segundos, se estaban gritando e insultando mutuamente. Tuve que trabajar a fondo para tranquilizarlos lo suficiente como para aprender un poco sobre ellos como individuos, y sobre la vida que llevaban antes de que su hija menor ingresara a la familia.

Rhonda era la menor de tres hijos de padres que habían emigrado a los Estados Unidos en busca de asilo político. Aunque sus padres eran personas trabajadoras y afectuosas, nunca se recuperaron de la opresión política y siempre sintieron temor y sospecha frente a terceros. Su necesidad de proteger a sus hijos se exacerbó cuando Rhonda y su hermano desarrollaron asma crónica en el espacio de un año. Como la madre de Rhonda creía que los niños eran frágiles y corrían el riesgo de morir si se exponían a otras enfermedades, mantuvo a sus tres hijos en casa, con tutores, durante varios años. Incluso cuando pudieron volver al colegio, a la madre de Rhonda no le gustaba que su hija entablara amistades o desarrollara intereses externos. "Nos tienes a mí y a la familia; ¿qué podrías esperar de alguien ajeno a quien ni siquiera le importas?"

Rhonda decía en broma que en cierto sentido era un milagro que se hubiera casado. La relación entre su madre y los tres hijos era tan estrecha que no había espacio para terceros. Incluso en la adolescencia, casi nunca tenían citas ni participaban en actividades ajenas a la familia. Pero Rhonda siempre había ansiado tener hijos propios y, a los veinte años, empezó a salir en secreto con Jack. A su juicio, Jack podría ser "adoptado" e integrado a su unidad familiar, con lo cual ella podría satisfacer el mayor anhelo de su madre: convertirse en abuela.

Por su parte, Jack también era de tendencia solitaria y había salido con pocas mujeres antes de conocer a Rhonda. Nacido en una familia que valoraba el éxito académico, Jack había tenido problemas en el colegio debido a una dislexia no diagnosticada. Su dificultad para aprender a leer había sido una fuente de vergüenza para él y sus padres, y le había originado intensos sentimientos de fracaso. Un problema parecía conducir a otro, y los nervios de Jack lo hacían tartamudear en la escuela, lo cual originaba que los demás niños se burlaran de él y lo evitaran. Como resultado, Jack se aficionó a la caza, un deporte que le daba la oportunidad de demostrar su pericia y encontrar paz en un entorno en el que se sentía totalmente en control. Finalmente, el problema de aprendizaje de Jack se detectó y se corrigió. Como si quisiera compensar sus fracasos iniciales, Jack fue un alumno de posgrado sobresaliente y fundó una exigente firma de consultoría que se ganó el respeto de su medio.

Jack y Rhonda se conocieron gracias a un amigo mutuo. Aunque a Jack le iba bien en su negocio, nunca había adquirido habilidades sociales informales y lo atrajo el estilo exuberante y "charlador" de Rhonda. Rhonda sabía que sus padres aprobarían el éxito financiero y el carácter tranquilo de Jack, y le emocionaba la posibilidad de establecer una familia propia. Aunque Jack sabía que Rhonda tenía una relación muy profunda con su madre y su hermana, pensó que eso la mantendría ocupada y así él podría atender las demandas de su trabajo y seguir con su cacería. Cuando nacieron los niños, la familia de Rhonda ayudó a que este patrón se perpetuara.

Pero, con el paso de los años, ambos cónyuges se habían vuelto críticos y se sentían insatisfechos mutuamente. A Jack le gustaba relajarse en un entorno tranquilo en su casa y le molestaba lo que describía como la constante necesidad de conversar de Rhonda. Su esposa, a menudo, se sentía sola y abrumada y no sabía cómo manejar la ansiedad que experimentaba cuando sus hijos contraían infecciones normales o insistían en quedarse a dormir en las casas de sus amigos. Las cosas empeoraron cuando su madre falleció inesperadamente. Su hermana estaba ocupada con su propio marido y su bebé y, por primera vez Rhonda se sintió completamente sola. Su ansiedad la llevó a comer en exceso, lo que suscitó el desprecio de Jack. El matrimonio se estaba desmoronando y los hijos mayores se encontraban a muchos kilómetros de distancia.

De pequeños, cada uno de los hijos se había turnado para ser el confidente y mejor amigo de su mamá. Jack había permitido el desarrollo de estas relaciones estrechas, pero las había compensado cerciorándose de que los niños practicaran deportes y tuvieran intereses musicales, además de que los inscribía en campamentos lejanos durante el verano. Ahora, los niños eran adultos jóvenes, que estaban creándose vidas propias lejos del hogar paterno. Pero su ausencia produjo una crisis en Rhonda. Sin su madre, se sentía sola y vulnerable. Nunca había desarrollado en verdad una relación con su esposo, y se aferraba a la relación madre-hijo en busca de identidad y conexión. Su necesidad de adoptar un nuevo bebé para llenar el vacío que habían dejado sus hijos mayores bordeaba en la desesperación: no conocía ninguna otra manera de existir.

Cuando conocí a la hija menor, entendí por qué Rhonda se sentía abrumada. Elana era un remolino de acción y conmoción, una niña en movimiento permanente. Rhonda dijo que a Elana hacía poco le habían diagnosticado desorden de déficit de atención, pero ambos padres dudaban de que la medicación fuera lo más indicado para una niña tan pequeña y sospechaban de la validez de las pruebas que le habían practicado. Tanto Rhonda como Jack se daban cuenta de que su situación matrimonial empeoraba el comportamiento de Elana, pues la niña era casi incontrolable cuando sus padres empezaban a pelear. Al cabo de algunos minutos, Elana rompía algo o pedía ayuda, forzando a Rhonda a concentrar toda su atención en ella. Aunque a Rhonda le satisfacía hasta cierto punto el hecho de ser necesitada, también quedaba exhausta y frustrada. Su sueño de tener una hermosa hijita con quien jugar se hizo añicos por las exigencias de una niña que acentuaba su sensación de ansiedad y de duda sobre sí misma. Sin embargo, la idea de una madre ansiosa e interesada, dedicada a una hija aferrada a ella, seguía vigente. Mientras siguiera existiendo mordacidad en el matrimonio, era improbable que esta fórmula cambiara.

Desafortunadamente, no pude ayudarle a esta pareja a superar sus posiciones más bien rígidas. Rhonda siguió culpando a Jack de hacerle la vida desdichada, y Jack se negó a cambiar su estilo de vida. Para Jack, la felicidad se derivaba del trabajo, los deportes y el contacto telefónico con sus hijos mayores. Rhonda se fue aferrrando cada vez más a Elana y a un pequeño grupo de profesionales que podían ayudarle a cumplir sus retos cotidianos.

¿Quién viene primero?

Rhonda y Jack no son los únicos cónyuges que han dejado de recurrir el uno al otro para satisfacer sus necesidades. En muchos casos, las decepciones y el tensionante proceso de tener que negociar para ver satisfechas sus propias necesidades los disuaden y los hacen recurrir a terceros. Quizás las expectativas de los matrimonios contemporáneos resultan excesivas, en la medida en que los cónyuges recurren el uno al otro en busca de amistad, sexo excelente y todos los ingredientes emocionales que crean lo que casi todos consideramos como intimidad. Ruthellen Josselson, que ha hecho aportes importantes en este campo, sugiere que es imposible alcanzar la intimidad a menos que la persona se sienta valorada, deseada y querida[28]. Hay momentos en que es fácil responder a las necesidades de la pareja, pero también hay otros en los que lo que se pide es demasiado exigente. A menudo, los cónyuges tienen necesidades simultáneas o rivales, pero cada cual piensa que su propia situación es más importante y que merece ser atendida primero. La intimidad suele requerir paciencia, sacrificio propio y la capacidad de manejar los recursos de manera que se acomoden, las necesidades de ambos.

De acuerdo con mi experiencia, ésta es una de las explicaciones por las cuales muchos matrimonios se deterioran o se sumergen en sentimientos de ira. En la época de nuestros abuelos, el compromiso con el bienestar general de la familia era la prioridad, y los caminos que hombres y mujeres

---

[28] Josselson (1996), p. 162.

tenían que recorrer para contribuir al éxito de la familia estaban claramente definidos. La relación matrimonial afrontaba menos exigencias y, prácticamente, no había alternativas distintas de esforzarse aún más para mejorar las situaciones. En la actualidad, se pone mayor énfasis en el derecho de cada individuo a la felicidad y la autorrealización. Tanto las mujeres como los hombres buscan alcanzar metas laborales, sociales y atléticas que ofrezcan estímulos y gratificación. Como resultado, una persona que ha desarrollado otras fuentes de realización personal tendrá una reacción muy diferente frente a las demandas de la intimidad, en comparación con otra que considera que el matrimonio es el aspecto más satisfactorio de la vida[29]. Para esta última, las decisiones que asignan prioridad al matrimonio o a la pareja en vez de a sí misma no se experimentan necesariamente como un sacrificio, pues son más importantes las recompensas que se derivan de un matrimonio feliz. Sin embargo, si la persona cree que el éxito laboral es la manera de alcanzar la felicidad, entonces, el tiempo y la energía que les dedica al matrimonio pueden parecerle como una interferencia o una obligación poco satisfactoria. Cuando los padres valoran su relación marital, toman decisiones que respetan no sólo a la pareja sino al matrimonio en sí. Cuando esto sucede, existe menos conflicto entre lo que es bueno para "mí" y lo que es bueno para "nosotros".

Cuando lo primero es la actividad laboral: familias adictas al trabajo

La idea de asignarle prioridad al matrimonio puede parecer atractiva a muchos padres, pero para que esto suceda es

---

[29] Swidler (1980), p. 128.

preciso considerar las realidades del trabajo. Los padres pueden estar casados con sus trabajos por diferentes razones. A menudo, a las familias de hoy en día se les dificulta recrear el estilo de vida que solían tener de niños. El costo de la vivienda y otros gastos cotidianos se han disparado, al tiempo que los ingresos han aumentado a un ritmo mucho más modesto. En una era de despidos y fusiones corporativas, los empleados tienen que invertir mucho más tiempo en sus trabajos. Muchos adultos descubren que, para conservar su empleo, tienen que dedicarle rutinariamente de diez a doce horas al día.

Aunque es verdad que la mayor parte de las madres trabaja, casi todas las mujeres casadas equilibran sus oficios laborales con las responsabilidades familiares y no se perciben como las principales generadoras de ingresos de la familia. Como los hombres suelen ganar más que las mujeres y como esto es menos amenazante para el statu quo, la mayor parte de las parejas define al esposo como el responsable principal de la seguridad financiera del hogar. La psicóloga Gill Barnes plantea que esto genera un dilema paradójico, pues el trabajo se convierte en la fuente que nutre y mantiene la existencia de la pareja, pero priva, al mismo tiempo, a la familia del tiempo juntos requerido para mantener la intimidad[30]. Como hoy en día casi todas las madres trabajan de medio tiempo o de tiempo completo, hay menos tiempo para la pareja y más necesidad de compartir las responsabilidades del hogar y de los hijos. Las madres que trabajan se encuentran atrapadas en el dilema de disfrutar su empleo y el dinero extra disponible para la familia, pero se sienten culpables de pasar menos tiempo con sus hijos. Y cuando el conflicto se

---

[30] Barnes (1990), p. 223.

define como demandas de tiempo en el trabajo versus demandas de tiempo para los hijos, ¿en dónde queda el matrimonio?

El término "adicto al trabajo" sugiere que la persona trabaja no sólo para ganar dinero sino por los beneficios psicológicos que se derivan de sentirse competente y productivo. Varios psicólogos han sugerido que muchos hombres se sienten incómodos con el nivel de cercanía que sus cónyuges desean y/o con los quehaceres que exige la paternidad. En vez de tratar de reconocer y solucionar esta situación, muchos simplemente "permiten" que sus demandas laborales los alejen del estrés que les produce la intimidad familiar. Esto sucede sobre todo, cuando el trabajo hace que el hombre se sienta valorado e importante, al tiempo que su esposa lo está haciendo sentir inadecuado[31].

Las presiones creadas por la actividad laboral pueden ser tanto una realidad del lugar de trabajo como una vía de escape de la intimidad. Sin embargo, pocas personas siquiera cuestionan el poder que las empresas ejercen sobre sus vidas, y más bien se arrojan mutuamente su frustración. A semejanza de las parejas conformadas por dos personas con empleos que ha estudiado Barnes, yo también tengo que ajustar mi horario para satisfacer las demandas laborales de mi esposo. Si bien hay días en los que puedo darme cuenta de que una prolongada semana laboral no es exactamente lo que mi esposo considera diversión, hay momentos en los que cedo al agotamiento y la frustración. No es fácil acomodar su carrera profesional de maneras que incluyan también la mía, o creer que la lealtad de mi esposo se concentra en su trabajo y no en su familia. Incluso cuando no quiero culpar a mi marido, es difícil no hacerlo. Y además de la tristeza que

---

[31] Stiver (1991), p. 158.

siento los días en que nuestros hijos no ven a su padre, soy consciente de que también yo me siento sola.

En mi propio matrimonio, al igual que en los matrimonios de las parejas en que ambos trabajan y que he tenido que tratar en terapia marital, el excesivo interés del esposo por su trabajo genera distancia y conflicto. Cuando la pareja no logra afrontar esta situación conjuntamente y buscar apoyo el uno en el otro, el resentimiento se va arraigando cada vez más. Con gran frecuencia, se inicia un círculo vicioso, con la esposa quejándose y el marido ausentándose cada vez más. Como se verá en el capítulo siete, el conflicto matrimonial siempre afecta a los niños. Sin embargo, existen otras maneras en las que los niños de familias adictas al trabajo se ven afectados. En algunas familias, las madres se sumergen excesivamente en sus roles de mamás, compensando así la soledad y la decepción que experimentan en sus roles de esposas[32]. Los niños también pueden desarrollar sentimientos de lealtad exagerados con sus madres, interpretando y poniendo a prueba la relación que mantienen con sus padres. Esto fue lo que le sucedió a la familia Sampson.

La familia Sampson

El día de la boda, habría sido imposible predecir que semejantes personas, rebosantes de confianza y esperanzas, se sentirían tan desdichadas cinco años después. Janet y Russel Sampson se conocieron cuando ambos estudiaban derecho en una de las universidades más prestigiosas de Estados Unidos. Brillantes, admirados por sus compañeros y socialmente populares, su futuro

---

[32] Brody, Pillegrini y Sigel (1986), p. 261. Véase también, Kerig (1993), p. 29.

parecía asegurado en todos los sentidos. Antes de casarse, Janet y Russel hablaron sobre cómo pensaban equilibrar sus carreras profesionales con los hijos que planeaban tener. Aunque acordaron que Janet permanecería en casa hasta cuando el menor de los hijos ingresara al colegio, ambos querían ser padres participativos. Russel dijo que su familia tendría prioridad sobre su trabajo, y que procuraría estar lo más posible en casa para participar en la crianza de los niños.

Sucedió que a Russel lo transfirieron a la casa matriz de la firma justamente el mes en que Janet supo que estaba embarazada. Estuvieron de acuerdo con el traslado, pues sabían que eso significaría un gran éxito para Russel en su nueva firma de abogados. Pero la pareja vivía a considerable distancia de sus familias y amigos y, cuando nació la bebé, Janet se encontró completamente sola. Pese a la promesa de Russel de ayudar en casa, sus casos en el trabajo se fueron complicando y tenía que pasar todo el día y la mayor parte de la noche en la oficina. Janet se sentía cada vez más agotada, furiosa y, finalmente, deprimida. La crisis estalló cuando Janet le suplicó una vez más a Russel que llegara temprano, y éste le contestó que algo no marchaba bien con ella, si no era capaz de cuidar de un bebé saludable como cualquier mujer normal.

Sin darse cuenta, Russel había echado sal en una herida abierta. La madre de Janet siempre se había ocupado de sus propios intereses y de las actividades deportivas de su hermano menor, y nunca tenía tiempo para ella. Cuando Janet necesitaba que la llevara a algún lado o quería confiarle algún problema, su madre no le hacía caso. Las enfermedades ocasionales "no se permitían". Janet recordaba haberse quedado sola una noche en casa después de haber vomitado porque su madre había preferido ir a animar a su hijo en un partido de básquetbol. Como me dijo Janet, "ni siquiera era un campeonato o un partido de clasificación, ¡era sólo un partido corriente!" Janet aprendió a ser autosuficiente y a no depender de nadie... hasta que se enamoró de Russel. Cuando éste la hizo sentir mal por necesitarlo, los sentimientos de no ser lo suficientemente buena para merecer amor revivieron en Janet. Le pareció que Russel había escogido su trabajo por encima de ella y el bebé, así como su madre había preferido a su hijo y había dejado de lado a su hija.

Cuando se sometió a terapia marital, ya la pareja afrontaba serias dificultades. Como lo habían anticipado, Russel había conseguido el ascenso y la seguridad laboral que buscaba y se había ganado el respeto de sus colegas. Pero Janet estaba llena de amargura. Decía que a Russel sólo le importaban los elogios de los socios principales de la firma y que estaba dispuesto a hacer cualquier cosa por ellos. Por el contrario, sentía que ella tenía que suplicar para que su esposo siquiera considerara cualquier petición sencilla, y le molestaba su aparente desinterés por ella y, ya entonces, por sus dos hijos. Desde hacía bastante, Janet había dejado de depender de Russel desde el punto de vista emocional, pero creía que los niños, de cuatro y dos años y medio, necesitaban desesperadamente un padre. Había semanas en las que los pequeños iniciaban el día escuchando que su padre ya se había ido a la oficina y se dormían por la noche, preguntando, "¿cuándo va a venir papá?"

Como Russel casi nunca estaba en casa, no entendía

a los niños tan bien como Janet. Paula, la mayor, era propensa a la sobreestimulación, y se volvía salvaje y agresiva tras los juegos rudos con su padre. Ryan pasaba por una edad en la que constantemente ponía a prueba los límites, y si Russel le decía que sostuviera el vaso con las dos manos, el niño lo miraba directamente a los ojos y vertía la leche sobre el tapete. Desde luego, a Janet le tocaba intervenir y tranquilizar a los niños. Cuando Russel se enojaba y criticaba la manera en que Janet los estaba criando, su esposa contraatacaba diciendo que los niños no se comportaban así con ella, y que si Russel les dedicara un poco de tiempo para conocerlos bien, tampoco se comportarían así con él.

Aunque tanto Janet como Russel querían tratar de salvar la familia, ya les quedaba muy poco afecto el uno por el otro. A Russel le molestaba el hecho de que Janet no celebrara sus éxitos laborales y no reconociera cuán arduamente trabajaba por el bienestar de su familia. Janet respondía con desdén que él no sabía fijar límites en la oficina y decía que si, por ella fuera, preferiría que su esposo tuviera un trabajo menos exigente y pasara más tiempo en casa. Ambos se sentían solos, carentes de apoyo e infelices, pese a que, en apariencia, todos sus sueños se habían cumplido.

Cuando los niños tienen prelación: familias centradas en los niños

El reto de Janet y Russel era similar al que afrontan todos los padres y madres jóvenes. Además de proteger la relación del trabajo, cada pareja debe aprender a preservar la intimidad una vez nacidos los hijos. En los últimos años, varios psicólogos han estudiado los cambios específicos que sufre el matrimonio durante el embarazo y la ulterior adaptación

a los bebés, los niños pequeños y los adolescentes[33]. En el
caso de algunos padres, los cambios se generan a partir de
un diagnóstico de infertilidad, pues el reto de la concepción
altera abruptamente la manera en que la pareja se relaciona
como amantes. Las relaciones sexuales pasan a ser definidas
por los cambios de temperatura en el termómetro o por las
señales en un papel tornasol. Sin embargo, incluso las parejas
que no tienen que someterse a la tensión de buscar el
embarazo descubren que sus vidas cambian drásticamente
con la llegada del bebé. Los padres disponen de menos tiempo
para disfrutar de su mutua compañía y tienen que redefinir
casi todos los aspectos de su relación.

No es sorprendente el hecho de que los dos primeros
años de paternidad sean los más tensionantes, y que muchas
parejas que soñaban con la alegría de compartir un hijo
empiecen a contemplar el divorcio. El psicólogo Ron Raffel
sugiere que gran parte de la tensión y las presiones obedece
a las maneras desiguales en que hombres y mujeres afrontan
las responsabilidades de la paternidad y del manejo del hogar.
Pese a años de exposición a derechos iguales, la madre sigue
siendo quien asume el grueso de las responsabilidades físicas y psicológicas que entraña el cuidado de los niños[34].
La vida del padre en el hogar no sufre cambios tan drásticos,
pero empieza a experimentar una mayor carga de responsabilidad financiera, situación que se agudiza si su esposa
ha pedido una licencia de maternidad amplia o renuncia
del todo a su empleo. Empieza a surgir un patrón en el que

---

[33] Tres estudios que proveen información importante sobre la
adaptación a la llegada de los niños son Mackey y O'Brien (1995),
Cowan y Cowan (1992) y Belsky y Rovine (1990).
[34] Taffel (1995), p. 32.

el padre pasa más tiempo en la oficina y la madre se siente abandonada, justo en el momento en que más necesita a su cónyuge. Las esposas se enojan cuando sienten que no pueden contar con sus maridos para que les ayuden más en casa, y el nivel de estrés de la pareja se eleva considerablemente. Como resultado, ambos cónyuges experimentan un descenso en la satisfacción marital y un aumento en el nivel de conflicto. La crisis del primer hijo es seria, pues el 15 por ciento de las parejas ya no viven juntos al cabo de dos años después del nacimiento del bebé[35].

El estrés matrimonial que produce la llegada de un bebé, muchas veces, se relaciona con el marcado contraste entre las expectativas de los cónyuges con respecto a una paternidad compartida y las realidades de dividir unas responsabilidades no anticipadas. El patrón antiguo de un esposo que ganaba el dinero mientras su mujer se ocupaba de los hijos no es una realidad para la mayor parte de los hogares actuales, pues casi todas las madres con niños pequeños trabajan. Así mismo, la mayor parte de las parejas no inicia sus vidas juntos de acuerdo con el estereotipo de mamá/papá que regía hace treinta años. En la mayor parte de los matrimonios "posmodernos", ambos cónyuges se comprometen con la igualdad desde el inicio de su relación[36]. Pero el nacimiento de un bebé cambia todo, e incluso las parejas más liberadas pare-

---

[35] Mackay y O'Brien (1995) informaron que tres años después del nacimiento del primer hijo, el 10 por ciento de las parejas norteamericanas de raza blanca incluidas en el estudio se habían divorciado y el 6 por ciento estaban separadas. Las parejas afroamericanas reportaban una tasa más alta de disolución del matrimonio, pues el 24 por ciento se había divorciado y el 17 por ciento vivían separados. Crohan (1996), p. 936, incluye tasas similares.

[36] Belsky y Kelly (1994), p. 134.

2. Establecer la prioridad del matrimonio

cen retomar los antiguos roles estereotipados. Tanto el esposo como la esposa tienden a seguir los patrones establecidos en sus propias familias de niñez, aunque abrigando un profundo resentimiento. Esto es especialmente cierto en el caso de mujeres que se identifican con el poder de sus padres y que han alcanzado una posición de éxito en sus trabajos. El hecho de tener un bebé pone a una mujer en una situación diferente, pues ahora se siente una madre. Una vez más, el modelo del matrimonio de sus padres revive, y ella acepta, sin saberlo, el tipo de relación que quizás unos pocos años antes habría criticado vigorosamente.

Diferentes tipos de amor

Pocas personas se dan cuenta del grado hasta el cual la presencia de un bebé en casa disminuye el tiempo y la energía que tienen los cónyuges el uno para el otro. Si bien casi todas las parejas esperan que el nacimiento del hijo estreche aún más su relación, es muy posible que suceda todo lo contrario. Aunque recuerdo la decepción y las discusiones en mi propio matrimonio después de que nació nuestro hijo, me sorprendió enterarme de que muchos hombres inician aventuras extramatrimoniales más o menos por la época del nacimiento de un niño[37]. Para entender esto, es preciso comprender el poder de la intimidad para hacer que una persona se sienta querida y especial. Los cónyuges cuentan el uno con el otro para sentirse valorados e importantes. Cuando esta necesidad básica no se cumple, es fácil que uno de los miembros de la pareja recurra a una fuente alternativa. Algunos hombres logran satisfacer su necesidad de afirmación en el trabajo, pero otros son susceptibles a enredos románticos para sentirse bien consigo mismos.

---

[37] Westfall (1995), p. 180. Véase también, Spring (1996), p. 139.

Lo que los niños aprenden del matrimonio…

Existe otro aspecto del reto de adaptarse a la paternidad que he detectado en mi propia vida y también en las vidas de mis clientes. A casi todas las mamás primerizas se les dificulta equilibrar los roles de esposa y madre, sobre todo, cuando el bebé es muy pequeño. La falta de sueño suele agravar el agotamiento y la sensación de agobio de la madre. Como las exigencias del bebé son reales y apremiantes, es normal que la madre relegue a un segundo plano sus propias necesidades. Pero aprender a asignar prioridades y equilibrar la necesidad que su esposo tiene de ella es complicado y estresante. Aunque casi todos los padres se sienten felices con la llegada del nuevo miembro de la familia, no están dispuestos a perder su intimidad con su cónyuge.

Si la pareja no logra sacar tiempo para estar a solas juntos, la relación sufre de manera importante. Cada vez más, la esposa espera sentirse validada en su nuevo e importante rol de madre. Al mismo tiempo, el padre pasa más tiempo en el trabajo, o desarrolla nuevos intereses que le ayudan a seguir sintiendo que es especial e importante. Como los dos cónyuges no están cuidando emocionalmente el uno del otro, tienen que aprender a cuidarse solos, un proceso que por lo general viene acompañado de resentimiento y decepción. En vez de unir fuerzas para afrontar los retos de la paternidad primeriza, ambos aprenden que deben luchar por su tiempo personal. Se genera una atmósfera de competencia, en la que ambos cónyuges pelean por asegurar la satisfacción de sus necesidades personales. Cuando los padres se convierten en adversarios en vez de amigos, los niños tendrán problemas.

Los Sampson (segunda parte)

Janet y Russel, ambos abogados exitosos antes de la llegada de sus hijos, eran los mejores adversarios que he conocido. En su hogar y en nuestras sesiones de terapia de pareja, discutían por el tiempo que requerían para hacer ejercicio o devolver llamadas telefónicas. A veces, me sumergía tanto en sus elocuentes y bien sustentadas explicaciones, ¡que olvidaba que yo debía estar ayudándoles a hablar *con* el otro! Ambos pensaban que si sustentaban sus puntos de vista ganarían, pero su posición de adversarios estaba acabando con su intimidad. Cuando les pedí a Janet y a Russel que describieran una escena en el futuro en la que sus sueños de la mejor vida posible se volvían realidad, ambos mencionaron disfrutar todos juntos como familia. Aunque los escenarios de cada uno eran un poco distintos, la sensación de compartir y disfrutar juntos fue muy vívida en ambas respuestas. Les pedí que pensaran en cómo su estilo competitivo podría ayudarles a volver realidad este sueño. Sólo entonces pudieron ver cómo su posición de adversarios nunca iba a ayudarles a construir la familia que ambos anhelaban.

Lamentablemente, la tensión y el conflicto matrimoniales no se pueden mantener en secreto sin que los niños se enteren. Mientras Janet y Russel describían el comportamiento desafiante de sus hijos, se me vino a la mente un estudio emprendido por Phillip y Carolyn Cowan[38]. Como parte de su estudio, los Cowan se mantuvieron en contacto con las mismas familias durante diez años. Además de reunirse con los padres, también evaluaron a los hijos en diferentes momentos, e incluso incluyeron las evaluaciones de sus profesores como parte de su información. Descubrieron que cuan-

---

[38] Cowan y Cowan (1992), p. xi.

do los padres pierden su cercanía matrimonial y se vuelven competitivos, hay menos calidez y receptividad en la familia. De pequeños, los niños de estas familias fueron descritos como más difíciles. Cuando se les evaluó unos años después, sus profesoras del jardín infantil informaron que a estos niños se les dificultaba más adaptarse a sus compañeros de clase. Felizmente, cuando Russel y Janet comenzaron a trabajar conjuntamente y a tratar de valorar sus distintas posiciones, encontraron maneras de mostrarse más receptivos y brindarse apoyo. Al cabo de algunos meses, el comportamiento de los niños mejoró.

Revivir recuerdos dolorosos

En sus conversaciones con los padres, los Cowan detectaron otro tema importante que afectaba a muchas familias. Varias de las parejas que parecían marchar bien antes del embarazo experimentaron estrés e infelicidad durante la transición del final del embarazo al primer año de vida del niño. Estos padres decían todos que, para uno de ellos, la realidad de tener un bebé le había hecho recordar aspectos de su niñez en los que no había pensado en años. En todas estas situaciones, había habido conflicto, violencia o desdicha en sus familias de origen. El hecho de convertirse en padre o madre había revivido recuerdos dolorosos, haciendo que la persona se deprimiera y se volviera muy sensible desde el punto de vista emocional. Si la pareja no era capaz de entender y solucionar los problemas creados por ese pasado, desarrollaba una relación estresante y conflictiva. Los hijos asumían un comportamiento retraído o agresivo cuando pequeños y, más tarde, enfrentaban problemas en el colegio.

La paternidad como un escape

Para algunas parejas, las relaciones estrechas que desarrollan
con sus hijos les ayudan a evadir los problemas que afrontan
en su matrimonio. Aunque quizás quisieron tener hijos con
la esperanza de que la paternidad los acercaría como pareja,
a menudo, este deseo disfrazaba problemas que se estaban
enconando en la relación. Cuando, en efecto, llegan los niños,
el padre o madre infeliz puede decidir disfrutar la relación
con el niño en vez de invertir tiempo en un matrimonio que
se le antoja tensionante y desagradable. Para muchos, estar
con los niños se convierte en una excusa para evitar aspectos
difíciles del matrimonio. En vez de afrontar un problema directamente, es posible que la madre o el padre digan que su
imposibilidad de estar allí para su pareja se debe a las necesidades excesivas del niño. El otro se siente entonces egoísta
por querer algo del matrimonio a expensas del hijo. El caso
de Lynn y Mark ilustra un ejemplo extremo de esta situación.

Lynn y Mark

Lynn y Mark llevaban diez años de casados cuando
iniciaron una terapia marital conmigo. La pareja tenía
dos hijas a quienes describieron como muy inteligentes,
pero tímidas y temerosas. Amy, la más pequeña, solía
tener pesadillas y Lynn, a menudo, se levantaba a tran-
quilizarla y terminaba pasando la noche en la cama de
su hija.

Lynn había conocido a Mark durante su último año
de secundaria. Aunque él le llevaba diez años, sus padres
habían aprobado la relación y la pareja se casó cuando
Lynn cursaba su segundo año de universidad. La familia
de Lynn era dominante y estricta. Su educación católica
había reforzado los valores de sus padres, de modo que
Lynn se describía como una persona completamente

ingenua y fácilmente influenciable cuando conoció a
Mark. Éste, por el contrario, era el hijo mayor de padres
inmigrantes que lo habían descuidado bastante debido
a sus exigentes obligaciones laborales. Mark había
abandonado el colegio para ponerse a trabajar, con un
éxito enorme. Cuando conoció a Lynn, tenía consolida-
da su seguridad financiera, y un negocio propio con
buen nombre. Aunque no era religioso, donaba grandes
cantidades de dinero a su iglesia, que era la misma a
la que asistían Lynn y su familia.

Mark presentaba la imagen de un hombre conserva-
dor y respetable, pero su vida privada era todo lo
contrario. Estaba muy enfocado en el placer sexual y
había introducido a Lynn a una amplia gama de prác-
ticas y estimulantes sexuales. Al comienzo de su relación, Lynn "le había hecho el juego" a Mark, y había
posado para fotografías privadas, compartido experiencias pornográficas e incluso había consumido drogas
para incrementar el placer sexual. Si Lynn se sentía
incómoda, había bloqueado esos sentimientos. De la
misma manera en que había obedecido las exigencias
de sus padres de ser una buena niña de la forma en
que ellos lo definían, se había convertido en la esposa
que su marido deseaba.

Las cosas empezaron a cambiar para Lynn cuando
se convirtió en madre. Como las niñas nacieron con dos
años de diferencia, Mark había aceptado inicialmente
las restricciones que Lynn había impuesto a su relación
sexual debido al embarazo, la lactancia o el agotamiento. Sin embargo, cuando las niñas llegaron a la edad
preescolar, Mark se volvió cada vez más intolerante
cuando Lynn sacaba la excusa de que estaba demasiado cansada para tener relaciones sexuales. Mark se

empeñó en que no quería tener más hijos, pese a que Lynn quería buscar un hijo varón.

Lynn no le había confiado a nadie los detalles de su vida privada y su infelicidad marital. Tenía una casa hermosa, dos lindas hijas y un esposo respetado y exitoso. También, sabía que sus padres nunca aceptarían o apoyarían una separación o un divorcio. Además, Lynn no sabía expresar sus sentimientos muy bien y no sabía cómo negociar para cambiar su vida sexual. Mark era un vendedor talentoso y sabía utilizar la persuasión y el encanto para rebatir todos los argumentos de su esposa. La única salida que tenía Lynn era a través de su relación con sus hijas. Cuando Amy empezó a tener pesadillas, Lynn respondió, quedándose a su lado toda la noche. Quizás presintiendo la ansiedad de su madre y su deseo de acompañarla en la noche, Amy siguió teniendo pesadillas, con lo cual Mark se quedaba solo en la cama. Él se sentía muy descontento, pero también atrapado. Lynn era la madre que él siempre había deseado para sus hijas, pues se ocupaba amorosamente de ellas. Mientras Amy realmente necesitara a su madre, Lynn podía salirse con la suya.

Problemas para los niños

Cuando los niños crecen en un hogar en el que sus padres no están emocionalmente disponibles el uno para el otro, reciben el mensaje de que las cosas más especiales de la vida no se derivan del matrimonio. Los niños, el trabajo, los amigos o los deportes se perciben como áreas de pasión y compromiso. El matrimonio, por el contrario, parece vacío y tedioso. Cuando el padre que se siente solo compensa el interés de su cónyuge por fuera del matrimonio, involucrándose en exceso con los niños, se producen consecuencias nocivas de inmediato. Si son pequeños, los niños podrían desarrollar problemas emocionales o de comportamiento que "requieren" atención constante del padre o madre. Si son más grandes, a los niños se les dificulta mantener amistades y sufren también de otras maneras. Las investigaciones han demostrado que los adolescentes que tienen una relación estrecha con uno de sus padres y cuyos padres no tienen una relación estrecha entre ellos sufren de altos grados de depresión y ansiedad[39]. Los amigos de su grupo de edad pueden ayudar a mitigar algunos de los síntomas de depresión, pero aún así los adolescentes con este perfil de familia tienden a experimentar ansiedad y otros problemas emocionales. Lo mismo sucede en adolescentes que dicen que sus padres no tienen una relación cercana, pero que uno de los padres mantiene una relación particularmente estrecha con un abuelo o abuela. Los estudios respaldan aquello que los terapeutas saben desde hace mucho tiempo: a los niños y adolescentes que tienen una relación demasiado cercana con uno de sus padres se les dificulta más madurar. Los problemas persisten en la edad adulta y cuando son mayores, a menudo repiten la dependencia de los padres de intereses propios, familia extensa o trabajo en su búsqueda de la felicidad.

Los padres que quieren darles lo mejor a sus hijos deben examinar qué libertad tienen realmente los niños para enfocarse en sí mismos, como debe ser. Es mucho más fácil crear un entorno en donde esto puede suceder cuando los padres se sienten realizados en su matrimonio. Establecer la prioridad del matrimonio no significa que se deben dejar de

---

[39] Sabatelli y Anderson (1991), p. 363.

2. Establecer la prioridad del matrimonio

lado todos los demás compromisos y lealtades, pero sí quiere decir que las necesidades del cónyuge siempre se deben tener en cuenta. Incluso cuando existen demandas rivales, es preciso respetar a la pareja y el matrimonio.

Si los padres quieren que sus hijos encuentren la felicidad en la vida con una esposa o un esposo, deben examinar el mensaje que les están transmitiendo mediante el ejemplo de su propio matrimonio. Cuando los niños ven cuánto valoran sus padres a su pareja y su relación, están aprendiendo acerca de una importante fuente de realización y gratificación. Un matrimonio que se puede proteger de las demandas de otras obligaciones no les está quitando nada a los niños, sino más bien les está dando las expectativas y las esperanzas de que algún día también ellos tendrán una pareja que los quiera.

PREGUNTAS

1. ¿Cuánto tiempo pasan los dos juntos solos como pareja cada semana? ¿Es lo que ambos quieren, o a alguno de los dos le gustaría pasar más o menos tiempo juntos?

2. ¿Puede recordar tres cosas que su pareja hace por usted y que lo hace sentir especial? ¿Puede recordar tres cosas que usted hace por su pareja y que él o ella realmente aprecia?

3. Cuando piensa en su relación antes de que llegaran sus hijos y después del nacimiento de estos, ¿qué es lo que más echa de menos? ¿Qué cosas se han agregado a su vida compartida?

4. ¿Cómo le demostraba su padre a su madre lo importante que era ella para él? ¿Cómo le demostraba su madre a su padre su amor? ¿Qué diría usted que tenía prelación en sus vidas: el trabajo, los hijos, las obligaciones con los miembros de sus propias familias o la comunidad? ¿Hasta qué punto se reflejan estas prioridades en su propia vida?

3

ENSEÑAR EL VALOR DE LA INTERDEPENDENCIA

"Mamá y yo siempre estamos allí el uno para el otro"

UNA DE LAS LECCIONES MÁS IMPORTANTES que queremos enseñarles a nuestros hijos es que no tienen que estar solos en la vida. Idealmente, la persona con quienes se casen será alguien que les brindará apoyo. Así como un niño pequeño necesita un padre o madre que lo reconforte y le dé seguridad, también, un adulto necesita una persona especial en su vida que lo quiera y le dé aliento. Tanto investigadores como terapeutas han notado la importancia que reviste el apoyo para la preservación de la salud física y mental[40].

En la mayor parte de las parejas que he tratado en mi práctica, la mutua dependencia, que pareciera como algo que todo adulto querría, ha sido extremadamente difícil de lograr. En nuestra sociedad, muchos adultos luchan contra la idea de ser emocional, física o financieramente depen-

---

[40] Waring (1983), p. 48. Véase también, Beavers (1985), pp. 75 - 83.

dientes de otro. En la actualidad, más que en cualquier otro momento, se ha enfatizado la independencia como un ideal al que todos los adultos deberían aspirar. Es tal el énfasis que se pone en la autosuficiencia que muchas personas esperan poder cumplir todas sus aspiraciones ellas solas. Desde luego, en el área de la intimidad, esto es contraproducente[41].

Me han impresionado varios libros y artículos de reciente publicación que se refieren al significado y las consecuencias que tiene la independencia para los hombres[42]. Durante la mayor parte de mis años de práctica, me he esforzado por ayudarles a mis clientes varones a sentirse cómodos con un proceso que les exige ser conscientes de sí mismos y expresar sus sentimientos. Casi todos los hombres son socializados de manera tal que se les exige ejercer el control, ser fuertes en cualquier situación y aprender a desterrar sus sentimientos de vulnerabilidad a fin de poderlo hacer. Sin embargo, cuando se trata de relaciones de intimidad, son usuales los sentimientos de vulnerabilidad. Ha sido triste y frustrante comprobar el punto hasta el cual los hombres se distancian de sus emociones. Sus esfuerzos por cumplir la exigencia social de hombre ideal chocan contra lo que se necesita para establecer un apoyo mutuo.

Si bien los roles y la socialización de género guardan una importante relación con la mayor parte de los temas que se examinan en este libro, son cruciales para entender las nociones de apoyo y dependencia. Cada uno de nosotros podría hacer una lista de lo que sería la mujer ideal, y una diferente para indicar el hombre perfecto. Si comparáramos nuestras ideas, quizás encontraríamos algunas diferencias

---

[41] Josselson (1996).
[42] Véase, por ejemplo, Levant (1998).

3. Enseñar el valor de la interdependencia

–sobre todo si somos de generaciones, estratos sociales o procedencias étnicas diferentes–, pero nuestras listas serían bastante similares. Por ejemplo, la mayor parte de la gente describiría a la mujer ideal como hábil en la crianza, afectuosa y atenta a las necesidades emocionales de los demás. A los hombres, por el contrario, se les definiría como independientes, competitivos, asertivos y lógicos[43]. Estas diferencias no se sustentan en factores biológicos o fisiológicos, sino son comportamientos "aprendidos". Cuando un hombre o una mujer son moldeados para que se ajusten a un rol que no necesariamente complementa su naturaleza básica, el resultado suele ser un sentimiento de infelicidad o incluso problemas psiquiátricos como ansiedad o depresión.

Los roles determinados por el género influyen en la manera en que los hombres y las mujeres afrontan la dependencia y, de diferentes maneras, ambos se ven perjudicados por el proceso[44]. Si un hombre se siente demasiado femenino o vulnerable cuando necesita ser reconfortado o tranquilizado, bloqueará sus sentimientos. Desafortunadamente, los sentimientos no desaparecen, sino que buscan otras salidas. No es sorprendente que los hombres que no saben tolerar sentimientos difíciles recurran al alcohol y a otras sustancias que los anestesien o los distraigan. Las presiones y el estrés que no se pueden compartir también pueden producir problemas de salud[45]. Cuando los hombres a quienes les cuesta trabajo expresar sus debilidades están con mujeres que

---

[43] Esto lo describe especialmente Hafner (1986), en el capítulo dos, "Sex-Role Stereotyping and Conflict", pp. 16-46.

[44] Hare-Mustin (1994), p. 19. Véanse también, Worden y Worden (1998), pp. 5-9, y Sheinberg y Penn (1991), p. 34.

[45] Krystal (1988), pp. 258-263.

muestran sus vulnerabilidades, tienden a querer escapar o a bloquear la experiencia antes de que se despierten sus propios sentimientos reprimidos. Una respuesta usual es enojarse. Otra solución alternativa es retraerse emocionalmente o encerrarse en sí mismos. Algunos hombres están tan desconectados de sus propias emociones de ternura que ni siquiera conocen el vocabulario para describir sus sentimientos. El hecho de hablar les produce estrés en vez de alivio, porque se les dificulta mucho encontrar las palabras requeridas para captar y liberar su experiencia interna. En este tipo de hombres, una conversación acerca de sentimientos con una mujer verbal y perceptiva simplemente acentúa la sensación de ineptitud y debilidad.

Los ideales de género que nuestra sociedad refuerza también pueden perjudicar a las mujeres. Como resultado de su necesidad de cercanía, muchas mujeres se muestran renuentes a poner en peligro una relación estrecha mediante conflictos y es posible que eviten siquiera pensar en problemas que podrían generar sentimientos de ira. Varios psicólogos sugieren que las mujeres extraen fuerzas de la conexión con otros y les produce ansiedad la idea del rechazo y la soledad. Como resultado, es posible que se les dificulte expresar asertivamente ideas y deseos que podrían poner en peligro la cercanía. A largo plazo, esto genera inautenticidad, con lo cual la dependencia y el compartir genuinamente se vuelven imposibles. También se ha planteado que las mujeres dan prelación a las necesidades de los demás y se sienten egoístas cuando les piden a sus parejas que piensen en ellas. Y, desde luego, una mujer que se cree indigna no siente que tiene derecho a pedir que también se reconozcan o se satisfagan sus propias necesidades[46].

---

[46] Lerner (1989), p. 204. Véase también, Stiver (1991), p. 155.

3. Enseñar el valor de la interdependencia

Pese a que todos los hombres y todas las mujeres quieren sentirse amados, hemos sido socializados para aceptar o negar ciertos aspectos de la dependencia según nuestro sexo. Las diferencias empiezan temprano en la vida, e incluyen la manera en que hombres y mujeres son socializados para dar y recibir apoyo. La idea de una relación de apoyo es diferente para niños y niñas. Los niños varones aprenden sobre apoyo a través de deportes y equipos en donde desarrollan relaciones "laterales". Las niñas dedican más tiempo a actividades que implican interacciones cara a cara y compartir con otros[47]. Las diferencias han sido bien incorporadas cuando se llega a la edad adulta, pues mientras las mujeres buscan una conexión emocional y verbal, los hombres se sienten más a gusto haciendo cosas para demostrar su interés y su amor. Por ejemplo, a los hombres les gusta más hacer que hablar, y expresan su afecto de maneras activas, como teniendo relaciones sexuales o dando obsequios. Las mujeres describen las experiencias íntimas como aquellas en las que se comparten pensamientos y sentimientos. En las conversaciones acerca de problemas, los hombres tratan de idear soluciones en vez de permitir una prolongada conversación sobre sentimientos.

Sin embargo, tanto los hombres como las mujeres ansían ser amados y se sienten furiosos y decepcionados cuando su pareja les falla. Las cosas serían mucho más fáciles si la dependencia no tuviera tantas asociaciones negativas. En un mundo ideal, la noción de buscar en otros ayuda cuando sea apropiado se consideraría normal y madura, y no como una admisión de debilidad[48]. Si ambos cónyuges pudieran

---

[47] Josselson (1987), p. 230.
[48] Stiver (1991), p. 160.

creer que la capacidad de depender del otro y de que el otro dependa de uno mejoraría su matrimonio, serían menos renuentes a expresar sus necesidades.

La importancia de volverse dependiente de una pareja para dar y recibir apoyo es uno de los factores que distingue a los matrimonios felices de los que se disuelven o experimentan insatisfacción. Para que un matrimonio funcione bien, es esencial que la pareja aprenda a establecer una sensación de interconexión y de dependencia mutua, que permita que cada uno de los cónyuges pueda depender genuinamente del otro. Ambos miembros de la pareja necesitan abrirse al otro para sentirse amados y respaldados. Los estudios más recientes sobre la intimidad señalan que uno de los ingredientes más importantes es la mutua comprensión. Los cónyuges que saben qué siente su pareja con respecto a diversos temas y que también creen que el otro los entiende, conforman las parejas más satisfechas con su matrimonio[49].

Los psicólogos Richard Mackey y Bernard O'Brien, que estudiaron matrimonios felices que han superado la prueba del tiempo, descubrieron que el apoyo no se brindaba automáticamente. A fin de sentir apoyo por parte del otro, los cónyuges primero tenían que aprender a hablar con sus parejas sobre los asuntos que los inquietaban. Si bien la mayor parte de los esposos empezaba sintiéndose más a gusto

---

[49] McQuillan y Ferree (1998), pp. 215 - 216, estudiaron 230 parejas y encontraron que cuando una esposa siente que su marido la entiende, tanto ella como él tienen niveles más altos de satisfacción con su relación. De modo similar, las esposas que dijeron que era muy fácil plantear asuntos con sus maridos tenían matrimonios en los que ambos cónyuges manifestaban más satisfacción. Véase también, Heller y Wood (1998), p. 273.

3. Enseñar el valor de la interdependencia

haciendo que hablando, al cabo de los años, esto había cambiado notoriamente. Después de veinte años de matrimonio, las parejas satisfechas habían aprendido a conversar sobre una amplia gama de temas. Varias investigaciones recientes han confirmado la importancia que reviste el hecho de aprender a hablar sobre los sentimientos. Los hombres capaces de admitir y tolerar sentimientos incómodos, como la tristeza, son, en últimas, más afectuosos en sus matrimonios. Su capacidad para compartir sus sentimientos propicia matrimonios más estables y más satisfactorios, tanto para ellos como para sus esposas[50].

Los niños criados en una familia en la que ambos padres son capaces de compartir abiertamente sus sentimientos tienen una ventaja maravillosa. Los padres emocionalmente conectados con sus esposas también tienen mayores probabilidades de conectarse emocionalmente con sus hijos. Esto es muy importante porque muchos hombres lamentan la falta de cercanía que tuvieron con sus propios padres. El padre que es capaz de relacionarse emocionalmente con sus hijos tiene la oportunidad de revertir las dolorosas consecuencias de la supresión y la negación de sentimientos con que creció. El resultado es la libertad que sienten los hijos de recurrir tanto a su padre como a su madre en busca de apoyo y guía emocional. El niño varón, en especial, se da cuenta de que la apertura de su padre no disminuye su poder, sino que más bien refuerza la manera en que se le respeta. Aprender a abrirse y a expresar sus sentimientos se convierte en una opción para el hijo también[51]. Éste fue un subproducto interesante en la familia a la que traté no hace mucho.

---

[50] Mackey y O'Brien (1995).
[51] Levant (1997), p. 441.

Paul y Elaine

A semejanza de muchos hombres, Paul fue criado en una familia en la que a los varones se les percibía como fuertes, responsables y racionales. Quizás esto era más exagerado en la familia de Paul, pues su madre era una mujer ansiosa, proclive a las reacciones histéricas. Los insectos la sumían en estado de pánico, y si uno de sus hijos se raspaba una rodilla, gritaba con tal fuerza que los vecinos acudían a toda prisa. Paul, a semejanza de su padre, se reía de estos estallidos y se volvió aún más estoico y desdeñoso de sus propios sentimientos. Cuando conoció a Elaine, en la secundaria, Paul ya era una persona competente y enfocada, que había asumido el rol de cuidador de su familia. Siguió este patrón en su relación con Elaine, cuyo temperamento tímido y su inseguridad con respecto a sí misma llamaron la atención a su naturaleza protectora.

Aunque Elaine se sentía más cómoda explorando sus sentimientos, este tipo de conversación rara vez se daba entre ellos. Paul acusaba a Elaine de divagar y de salirse del tema, y solía irritarse y enojarse. Como resultado, Elaine aprendió a reservar muchos de sus sentimientos para sí, pero se fue volviendo cada vez más distante. Cuanto más competente y enfocado se volvía Paul, más inepta y deprimida se tornaba Elaine.

Cuando la pareja inició la terapia marital, había una gran cantidad de ira y resentimiento no admitidos entre los dos. Paul era intolerante con las fallas de Elaine en el manejo del dinero y del hogar, y a Elaine le molestaba, sin decirlo, el carácter dominante de su esposo y su actitud de menosprecio con ella. Sus hijos, grandes fuentes de felicidad y orgullo, mantenían unida a la pareja. Sin embargo, el mayor, Benjamin, estaba ingresando a la adolescencia y cada vez se retraía más. Casi nunca conversaba sobre el colegio o sus amigos, y se mostraba sarcástico cuando sus padres trataban de saber más sobre su vida.

Después de enterarme de los problemas de la pareja, que incluían relaciones sexuales poco frecuentes y poca cercanía entre ellos, les pedí que evaluaran cuánto apoyo se brindaban el uno al otro. Paul contestó rápidamente que apoyaba completamente a Elaine y que se ocupaba de casi todos los aspectos de su vida. Le asombró mucho escuchar la respuesta de Elaine: "No siento que Paul me apoye para nada. Tal vez pague las cuentas y hable con el plomero, pero no creo que le importe un comino cómo me siento yo". Cuando le pregunté a Elaine si creía que ella apoyaba a Paul, contestó: "Lo haría, si creyera que él lo aceptaría". Paul me sorprendió cuando respiró hondo antes de decir en un tono de voz muy sincero: "Eso es lo que quiero más que cualquier otra cosa en el mundo".

Paul empezó a hablar sobre lo solo que se sentía. Sus colegas en la oficina solían conversar con sus esposas por teléfono y él los escuchaba reír o compartir lo que parecía un momento íntimo. Por el contrario, Elaine nunca lo llamaba, y cuando sí hablaban era sobre tareas que era preciso coordinar u otros quehaceres domésticos. Paul empezó a enfurecerse y acusó a Elaine de falta de gratitud por todo lo que le había dado y de no darle a él lo que realmente necesitaba.

A semejanza de muchas personas, a Paul le era más fácil expresar la ira que los sentimientos subyacentes de soledad, pero con algo de aliento y apoyo empezó a hablar nuevamente sobre su sensación de no ser amado. Sus palabras parecían hacer eco a los sentimientos de Elaine, y ella dijo que también deseaba encontrar una forma de relacionarse con su esposo de una manera diferente. Le comenté a Paul que todo lo que él organizaba y planeaba para la familia parecían actos de amor, y me pregunté cómo era posible que un hombre que tenía tanto amor para dar pudiera tener una esposa que se sintiera tan poco amada. Al comienzo, a Paul le costó trabajo entender esto, pero a medida que seguían conversando, pudo ver que, cuando él se hacía cargo de todo, Elaine se sentía menospreciada en vez de apoyada. Podría brindarle más apoyo a su esposa prestando atención a sus puntos de vista y a sus sentimientos, incluso si ella empezaba a divagar y no iba al grano de una manera eficiente. Como explicó Elaine: "No siempre sé cómo me siento cuando empiezo a hablar, pero si me das la oportunidad, me ayudarías muchísimo con sólo escucharme".

Paul admitió que le costaba aún más trabajo saber cómo se sentía él con respecto a cualquier cosa. "Creo que nunca me he tomado el tiempo para reflexionar realmente sobre mis sentimientos. Y supongo que crecí creyendo que incluso si tenía sentimientos, de todas maneras nadie iba a tenerlos en cuenta". Ésa había sido la fórmula en el matrimonio de sus padres, en el que los sentimientos se ridiculizaban o se descartaban. A medida que Paul me fue contando más acerca del matrimonio de sus padres, también, pude ver el reto que constituía para él admitir su dependencia de Elaine. En la familia de Paul, las mujeres se percibían como seres irracionales y nada confiables, lo cual reforzaba la idea de que los hombres tenían que ser totalmente autosuficientes. Sin embargo, esta manera de relacionarse no estaba funcionando ni para Paul ni para Elaine, y cuando se dieron cuenta de cómo el pasado estaba dictando su presente, se comprometieron a crear un matrimonio diferente.

Nuestro trabajo en la terapia le ayudó a Paul a darse cuenta de la magnitud de sus propias áreas vulnerables y ansiedades, que antes había evitado al concentrarse excesivamente en las de Elaine. Para Elaine, no siempre era fácil escuchar y responder, pues su percepción de sí misma como inepta la hacía necesitar una pareja fuerte y protectora. Sin embargo, en la medida en que empezó a experimentar su propia fortaleza y sus capacidades, le fue más fácil permitir que Paul expresara sus dudas, sus preocupaciones y sus temores. Paul empezó a enorgullecerse de su capacidad para seguir las elucubraciones de Elaine, y para ofrecerle apoyo, escuchándola e interesándose en lo que decía en vez de resolverle los problemas o asumir el control.

Durante el tiempo en que la pareja aprendía a volverse más expresiva y a darse apoyo mutuo, ocurrió un cambio interesante en Benjamin. Después de varios meses de ver cómo sus padres hablaban y exploraban sus reacciones ante distintos temas, de repente, empezó a comunicar sus propios sentimientos. Benjamin se sentía furioso tanto con su padre como con su madre y llevaba la cuenta de los sucesos que ellos habían "manejado mal" sin darse cuenta. No sé si yo hubiera podido escuchar con tanta ecuanimidad semejante lista de acusaciones, y me impresionó la paciencia con que Elaine y Paul escucharon a su hijo. Cuando Benjamin terminó, su padre simplemente dijo: "Me alegra mucho que hayas podido decirnos lo que sientes. Eso nos permitirá hacer las cosas de otra manera de ahora en adelante".Benjamin empezó a ser escuchado regularmente y su sarcasmo se volvió asunto del pasado.

Estar emocionalmente disponibles para nuestros hijos

Si los maridos no son capaces de tolerar sus propios sentimientos o los sentimientos de sus esposas, lo más probable es que no sepan cómo responder a la vulnerabilidad emocional de sus hijos. Los padres que quieren ayudarles a sus hijos a entender y superar las emociones difíciles tienen primero que poder trabajar con sus propias emociones. Las investigaciones recientes han enfatizado la importancia que reviste el hecho de que los padres reconozcan los sentimientos de sus hijos y respondan a ellos. Las parejas con intimidad emocional son sensibles a las emociones de baja intensidad en sus hijos y son capaces de ayudarles a estos a hablar sobre lo que les está sucediendo. Si sus hijos se sienten tristes o molestos, son capaces de entender su perturbación emocional y de ayudarles a pensar en maneras de manejar la situación.

En contraste, son muchas las familias que no se sienten cómodas con las emociones y que tienden a desestimar las reacciones de sus hijos. Estos padres a menudo quieren mucho a sus hijos y desean ayudarles, pero como no saben cómo abordar sus propios sentimientos, tienden a negar o desestimar sus perturbaciones emocionales. Por ejemplo, pueden distraer a su hija, tratando de hacerla reír o introduciendo un tema agradable. Pueden transmitir la creencia de que los sentimientos negativos no son algo sobre lo que se deba reflexionar. Como los sentimientos les incomodan, se impacientan fácilmente y les dicen a sus hijos, verbalmente o mediante gestos, que "dejen eso". El niño pierde la oportunidad de aprender a resolver los sentimientos desagradables y utilizar el mundo emocional como fuente importante de información.

Pero las consecuencias no terminan ahí. Cuando los niños son emocionalmente "entrenados" por sus padres, aprenden a regular sus emociones y a beneficiarse de distintas maneras. Como estos niños no terminan abrumados por sus sentimientos, no se desorganizan emocionalmente cuando se sienten perturbados y pueden concentrar su atención en asuntos necesarios, como las tareas escolares. Además de llevarse mejor con amigos y compañeros, es menos probable que desarrollen problemas de comportamiento o de salud. Así mismo, les va mejor en el colegio. En un estudio, los niños cuyos padres les prestaban atención emocional sacaron puntajes más altos en lectura y matemáticas que los niños cuyos padres desestimaban las emociones[52].

Cuando el niño se convierte en un ancla emocional

Cuando las mujeres no se sienten emocionalmente conectadas con su pareja, surgen problemas que se filtran a toda la familia. Las psicólogas Susan Whitbourne y Joyce Ebmeyer estudiaron parejas con matrimonios de más de veinte años de duración, para examinar cómo dos individuos se adaptan el uno al otro a lo largo del tiempo. Descubrieron que, en los años iniciales del matrimonio, las mujeres a cuyas parejas se les dificultaba la cercanía procuraban compensar esto instando a sus esposos a hablar o volviéndose extremada-

---

[52] En esta investigación, se estudiaron 56 familias con un niño en edad preescolar cuando los pequeños tenían cinco años y, nuevamente, a los ocho. Los hallazgos se presentan en Hooven, Gottman y Katz (1995), p. 229, y en Gottman (1998), p. 174.

mente sensibles a los sutiles indicios de ellos para poder responder de manera acorde. Con el paso de los años, casi todas estas mujeres se dieron por vencidas, describiéndose como "quemadas", y empezaron a buscar la cercanía en otros lugares. Otras mujeres cuyos esposos tenían un bajo potencial para la intimidad, inicialmente, negaron su soledad y tendieron a excusar el interés de sus maridos por otros asuntos. Sin embargo, después de un tiempo, estas excusas dejaron de ser válidas y finalmente estas mujeres reconocieron que nunca iban a sentirse amadas y apoyadas por sus maridos de la forma que habían esperado. A semejanza de otras mujeres en la misma situación, terminaron distanciándose de sus esposos y buscando intimidad en otras relaciones[53]. Algunos padres y madres recurren a amigos y hermanos, pero desafortunadamente otros se vuelcan hacia sus hijos. Cuando un padre o madre recurre a un niño en busca de este tipo de apoyo emocional, siempre se presentan problemas.

Es natural que los niños apoyen y reconforten a sus padres, pues les conviene tener progenitores felices. Aunque es una señal de fortaleza encontrar este tipo de capacidad para la empatía y la compasión en un niño, es injusto y poco sano utilizar a un hijo para compensar las deficiencias de una relación matrimonial. El niño deja de ser niño y se le asignan responsabilidades de las que se le debería proteger durante muchos años. Algunos niños, aparentemente, manejan bien situaciones como ésta y se convierten en "pequeños adultos" que parecen ser perfectos. Es posible que incluso disfruten siendo el "hijo favorito", con toda la atención especial que eso entraña, pero la verdad es que se les ha asignado una carga injusta. En último término, ser responsable de la feli-

---

[53] Whitbourne y Ebmeyer (1990), p. 25.

cidad de un padre o madre significa que el niño debe sacrificar sus propias necesidades. Esto fue lo que sucedió en la familia McNeil.

La familia Mcneil

El problema que hizo que me interesara por Robert McNeil fue el alcoholismo de su padre. Edward McNeil había ingresado voluntariamente a un programa para pacientes externos luego de que su jefe lo confrontara debido a que últimamente había faltado varias veces al trabajo y a que se había dado cuenta de la tendencia de Ed a beber en exceso los fines de semana. Edward, un hombre tranquilo, era el empleado ideal en todos los demás aspectos, y había aceptado el tratamiento de inmediato. Cuando su consejero le sugirió que llevara a Robert a terapia, tanto él como la madre del niño se sorprendieron. A sus once años, Robert era un niño "perfecto": obediente, respetuoso y un estudiante muy aplicado. La madre de Robert, Diane, no se imaginaba cómo podría haber soportado el drama del alcoholismo de su marido si no hubiera tenido un hijo tan sensible y afectuoso.

El propio Robert sentía cierta desconfianza cuando fue a verme. Los dibujos que hizo cuando se los pedí fueron muy controlados y técnicos. A diferencia de otros niños que he evaluado, no tenía ningún comentario que agregar a mis observaciones. Cuando terminó, le pregunté si quería conservar sus dibujos o si me los dejaba a mí. Robert respondió, arrugándolos y haciendo una bola con ellos, al tiempo que decía: "De todos modos no son buenos". Cuando le pedí que me contara cómo marchaban las cosas en su hogar, se encogió de hombros y desvió la mirada. Su incomodidad al estar hablando frente a frente conmigo hizo que la sesión fuera difícil para ambos y yo no pude romper lo que parecía una barrera de desconfianza. Los hijos de alcohólicos, a menudo, temen revelar el secreto de su familia, pero me inquietó el hecho de que el problema de Robert parecía exagerado y de que el niño daba la impresión de tener dificultades subyacentes de baja autoestima. Recomendé una terapia de familia.

Robert se veía más relajado en presencia de sus padres, pero aun así era un niño silencioso y excesivamente constreñido. Estaba muy consciente de las juergas alcohólicas de su padre y solía ir a la habitación de su madre a quedarse con ella cuando lloraba si su marido no volvía a casa. Diane abrigaba la esperanza de que Ed lograra controlar la bebida sin ayuda profesional. Se sentía avergonzada de que su familia tuviera un problema, pues era importante para ella mantener una buena imagen en la comunidad. Antes de que Robert naciera, Diane había dictado clases en la escuela local y gozaba del respeto de la comunidad, que la percibía como una excelente madre y una voluntaria entusiasta en la asociación de padres y maestros. El hecho de que Robert fuera un niño silencioso y tranquilo no preocupaba a ninguno de los padres, pues ni Diane ni Ed eran especialmente extrovertidos. Sin embargo, a ambos les molestó mi sugerencia de que a Robert parecían no gustarle algunos aspectos de sí mismo, y mi preocupación de que debajo de su apariencia "perfecta" hubiera un niño con muchos sentimientos sin expresar.

Fuera del alcoholismo, el matrimonio parecía afrontar otros problemas. Diane se había casado tarde y no tenía mucho en común con Ed. Además de las diferencias en su origen étnico, sus familias de infancia con-

taban con recursos financieros distintos. A Ed no le
interesaba la pasión de su esposa por la música y el
arte y le parecía tonto que Robert tomara clases de
violín e interpretara duetos con su madre. La idea de
diversión de Ed era ver un partido de fútbol con los
"muchachos", provistos de una gran cantidad de
pasabocas y cerveza, una actividad que Diane consideraba una pérdida de tiempo lastimosa. En mi opinión,
Robert se encontraba en el medio, y practicaba diligen-
temente su violín todos los días antes de irse a la cancha
a jugar fútbol. Las diferencias entre sus padres nunca
se discutían; cada uno simplemente miraba hacia su
lado, esperando que algún día las cosas cambiaran. Y
aunque ninguno de los dos se sentía a gusto con su
pareja, ambos adoraban a su hijo. Sin embargo, el alcoholismo de Ed se fue agravando cada vez más. Robert
era quien compensaba esto cerciorándose de estar en
casa para que su mamá no se sintiera sola. Quizás abri-
gara sentimientos de ira o resentimiento en lo más profundo de su ser, pero aún así se comportaba como el
hijo perfecto, sin conexión aparente con sus emociones.
Por fortuna, los McNeil participaron en el proceso de
terapia y afrontaron las tensiones maritales que durante
tanto tiempo habían tenido atrapado a su hijo.

Cuando el niño que ha hecho las veces de padre o madre crece

Desafortunadamente, los problemas causados por el apoyo
brindado a un padre o madre que no tiene intimidad suficiente en su relación matrimonial no se limitan a la niñez.
El autosacrificio y la responsabilidad que se asigna a un niño
de esta manera producen un resentimiento que quizás no
aflore plenamente sino cuando, ya adulto, empieza a salir en

pareja y a asumir el riesgo de la cercanía. Si la intimidad significa renunciar a sí mismo para cuidar de alguien más, entonces, es algo que no vale la pena buscar. Los niños que han tenido una responsabilidad excesiva en el apoyo brindado a un padre o madre, a menudo, evitan el compromiso cuando son adultos, o escogen una pareja cuyas necesidades obligan a su cónyuge a cuidar de ella, perpetuando así su función. Con frecuencia, se sienten atraídos por personas que desconfían de la intimidad o la rehuyen y sin quererlo, repiten el matrimonio de sus padres.

Cuando las experiencias de vida anteriores del individuo le han enseñado a desconfiar, también, es posible que desarrolle temor a acercarse demasiado a otra persona. El hecho de depender de otra persona para que lo quieran y reconforten le crea un estado de vulnerabilidad, pues inevitablemente se producirá decepción si la pareja no puede o no quiere cooperar. Como siempre existe el riesgo de rechazo o decepción, cada cónyuge tiene que confiar en las buenas intenciones de su pareja. Si la persona ha sido cruelmente decepcionada por otros, es menos probable que asuma ese riesgo. Es mucho más seguro negar la importancia del muy anhelado cariño que admitir ese deseo y luego sufrir su carencia[54]. Quizás ésta sea una de las razones por las que a los niños que han perdido a uno de sus padres durante la niñez, a menudo, se les dificulta volverse dependientes de otra persona. Sin embargo, los niños que ven que sus padres son distantes el uno del otro también crecen preguntándose si pueden confiar en alguien para que satisfaga sus necesidades afectivas.

Esto fue lo que les sucedió a Irene y Bob.

---

[54] Loewenstein (1967), p. 798.

3. Enseñar el valor de la interdependencia

Irene y Bob

Irene y Bob ya habían iniciado una terapia marital antes, pero la habían suspendido después de cinco sesiones. Ahora, seis años después, se sentían muy desdichados y estaban a punto de divorciarse. A Irene le aterraba la idea de anunciar su separación, pues era una persona muy privada a quien no le gustaba que los demás se enteraran de sus asuntos. Bob, pese a sentirse solo e infeliz, todavía esperaba que su matrimonio de treinta años se pudiera salvar. La pareja aceptó que su principal problema era la comunicación: sencillamente, no podían zanjar sus diferencias. Cuando la pareja no podía tomar una decisión aceptable para ambos, Bob se enojaba e Irene se retraía durante semanas enteras. A lo largo de los años, estos episodios de tensión y distanciamiento se habían apoderado de la relación, y la cercanía de la pareja se había ido agotando hasta extinguirse casi por completo.

Irene y Bob se habían conocido en la casa de un amigo mutuo cuando tenían un poco más de veinte años. Aunque conformaban una pareja atractiva, era el caso de opuestos físicos que se atraen: Bob era de tez morena y muy alto, Irene era de constitución pequeña y piel muy clara. Sus antecedentes familiares también diferían considerablemente, pues Bob era el hijo mayor de una familia de clase trabajadora e Irene era hija de un empresario financieramente exitoso. Sin embargo, ambos eran muy inteligentes e ingeniosos y, en las pocas ocasiones en las que la tensión entre ellos disminuía, los dos sonreían de manera contagiosa.

El padre de Bob había muerto de repente cuando su hijo tenía once años, dejando a su madre sin seguro de vida y con tres hijos para criar. Aunque se había casado de nuevo cuando Bob tenía dieciséis años, había sido una época marcada por el estrés. Bob había conseguido varios trabajos para complementar el salario de su madre y velar por la familia pero, sobre todo, se había convertido en el "hombre" de la casa. Como tal, su madre solía comentarle sus problemas y preocupaciones cotidianas.

La familia de Irene tenía dinero, pero muchos conflictos emocionales. Según Irene, su padre tenía un temperamento explosivo y era proclive a estallidos de ira y gritos. Por lo general, el blanco de su ira era su esposa, a quien consideraba incompetente y débil. Sus solicitudes de ayuda o de atención suscitaban comentarios sarcásticos o enfurecidos, y su marido la despreciaba cuando demostraba el más leve signo de debilidad. Irene era su hija favorita, debido a su inteligencia, su belleza y su capacidad de enfrentársele cuando la retaba. La vida en medio de las peleas de sus padres había sido muy tensionante para Irene, sobre todo, porque su madre solía tratar de que su hija la protegiera y tomara partido de su lado. En su mente, Irene sentía rechazo hacia ambos, pero en especial despreciaba la desesperada necesidad que su madre representaba.

A veces, las parejas revelan más con sus acciones que con sus palabras. En nuestra segunda sesión, la cadena de oro de Bob se cayó sobre su regazo. Pasó los siguientes cinco minutos intentando torpemente cerrar el broche en la nuca, mientras seguía participando en la conversación. Finalmente, lo interrumpí y le pregunté si no se le había ocurrido pedirle a Irene que lo ayudara. Le asombró mi pregunta y contestó que no. Cuando le pregunté a Irene si la autosuficiencia era en ambas direcciones o si era exclusividad de Bob, contestó que casi no recordaba momentos en los que le hubiera pedido cosas a su esposo. Siempre se había cerciorado de poder cuidar de sí misma. Los pocos años en los que había dejado de trabajar para ocuparse de sus dos hijos habían sido muy difíciles para ella, y apenas pudo buscó un empleo que le permitiera tener su propio dinero.

Cuando supe del exceso de responsabilidades que tuvo Bob de niño, creí entender un poco su necesidad de independencia. Sin querer, su madre le había quitado la libertad que la mayor parte de los adolescentes disfrutan, y él se había sentido asfixiado por las preocupaciones y necesidades de la mujer. Debido a la súbita e inesperada muerte de su marido, siempre había controlado a Bob, queriendo saber a dónde iba y exactamente a qué hora regresaría a casa. Sobra decir que experimentaba una gran ansiedad si su hijo se retrasaba siquiera cinco minutos. Pero Bob era un hijo consciente de sus deberes y, aunque le molestaba la ansiedad de su madre y su necesidad de cercanía, nunca se rebeló. Pero ésta sólo era la mitad del cuadro. Cuando le pregunté a Bob sobre el matrimonio de sus padres antes de que falleciera su papá, dijo que casi no recordaba nada. Me explicó que tenía tan pocos recuerdos de su padre que cualquier cosa que dijera estaría basado en historias que les había escuchado a otros.

A medida que seguí intentando que Bob recordara, el barniz que cubría su exterior calmado se empezó a resquebrajar. Se le aguaron los ojos, aunque cuando se lo señalé, Bob dijo que no tenía idea de por qué estaba llorando. Le pregunté si creía que alguna vez había hecho duelo por su padre y había sentido dolor por haber perdido a esta persona especial a una edad tan temprana.

Bob recuperó su expresión de piedra y dijo que probablemente nunca lo había hecho, dado que su madre había sufrido tanto y lo había necesitado a él para mantener marchando la familia. Le dije a Bob que probablemente albergaba muchos sentimientos complicados y dolorosos en lo más profundo de su ser, que pertenecían a un niño de once años que había perdido a su padre. Su reto en la vida era aprender a aceptar estos sentimientos para liberarse de una carga que lo estaba abrumando, y para creer que podía acercarse a Irene sin temer que también ella lo abandonara.

Después de haber escuchado esto, Irene comentó que la pétrea negación de sentimientos por parte de Bob era quizás el principal problema que afrontaba el matrimonio. Impedía que se abriera a ella como amigo, pues no sólo no toleraba sus propios sentimientos, sino tampoco los de ella. Todas sus discusiones terminaban en el instante en que intervenían las emociones. Le señalé a Irene que la autosuficiencia y la perspectiva racional de Bob no eran rasgos nuevos, pues habían estado presentes desde que salían juntos y habían decidido casarse. ¿Qué le aportaban estos rasgos a la vida de ella para hacer que Bob fuera una persona segura para amar? Irene empezó a hablar sobre sus padres y sobre cómo se había sentido atrapada por ambos. Su padre había impuesto su voluntad en su escogencia de amigos y aficiones, y no era una persona con quien fuera fácil enfrentarse. Su madre siempre parecía tratar de ser su amiga, pero Irene desconfiaba de sus motivos reales. Sentía que si se lo permitía, su madre trataría de poseerla y ocupar todo su tiempo. Por consiguiente, Irene también se había sentido asfixiada por las necesidades de otras personas, como si le quisieran robar su derecho de llevar una vida propia. También, había aprendido que no era seguro revelar cualquier imperfección. Sus recuerdos del matrimonio de sus padres la hacían temer que Bob la ridiculizara o la despreciara si daba señal de la más mínima debilidad. Ante todo, Irene había despreciado la vulnerabilidad de su madre y la ira de su padre.

Bob era una persona cuyo comportamiento tranquilo hacía sentir segura a Irene. Mientras las cosas marchaban bien entre ambos, ella se sentía segura y contenta. Pero cuando se sentía enojada o herida, se alteraba mucho y se sentía descontenta consigo misma. Con muy poca intervención de mi parte, Irene entendió rápidamente que odiaba la parte de ira en ella que le recordaba a su padre, y también su parte vulnerable, que representaba a su madre. Así mismo, comprendió que la autosuficiencia de Bob la había llevado a creer que, contrario a sus experiencias de niñez, en esta relación, no le plantearían exigencias. La apariencia calmada de Bob le había atraído inicialmente, pues también mantenía a raya los sentimientos de ella. Sin embargo, cuando las cosas no marchaban bien, no había manera de que ninguno de los dos procesara y expresara sentimientos que era preciso reconocer para llegar a un entendimiento y a una solución aceptable.

Reciprocidad

El desarrollo de una dependencia mutua o interdependencia en el matrimonio también implica reciprocidad. Los cónyuges establecen un contrato tácito que equilibra el flujo de dar y recibir, lo que produce una sensación de equidad. Este *quid pro quo* da una sensación de justicia, pues cada uno de los cónyuges se turna en prestar diferentes servicios a beneficio del otro y de la relación. De esta manera, cada uno puede hacer autosacrificios por el otro con base en la expectativa de que, en otro momento, o de alguna otra manera, su pareja hará lo mismo. Cuando las cosas funcionan bien, los cónyuges sienten que no están solos en la vida y que son los únicos responsables de su propio bienestar. Por el contrario, se experimenta una sensación de bienestar y cuidados mutuos. Los estudios sobre matrimonios exitosos a largo plazo y sobre satisfacción marital señalan la equidad y la justicia como uno de los factores más importantes[55].

A lo largo de los años, he aprendido que es muy grato pasar tiempo con una pareja que ha desarrollado este tipo de apoyo mutuo. El compromiso que ambos cónyuges sienten con respecto al bienestar del otro es obvio y lo confirman su capacidad de respuesta y su receptividad emocional. Cuanto más se den mutuamente los dos miembros de la pareja, más parece haber algo para tener y dar a cambio. Los niños que crecen en un entorno así ven cómo sus padres son capaces de recurrir el uno al otro en momentos difíciles. Pueden sentir la cercanía que se ha desarrollado entre sus padres a partir de estos cuidados mutuos. A ojos de estos niños, el matrimonio es un lugar en el que las personas son protegidas, amadas y apoyadas.

El entorno familiar que se construye a partir de un matrimonio de mutuo apoyo también permite que se cuide y nutra más fácilmente a los niños. Como los niños son extremadamente sensibles al estado de ánimo general en la familia, florecen cuando sus padres se apoyan mutuamente. De hecho, varios estudios psicológicos con niños han demostrado que los padres que se apoyan el uno al otro cuidan mejor de

[55] Larson, Hammond y Harper (1998), p. 498.

sus hijos y crían niños más seguros. Los niños provenientes de estas familias tenían menos problemas y se adaptaban mejor a la vida[56].

Cuando los padres se brindan apoyo mutuo, el matrimonio se convierte en un recurso que les permite a ambos cónyuges afrontar el estrés y los problemas externos. Muchas personas con matrimonios felices han soportado problemas terribles, entre ellos pobreza, racismo, enfermedades graves y discapacidades físicas. Pero en vez de permitir que las condiciones adversas afecten el matrimonio, las parejas que saben cómo depender el uno del otro descubren que una relación basada en el amor y el apoyo les ayuda a afrontar retos muy exigentes. Quiero compartir la historia de una familia que conocí en alguna ocasión y cuya capacidad para brindarse apoyo en momentos de crisis era en verdad extraordinaria.

Steven Lewis

Mi neurólogo favorito del Hospital para Niños Enfermos me dijo un día con cierta cautela: "Sé que no suele trabajar con mis pacientes con distrofia muscular, pero ¿podría hacerme el favor de pasar por la clínica esta tarde? Tengo que darle una mala noticia a una familia que conozco desde hace mucho tiempo". Steven, de nueve años, era el tercero de cuatro hijos, y el menor de los varones. A su hermano mayor le habían diagnosticado la enfermedad de Duchenne cuando apenas había entrado al colegio, y llevaba cinco años en una

---

[56] Citando estudios de Cox (1989), Howes y Markman (1989) y Zeanah, Borris y Larrieu (1997), p. 174, informan que la cercanía entre la pareja en un matrimonio se asocia con un cuidado paterno y materno más sensible, y con un acoplamiento infantil seguro.

silla de ruedas. Las pruebas genéticas habían detectado una conexión familiar de generaciones previas de ambos lados, aunque ni el padre ni la madre tenían un miembro de su familia inmediata que sufriera de esta enfermedad. Los padres habían aprendido que la enfermedad de Duchenne era más frecuente en los niños varones que en las niñas, y que los síntomas, por lo general, se manifestaban a los seis o siete años. La familia se había unido para ayudarle al hijo mayor, David, a aprender a manejar su pérdida progresiva de fuerza muscular. Se alegraron en silencio cuando Steven cumplió siete y ocho años, encaramándose a los árboles y jugando béisbol. Pero, últimamente, Steven había empezado a tropezarse y a caerse, y la familia recordó los primeros síntomas que habían aquejado a David.

Asistí a la cita de la familia con el médico ese día, cuando se confirmó el diagnóstico de Steven. A diferencia de otros niños que se enteran poco a poco de los detalles de su enfermedad, Steven sabía exactamente qué le aguardaba en el futuro. Él era quien a menudo le ayudaba a su hermano mayor a vestirse y lo llevaba en su silla de ruedas al jardín. Ahora la familia debía afrontar el lúgubre futuro de ayudarles a dos hijos inválidos y vivir con la realidad de una muerte prematura para ambos. Mientras el médico confirmaba lo que todos sospechaban, los padres de Steven se tomaron de la mano y se miraron a los ojos a través de las lágrimas. No habían perdido la fe en Dios, pero tampoco esperaban un milagro. Había una aceptación de la vida que Dios les había dado, y una fortaleza que provenía de estar en eso juntos. La madre de Steven, Alice, me dijo que a menudo se deprimía, pero que de alguna manera Frank siempre estaba allí para ofrecerle un hombro sobre el cual llorar.Y cuando Frank se sentía triste, ella siempre sabía que mientras ella lo pudiera reconfortar, saldrían adelante juntos.

Les dio alguna esperanza la observación del médico de que como Steven era mayor que casi todos los demás niños cuando desarrolló los síntomas iniciales, su deterioro quizás sería más gradual; sin embargo, sabían que a su hijo ya le quedaba poco tiempo para jugar béisbol. Frank me dijo: "Trabajamos con lo que tenemos. Mientras a Steven le guste el béisbol, no hay razón por la que no podamos ver los partidos juntos, y él podrá seguir coleccionando sus tarjetas mientras así lo quiera. La vida es diferente desde una silla de ruedas, pero mientras uno tenga una familia que lo ame, hay muchas razones para seguir adelante". Pese a su dolor y a sus luchas, Frank y Alice seguían riéndose juntos y encontraban tiempo para salir solos en pareja. Su decisión de sacarle el máximo provecho a lo que tenían había mantenido su matrimonio y su familia fuerte y vibrante.

Aprender a depender de otros

En los matrimonios en los que los cónyuges no se brindan apoyo mutuo, los dos terminan decepcionándose del otro y creen que deben velar por ellos mismos ante todo. Cuando conozco este tipo de personas, escucho a los cónyuges quejarse de que su pareja es egoísta o centrada en sí misma. Los cónyuges actúan de manera individual y hay pocas instancias en las que se busca o se ofrece ternura emocional. El apoyo sólo se brinda en áreas que no compiten o que no encajan con las prioridades de cada individuo.

Las parejas que tienen dificultades en esta área también me informan con frecuencia sobre su convicción de que cualquier cosa que le pidan al otro será luego utilizada en su contra. En este tipo de matrimonio, hay una sensación similar de desconfianza que se deriva de un temor frente a la obligación. Si se hace un favor, significa que se debe un favor. Detrás de este temor está la expectativa de explotación, y el miedo de que lo que tal vez le pidan a cambio exceda el beneficio que recibe.

Los niños criados en un entorno familiar de este tipo son muy conscientes de la distancia entre sus padres. Aunque no exista un conflicto abierto, perciben que, en lo más profundo de su ser, sus padres no se tienen confianza. La creencia de que uno solo puede depender de uno mismo impregna la vida cotidiana y le enseña al niño a evitar también la dependencia. Un niño que crece con esta lección aprende que el matrimonio es un lugar en el que uno siempre debe mantener la guardia. Después de escuchar una y otra vez cuán egoísta es su madre o su padre, es posible que el niño crea que las personas siempre buscan explotar a otros y que lo más seguro es la autosuficiencia.

Si se quiere que los niños crezcan creyendo en un futuro en el que sus necesidades serán respetadas y en el que su amor será recibido y correspondido, tienen que verlo en el matrimonio de sus padres. Cuando los padres son capaces de brindarse apoyo y cuidados mutuos, crean un entorno en el que existen recursos emocionales que benefician a todos los miembros de la familia. Más importante aún, les enseñan a sus hijos que es posible confiar en la gente y depender de otros.

3. Enseñar el valor de la interdependencia

PREGUNTAS

1. ¿A quién recurre usted cuando está preocupado por algo y quiere hablar? Si trata de hablar con su pareja, ¿las cosas parecen mejorar o empeorar?
2. ¿Se siente más a gusto con hechos o con sentimientos? ¿Su pareja se siente más a gusto con hechos o con sentimientos?
3. ¿Su pareja realmente lo escucha cuando usted habla? ¿Cree que su pareja recuerda las cosas que lo han inquietado o molestado a usted en el pasado?
4. ¿De qué maneras lo hace sentir mejor su pareja cuando usted tiene alguna inquietud? ¿Qué hace usted por su pareja?
5. ¿Con qué frecuencia sus hijos se enteran de los detalles de cosas que les preocupan a usted o a su pareja? ¿Con qué frecuencia conocía usted estos detalles con respecto a sus propios padres?

4

INCULCAR LA IMPORTANCIA DEL RESPETO MUTUO

"Casarme con tu mamá/papá ha sido lo mejor que he hecho en la vida"

MUCHOS TERAPEUTAS CONSIDERAN que la autoestima es la piedra angular de la salud mental. Una autoestima saludable da el coraje requerido para aventurarse, asumir riesgos y participar plenamente en la vida. Debido a la gran importancia que reviste, los clínicos y los investigadores han concentrado sus esfuerzos en entender cómo desarrolla un niño la autoestima y cómo pueden los padres inculcar confianza en sus hijos. Heinz Kohut, un psicoanalista que desarrolló una rama de análisis conocida como "psicología del yo", subraya la importancia de un cuidador consistente que podría servir de "espejo" para validar los sentimientos de importancia y valor propio del niño[57]. Si bien la relación

---

[57] Las teorías sobre autoestima de Kohut se presentan en varios libros y artículos, entre ellos *The Analysis of the Self* (Nueva York: International Universities Press, 1971) y *The Restoration of the Self* (Nueva York: International Universities Press, 1977). Sus ideas,

entre el hijo y el padre, sin duda, contribuye a la sensación de bienestar del niño, los hijos también se ven profundamente afectados por las maneras en que sus padres demuestran su mutuo respeto.

El respeto se aprende mediante la observación, pero también, y más importante, mediante la identificación. A medida que los niños se desarrollan psicológicamente, "asumen" aspectos de sus padres mediante el proceso de identificación. Quizás el niño empiece imitando cierto atributo, pero, al cabo del tiempo, llega a considerarlo como parte integral de sí mismo. Una madre llena de dudas acerca de sí misma ofrece poca confianza para que su hijo o hija absorba, y el niño o niña no querrá identificarse con ella.

Los niños están muy conscientes del respeto que cada uno de sus padres tiene por sí mismo y por el otro. Mediante las acciones y las palabras, los cónyuges comunican cuánto se aprecian y valoran mutuamente. El hijo o hija, al imaginarse desempeñando el papel de su progenitor como padre o madre, forma una identificación y una visión de sí que incluye la estima percibida. Cuando los padres se elogian o se hacen cumplidos, transmiten a sus hijos un mensaje de valor que estos absorben plenamente. Cuando los padres se desprecian, producen sentimientos de incomodidad y conflicto en el niño.

Existen otras maneras en que la autoestima se revela en las interacciones matrimoniales. Un adulto que se siente bien consigo mismo espera ser tratado por los demás de una manera justa y respetuosa, y es capaz de reafirmarse para lograrlo. De modo similar, un adulto que se siente bien consigo

---

también, se reflejan en Alice Miller, *Prisoners of Childhood* (Nueva York: Basic Books, 1981).

mismo no necesita menospreciar a su pareja para sentirse mejor. Cuando hay menosprecio, el resultado de la interacción es que ambos padres pierden lustre y se convierten en fuentes de identificación problemáticas.

La ausencia de respeto entre los padres también crea una imagen del matrimonio como un lugar inseguro. Casi todos los niños anhelan sentirse valorados y exitosos, y si bien sus talentos y esfuerzos pueden hacer que descuellen en muchas áreas de la vida, ya sea en deportes, en la escuela o en la música, las habilidades que se requieren para establecer una relación de intimidad no se basan en estos logros. Como hemos visto, el adulto que está aprendiendo a convertirse en parte de una pareja recurrirá inconscientemente a los recuerdos y el modelo de matrimonio de sus padres. La experiencia de ver a sus padres humillados o irrespetados por su pareja crea una expectativa y un temor de que así es como los adultos casados tratan a sus cónyuges. Cuando los padres menoscaban el autorrespeto del otro, los resultados para el niño pueden ser devastadores.

Aunque el proceso de dos adultos que se subvaloran el uno al otro crea una imagen perturbadora, el resultado es igual, o es más peligroso, si sólo uno de los padres es menospreciado. En este caso, es preciso tener en cuenta el sexo del padre menospreciado y el sexo del niño. Aunque hay muchos resultados posibles, los pacientes a quienes he tratado han revelado patrones específicos que quizás otros compartan.

Hijas de madres irrespetadas

El vínculo entre madres e hijas debe ser directo porque la madre es el primer objeto de amor de la niña. Amar a la mamá y parecerse a ella pueden ir fácilmente de la mano. Pero cuando una hija observa que la mujer a quien adora no es admirada por otros, su relación y su identificación se ponen a prueba y se tensionan. La situación se agrava aún más si los dardos provienen del padre.

Si una esposa es menospreciada por su marido, la hija tiene dos opciones. La primera es escoger identificarse más estrechamente con su madre y poner en entredicho su propio potencial. Su pareja será alguien a quien pueda valorar más que a sí misma y es muy probable que repita el patrón de infelicidad de su madre. Su otra opción es escoger identificarse más estrechamente con su padre y seguir su camino hacia el éxito. Posiblemente, sobresalga en el colegio, los negocios y las amistades, pero en el campo del amor lo más probable es que afronte problemas. Cualquier relación que se asemeje demasiado al matrimonio de sus padres revivirá el modelo de cómo su madre era tratada por su padre. Su temor de convertirse en su madre en un mundo en donde sólo los esposos pueden descollar y ser felices prácticamente imposibilitará la intimidad.

Susan

Susan inició su terapia conmigo después de una horrible cita a ciegas con un hombre a quien sus amigos habían descrito como "perfecto". Podía ver por qué a ellos les parecía atractivo e interesante, pero por razones que no entendía del todo, a ella se le antojaba aburrido y tensionante. Su disgusto la llevó a beber en exceso y se había comportado mal. A los treinta y cinco años, Susan era exitosa en su carrera en los medios, pero se sentía sola en su vida personal. Su única relación significativa había sido un breve *affaire* a larga distancia que había empezado durante unas vacaciones en Italia. En general, le atraían los hombres europeos, pero no le interesaban para nada los norteamericanos que conocía.

4. Inculcar la importancia del respeto mutuo

Susan se enorgullecía de ser una persona creativa y dinámica. Atractiva, aunque con un ligero sobrepeso, estaba intensamente comprometida con su carrera profesional y la habían ascendido varias veces en un período más bien corto. Tenía algunas amigas cercanas, pero casi todas estaban comprometidas o se habían casado hacía poco. Susan se sentía excluida, pero también le aburrían los intereses "domésticos" de sus amigas. Sus planes de tener hijos también la perturbaban; ella no se podía imaginar que ser esposa y madre fuera divertido o grato.

Al comienzo de la terapia, a Susan le costaba trabajo hablar sobre su vida familiar cuando era niña. Describía a su padre como un empresario brillante y animoso que había sido exitoso en todos los aspectos de su vida. Por cuestiones de trabajo, solía viajar a Europa, y regresaba a casa con muñecas y juguetes para su única hija. Por el contrario, Susan describía a su madre como una mujer aburrida y deprimida que, esencialmente, había desperdiciado su vida. Susan hizo una pausa cuando le pregunté qué había aprendido sobre la intimidad del matrimonio de sus padres. Respondió que su padre no actuaba como si quisiera mucho a su esposa y que ciertamente no la respetaba. "Nadie creía que ella contribuyera de manera valiosa o que fuera especial en algún aspecto".

A mi juicio, los problemas de Susan con las citas románticas tenían mucho que ver con sus sentimientos respecto a su madre. Era evidente que a Susan no le gustaba su mamá. En su apartamento, tenía una foto enmarcada de su padre, rodeando con el brazo a una mujer atractiva que reía. Casi todos sus amigos suponían que era una foto de sus padres, cuando en realidad se trataba de su padre con una vecina. Susan dijo: "Solía imaginar que mi madre era en realidad otra persona; alguien más sofisticada e interesante".

Aunque algunos de los sentimientos que abrigaba Susan con respecto a su madre eran producto de la relación madre-hija, fue claro para mí que su padre había tratado a su esposa de una manera irrespetuosa y descuidada. Susan creía que sus padres seguramente se habrían divorciado si no hubieran tenido una hija. Recordaba cómo su padre despreciaba a su madre y la llamaba estúpida, tanto en su cara como a sus espaldas. Él era quien tenía talento e ideas; ella ofrecía muy poco, y le seguía la idea a él. Cuando su esposo estaba viajando, ella era especialmente apagada.

Susan y yo empezamos a explorar lo que había aprendido sobre ser una esposa a partir de la observación del matrimonio de sus padres. La decisión de su madre de no trabajar era típica de una mujer de su generación y su posición económica, pero en la familia de Susan eso le había granjeado una total falta de respeto. El padre de Susan era percibido como una persona interesante y talentosa, mientras que su madre era considerada aburrida e inútil. Para Susan, y sospecho que también para sus padres, su padre poseía todo el vigor y las características interesantes. Menospreciaba a su esposa y alentó a su hija a menospreciarla también. La incapacidad de su madre de defenderse sola hizo que Susan creyera que las esposas no eran personas valiosas, sino mujeres ineptas con vidas vacías.

Aunque Susan no admiraba a su madre, ya había formado una identificación con ella. Ya sea que le gustara o no, había partes de ella que la convertían en la hija de su madre. A medida que Susan fue creciendo, fue cada vez más importante desidentificarse de su madre, demostrando mediante sus logros que no se parecía a ella en nada. Su carrera profesional y sus vacaciones en Europa fortalecieron su identidad con su padre.

En la terapia, le ayudé a Susan a relacionar el disgusto que le producían los hombres norteamericanos con la lección que había aprendido del matrimonio de sus padres. La incomodidad de Susan en sus citas con hombres norteamericanos demostraba cuánto temía ser "forzada" a repetir la vida desdichada de su madre. El tedio que sentía en las citas románticas provenía de la parte de ella que se había identificado con su madre. Con apoyo, logró expresar sus temores de perder el respeto por sí misma y la vitalidad, como lo había hecho su madre. A medida que empezó a entender cómo sus temores a la intimidad se basaban en supuestos que nunca había impugnado, dejó de estar siempre a la defensiva y se volvió más receptiva a los hombres en su entorno inmediato. Aunque el proceso de cambio tomaría bastante tiempo, ya no creía que amar a un hombre le significaría perder todo lo que valoraba.

Hijos varones de madres irrespetadas

Los hijos varones también se ven afectados por un matrimonio en el que la esposa no es tratada con respeto. Aunque es más fácil para ellos identificarse con el padre exitoso, con frecuencia, luchan con sentimientos de culpa por permitir que se maltrate a su madre. También, es posible que cuestionen el atractivo del matrimonio si todas las mujeres son percibidas como básicamente incompetentes o poco importantes. Puede suceder que se sientan atraídos por una mujer fuerte, pero que se consideren demasiado amenazados como para permitirse sentimientos de intimidad. La amenaza proviene del modelo de matrimonio de sus padres, en el que

sólo se permitía a una de las partes sobresalir y merecer reconocimiento. Amar a una mujer que no sea inferior significa poner en riesgo el derecho y la seguridad no cuestionados de superioridad. A menudo, el hijo que tiene como modelo un matrimonio en donde el respeto es desequilibrado escoge una pareja que en muchos sentidos es inepta y depende de la fortaleza del otro. El cuidado de esa persona le permite aliviar la culpa que siente con relación a su madre pero, finalmente, esta carga genera resentimiento y una actitud de irrespeto frente a la pareja desigual que escogió. Eso fue justamente lo que les sucedió a Roy y a Jan.

Roy y Jan

Roy conoció a Jan cuando ésta trabajaba como mesera durante las vacaciones de verano de la universidad. Aunque Roy almorzaba en la misma mesa todos los días, Jan no le prestaba mucha atención. Sin embargo, un día, Roy llevó a sus dos pequeños hijos y Jan vio el lado afectuoso y tierno de un hombre que, por lo general, se mostraba brusco y distante. Después de ese día, Jan se interesó más por su cliente regular y lo escuchaba con atención cuando le contaba sobre los problemas de droga de su ex esposa y sobre cómo él había asumido la custodia de sus hijos. Un día, Roy invitó a Jan a salir después del trabajo y, dos semanas después, ella se mudó a la casa de él.

Jan era la mayor de tres hijos cuyos padres bebían demasiado e iban a muchas fiestas, y casi nunca estaban disponibles para ella. Su madre era una mujer de carácter fuerte y competitivo, que había criticado todos los aspectos de la vida de su hija. Hasta cuando conoció a Roy, Jan se sentía una persona inútil. El interés que manifestó Roy en ella fue como un antídoto contra el veneno de su madre, y atesoró a su esposo como lo mejor que le había pasado en su vida. Aunque Roy era dogmático y a veces terco, Jan cedía ante él para mantener la paz.

En la primera etapa del matrimonio, Roy disfrutaba cuidando de Jan. Más tarde, empezó a desear que ella hiciera más por sí sola y trató de ayudarla a organizarse. Por ejemplo, Roy le daba a Jan una lista de diligencias que era preciso hacer, a fin de ayudarle a concentrarse en sus responsabilidades domésticas. En secreto, a Jan le molestaban las listas de Roy y su actitud de superioridad, pero temía enfurecerlo. Aunque trataba de mantener sus sentimientos para sí, empezó a sentir cada vez menos deseos de tener relaciones sexuales y a "olvidar" hacer cosas de las listas de su esposo.

La pareja empezó a asistir a terapia marital conmigo justo después de su tercer aniversario. Roy inició la terapia, buscando ayuda para su vida sexual y para consultar sobre el problema de "actitud" de Jan. Durante los primeros cinco minutos de sesión, manifestó apasionadamente sus quejas respecto a su esposa. "¿Por qué no puede mantener balanceada la chequera? ¿Por qué nuestras plantas siempre se secan y se mueren? ¿Por qué simplemente espera que nos vayamos de vacaciones en el verano cuando no tiene idea de nuestras posibilidades financieras?" Era evidente que a Roy le molestaban estas fallas de Jan y que se sentía solo como proveedor de la familia.

En mi intento por entender mejor su vida juntos, les pregunté a ambos sobre sus experiencias de niñez. Roy había sido el hijo único de padres artistas. Su padre era un hombre bastante exitoso pero temperamental, de carácter inestable e imprevisible. Me dijo que su madre nunca debió haber tenido un hijo. No le interesaban los niños y carecía de instintos maternales. Rara vez compraba alimentos o cocinaba y no se interesaba por los proyectos o tareas escolares de Roy. Su padre solía enfurecerse debido a semejante desorganización, pero no estaba dispuesto a cambiar su propio estilo de vida para acomodar las necesidades de su hijo. Como resultado, los padres de Roy solían pelear acerca de las responsabilidades que entrañaba el cuidado del niño, provocando ira y resentimiento en todos los miembros de la familia. A medida que fue creciendo, Roy empezó a pasar cada vez menos tiempo con sus padres y, cuando cumplió los dieciséis años, básicamente se las arreglaba solo. Desafortunadamente, sus amigos consumían drogas y, debido a su propio uso de sustancias narcóticas Roy apenas logró graduarse de la secundaria.

Mientras hablábamos sobre la niñez de Roy, fue evidente para mí que nunca había tenido una experiencia en la que se pudiera depender de una mujer. El ensimismamiento de sus padres en sus propias vidas había hecho que él no pudiera confiar en nadie, y que no creyera que otra persona pudiera en verdad interesarse por él. Roy había conocido a su primera esposa en un programa de rehabilitación para adictos y la describía como una persona absorta en sí misma que demostraba poco afecto, pero que no planteaba muchas exigencias. Cuando ella recayó en la droga después del nacimiento de su segundo hijo, Roy consideró que no existía razón alguna para mantener unida a la familia. Los niños no habían visto a su madre biológica desde hacía cinco años y ella no había manifestado ningún interés por visitarlos.

Jan sufría de baja autoestima, pero era una mujer

cálida con fuertes instintos maternales. Inmediatamente, acogió a los dos niños de corazón, pero como no tenía experiencia con niños pequeños, le era muy difícil imponer horarios y organizar la casa. Además, los niños ponían a prueba su autoridad y, a menudo, se portaban mal para llamar la atención de su padre, sobre todo, cuando esperaban que su decisión fuera diferente de la de ella. El interés de Roy por el bienestar de sus hijos le daba la fuerza requerida para mantenerse sobrio y ser competente en el trabajo, y disfrutaba prestándoles la atención que él nunca había recibido de niño. A medida que fui enterándome de más detalles sobre su vida de hogar, pude ver que en algún nivel Roy temía perder la dependencia y adoración de sus hijos, y a menudo les transmitía mensajes mixtos sobre respetar a Jan u obedecer sus decisiones, en vez de llamarlo a él a la oficina. Por un lado, ansiaba que Jan manejara el hogar más eficientemente para poder concentrarse en el trabajo pero, por otro, le costaba renunciar a su posición de cuidador, que le era psicológicamente gratificante y le infundía fuerzas. De modo similar, Roy parecía disfrutar el hecho de asumir el mando cuando Jan se sentía agobiada pero, al mismo tiempo, le molestaba la carga extra. Cuando hablamos sobre esto, Roy pudo ver que sus críticas a la incompetencia de Jan eran una repetición casi idéntica de las explosiones de su padre contra su madre.

De niña, Jan había sufrido abuso físico cada vez que protestaba contra las acciones de sus padres y, al comienzo, se mostró muy renuente a expresar su resentimiento acumulado por el estilo controlador de Roy. Sin embargo, cuando pudo hablar sobre sus sentimientos, la tensión y la distància entre los dos empezó a ceder. Roy fue más consciente de las maneras en las que podía apoyar a Jan sin menoscabar su confianza en sí misma, y Jan se sintió más capaz de confrontar a Roy cuando sentía que él la estaba menospreciando.

En la terapia, hablamos sobre las maneras en que la pareja podría establecer la posición de Jan como una autoridad para los niños y ganarse su respeto. Les sugerí que no sólo los niños necesitaban poner a prueba la capacidad de Jan de "estar allí", sino también la de Roy. Roy se dio cuenta de que si seguía menospreciando a Jan, ella nunca sería percibida como una fuente de fortaleza por él ni por sus hijos. Su reto consistía en confiar en que Jan también quería y podía ocuparse de las necesidades emocionales de él. Cuando Jan entendió la importancia de perseverar, fue capaz de confrontar a Roy en los momentos en que éste se distanciaba o empezaba una pelea, en vez de confiar en ella cuando se sentía tensionado por el trabajo.

Se produjo un momento decisivo un día en que Roy estaba en casa y su hijo mayor, Richard, no hizo caso cuando Jan le dijo que tenía que bañarse. Antes de la terapia, es probable que Roy hubiera asumido el papel de Jan, pues Richard, por lo general, sí le hacía caso a su padre. Esta vez, en vez de intervenir, Roy se quedó observando cuando Jan le ordenó al niño que regresara al cuarto de baño y lo obligó a acatar las reglas que ella había fijado. Sólo cuando Richard estaba en la bañera, Roy manifestó su opinión, y le dejó en claro a su hijo que Jan sabía lo que hacía y que esperaba que la tratara con más respeto.

Trabajar con Roy y con Jan fue gratificante en dos aspectos. Observé a una pareja cómo aprender a apoyarse mutuamente y a incorporar sentimientos de afecto a un matrimonio que solía ser tenso y forzado. Pero también me enteré de los cambios maravillosos que se produjeron en los niños cuando finalmente se estabilizaron y empezaron a aceptar y disfrutar las fortalezas de su nueva madre.

Hijos varones de padres irrespetados

Aunque existen muchos casos de hombres que trabajan y que desprecian las labores domésticas de sus cónyuges, el hecho de tener un empleo estable no siempre protege a los maridos del menosprecio de sus esposas. En muchas familias, la esposa no respeta a su pareja. En algunos casos, el desprecio es sutil pero persistente; en otros, las esposas insultan y menosprecian abiertamente. En ambas situaciones, los niños se ven profundamente afectados.

Cuando el padre es menospreciado, el hijo varón experimenta sentimientos conflictivos intensos. Como sugirió Freud cuando planteó su teoría sobre el complejo de Edipo, todos los niños se enamoran de su mamá y desean reclamar la totalidad de su afecto. El niño compite con su padre y espera ya sea que éste muera o que su madre pierda interés en su marido. En las familias saludables, el padre no desaparece ni pierde el amor de su esposa, y finalmente el niño acepta las fortalezas de su papá y su relación fundamental con su madre. De hecho, crece aceptando las capacidades de su padre y queriendo parecerse a él. Si la madre menosprecia al padre, entonces, la fantasía del niño de que se ganó el corazón de ella persiste, dejándolo con intensos sentimientos de culpa por haber robado algo valioso a su padre. Así mismo, no respetará a su padre y no querrá parecerse a él, pues a sus ojos es un fracasado. El hijo que es profundamente amado por su madre en una familia en la que el padre no es respetado puede tener éxito en muchos aspectos de su vida, y parecer confiado y seguro de sí. Sin embargo, la perspectiva de ser un esposo y finalmente un padre le genera un sentimiento de culpa y ansiedad que podría perturbar profundamente una relación.

Tom y Patricia

Un caso ilustrativo es el de Tom, cuya esposa, Patricia, me llamó llena de pánico. Llevaban dos años de casados y, en muchos sentidos, creían tener un matrimonio perfecto. La pareja se había conocido en la universidad, en donde ambos practicaban deportes. Sus intereses compartidos y su admiración mutua habían sido una buena fórmula, y rara vez peleaban. Es decir, hasta que Patricia empezó a hablar sobre su deseo de concebir e iniciar una familia. Aunque antes de casarse habían hablado sobre lo maravilloso que sería tener hijos, Tom decía que ahora tenía una idea diferente al respecto. Pese a que no entendía sus sentimientos, insistía en que se sentía presionado e infeliz y pidió el divorcio. Tom consideraba que lo mejor era que terminaran su relación y que Patricia encontrara un nuevo marido que quisiera tener hijos, tanto como ella.

Tom aceptó a regañadientes someterse a una terapia marital, pero le incomodaba hablar sobre sus sentimientos. Sin embargo, pensó que era apenas justo para ambos tratar de entender su posición, y con alguna renuencia empezó a contestar mis preguntas sobre su niñez. Al comienzo, dijo que su familia era perfecta. Su padre era un profesional querido en su comunidad, y su madre una mujer respetada que colaboraba activamente en obras de caridad. Cuando le pedí que me contara sobre el matrimonio de sus padres, dijo que creía que eran relativamente felices pero que, en ciertos sentidos, su

madre merecía más. Explicó que la familia de su madre
había sido exitosa en el campo financiero, mientras que
su padre era hijo de inmigrantes que habían luchado
para ayudarles a sus hijos a tener una mejor vida. La
madre de Tom criticaba los modales de su esposo en
la mesa, su ropa y su falta de interés por el teatro. Aunque
el padre era admirado en la comunidad, carecía de
respeto en su matrimonio. Tom fue revelando que su
padre parecía incómodo en presencia de su esposa y
que se aficionó a la jardinería para mantenerse alejado
del "reino" de su mujer. Los niños sólo pedían consejos
a su madre. "Mi mamá tenía una forma de comunicarse
que hacía que mi papá no supiera bien lo que estaba
sucediendo, ni supiera cómo manejar las cosas. Ella era
quien realmente manejaba la casa". Siendo su hijo
favorito, Tom recordaba que su madre asistía a todos
sus partidos deportivos en la secundaria, y lo que se
había esforzado para que ella se enorgulleciera de él.
"Supongo que yo me sentía mucho más cercano a mi
madre que a mi padre, pero ella es una mujer excep-
cional y aún me siento afortunado de que sea mi mamá".

Le pedí a Tom que reflexionara sobre la posibilidad
de que su reacción frente al deseo de Patricia de tener
hijos pudiera, de alguna manera, estar relacionada con
el modelo que él tenía sobre el valor de un padre en
una familia. Cuando se le pidió que imaginara su vida
en familia con hijos dentro de diez años, contestó de
inmediato que seguramente Patricia sería muy competente y organizada, como lo era la madre de él. Enseguida, se entristeció, pues se dio cuenta de que no podía
describirse a sí mismo en ese cuadro, y que esa imagen
de Patricia como una madre feliz significaba que él
quedaba solo, sin integrarse a la familia. Se le aguaron

los ojos cuando describió su temor de que Patricia fuera una madre competente, y que él se viera marginado e irrespetado como lo había sido su padre. Temía que Patricia amaría a sus hijos y dejaría de interesarse por él. Sin darse cuenta, había supuesto que su destino era repetir el matrimonio de sus padres.

Hijas de padres irrespetados

Las niñas también se ven profundamente afectadas cuando la madre menosprecia a su padre. La esposa que no respeta a su marido les comunica a sus hijas que el matrimonio es una decepción, y que un hombre no puede hacer feliz a una mujer. En vez de mostrarle a su hija cómo los padres pueden trabajar juntos para solucionar problemas y fortalecer una relación, le enseña cómo el sufrimiento se intensifica. La hija de este tipo de padres posiblemente busque de manera poco realista al "hombre perfecto", a fin de desafiar el destino de su madre. Esto está destinado a fracasar, pues cuando él finalmente demuestre alguna debilidad, su esposa no sabrá cómo ofrecer apoyo, aliento o aceptación. Sus convicciones infantiles de que los hombres son básicamente incompetentes aflorarán e influirán en su manera de ver las cosas. De hecho, es probable que reaccione exageradamente ante problemas menores y luche entre dos opciones contrarias: o bien se coloca unas gafas de color rosa y hace caso omiso de asuntos que probablemente ameriten discusión, o bien reacciona exageradamente y percibe los problemas pequeños como catástrofes mayores.

La solución alternativa para una hija cuyo padre fue menospreciado es escoger una pareja que, desde el inicio, la decepciona. Quizás sepa, desde el comienzo, que hay cosas de su novio que no le gustan, pero persiste en la relación pese a sus reservas. Cuando estos asuntos afloran después del matrimonio, tiene una excusa para permanecer distante y disgustada, tal como su madre. El matrimonio de Rose y Marvin ilustra cómo puede suceder esto.

Rose y Marvin

Rose y Marvin tenían sesenta y tantos años cuando me solicitaron una terapia de pareja. Rose era hija única de una familia que había sido acaudalada. Su padre había sido considerado un "playboy" que gastaba dinero impulsivamente y a quien le gustaba apostar. Rose estaba muy consciente de la decepción de su madre con respecto a su padre. A menudo, había sido testigo de cómo ella lo regañaba y podía imitar la voz sarcástica y condescendiente de su mamá. Recordaba haberse sentido dividida entre la vida de derroche pero divertida de su padre, y la manera de ser negativa y lúgubre de su madre.

Marvin le había parecido atractivo debido a su manera de ser despreocupada, combinada con sus valores familiares tradicionales y su respeto por el trabajo arduo. Sin embargo, perdió su empleo como administrador de empresas pocos años después de haberse casado, y pasó de un puesto a otro, sin parecer encontrar el adecuado. Rose se negó a reducir sus gastos y la pareja libraba terribles peleas sobre lo que Rose podía gastar en ella de la herencia de su familia. Cuanto más aceptaba Marvin las demandas y la furia de Rose, más irrespeto empezó ella a demostrar por él. Marvin comenzó a mantener su vida de negocios en secreto, y los dos tenían cuentas bancarias separadas.

Cuando llegaron a terapia, años de resentimiento se interponían entre ellos. Marvin se quejaba de que Rose solía humillarlo en público, haciéndolo sentir que no sabía de qué estaba hablando. Rose tomaba todas las decisiones financieras sin consultarlo a él, y lo hacía sentir que "lo que es de ella es de ella, y lo que es mío también es de ella". Rose consideraba que había sido "engañada", al igual que su madre. Le parecía que su esposo nunca le ponía mucha energía a un empleo porque sabía que ella se ocuparía de los gastos, y resentía amargamente el hecho de tener que trabajar y preocuparse mientras él se limitaba a "tararear". Mientras más intentaba Marvin mantener ligera la atmósfera hogareña, más se enfurecía Rose.

Le pedí a Rose que reflexionara sobre lo que había aprendido del matrimonio de sus padres. Rose habló libremente sobre cómo las apuestas de su padre y sus hábitos costosos habían acabado con la seguridad financiera de la familia, y se dio cuenta de que siempre había pensado que los hombres no eran muy capaces. Había crecido en un hogar en donde los hombres siempre decepcionaban a las mujeres de sus vidas. Le era difícil reconocer los esfuerzos sinceros que hacía Marvin por salir adelante, y sus sentimientos dolorosos sobre sus propios fracasos. El humor y la actitud despreocupada de Marvin habían sido su manera de no afectar a la familia. En vez de eso, Rose había concluido que no le importaban sus propias fallas y que nunca sería la pareja que ella había deseado. En su mente, su esposo y su padre eran iguales, y se sentía herida de una manera que conocía muy bien.

Niños con problemas

Lo que es común en todas estas parejas es la creencia subyacente de que en un matrimonio no se puede respetar simultáneamente a ambos cónyuges. Sin haber impugnado nunca

4. Inculcar la importancia del respeto mutuo

esta idea, todos mis clientes habían interpretado a sus parejas o reaccionado frente a ellas de una manera defensiva. Los matrimonios de sus padres habían creado expectativas y creencias acerca del respeto que restringían y complicaban su capacidad de amar y ser amados con seguridad.

Los niños se ven notoriamente afectados cuando sus padres demuestran irrespeto, ya sea que las reacciones sean visibles en su comportamiento inmediato o en los años por venir. Si la autoestima es la base del bienestar, entonces, es esencial que los cónyuges sean capaces de tratarse mutuamente de una manera que construya y refuerce el respeto. Cada vez que un hijo observa a uno de sus padres elogiar al otro, se fortalece su propio potencial de autoestima. Cada vez que ve a uno de sus padres hacer o recibir una crítica injusta o manifestar desaprobación indebida, sus propias expectativas de sentirse valorado en el futuro se ven afectadas.

Siempre habrá momentos en que uno de los cónyuges no apruebe lo que el otro está haciendo. Sin embargo, es preciso pensar cuidadosamente en la manera en que se comunica esa desaprobación. Sugiero a las parejas que refrenen los comentarios que irrespeten o hieran al otro. Así como los padres saben que es preferible decirle a un niño que algo que ha hecho es malo, en vez de decirle que *él* es malo, así también las parejas pueden confinar sus críticas a temas específicos. Uno de los problemas que suelo encontrar en parejas con relaciones problemáticas es el impacto devastador de las generalizaciones. Una pareja que se sienta descontenta tiene todo el derecho de expresar sus sentimientos, pero no de una manera que condene al otro. Afirmaciones como "tú siempre" o "tú nunca" empeoran la situación y dificultan alcanzar el resultado deseado. El daño se acentúa cuando ojitos y orejitas pequeños creen que todo esto es cierto.

Lo que los niños aprenden del matrimonio...

Existen muchas maneras en las que los cónyuges se pueden menospreciar el uno al otro. A veces, el desdén se disfraza con humor y es difícil identificarlo como una afirmación abierta de irrespeto. A veces, los padres también hacen comentarios a terceros, y comparten su infelicidad matrimonial con amigos o familia. Desafortunadamente, pocos padres piensan en el daño que se está haciendo cuando los niños escuchan estas conversaciones "privadas". Quizás el peor daño es el que se causa cuando uno de los padres les dice a sus hijos lo inepto o terrible que es el otro.

Cuando trabajo con familias, insto a ambos miembros de la pareja a prestar atención a sus sentimientos. Si se sienten menospreciados, es probable que así los hayan tratado. También, les ayudo a construir la confianza que necesitan para confrontarse mutuamente cuando esto sucede. Para su propia salud mental y para el bienestar de sus hijos, los padres deben exigir ser tratados con respeto. Exigir respeto no quiere decir negarse a escuchar quejas o críticas, pero sí significa insistir en un enfoque que no sea insultante o humillante. También, insto a los padres a manifestar su aprobación cuando el otro hace algo que les gusta, pues esto ayuda a equilibrar los momentos en que una crítica o una queja han dominado la atmósfera emocional de la familia. Los padres que se valoran el uno al otro y también a sí mismos son capaces de mostrarles a sus hijos que el matrimonio magnifica el valor de una persona, y que la intimidad potencia el bienestar personal.

4. Inculcar la importancia del respeto mutuo

PREGUNTAS

1. ¿Diría usted que uno de sus padres era más inteligente que el otro? ¿Más competente? ¿Más importante? ¿A cuál de sus padres cree que se parece más usted?
2. ¿Sus hijos dirían que uno de sus padres es más inteligente que el otro? ¿Más competente? ¿Más importante?
3. En general, ¿se siente usted bien respecto a usted mismo la mayor parte del tiempo, o su confianza en sí mismo tambalea?
4. ¿Su pareja le ayuda a sentirse mejor o peor consigo mismo?
5. Lo peor que pueden hacerse los cónyuges en cuanto a no respetarse el uno al otro es_____.
   ¿Con qué frecuencia ocurre esto entre usted y su pareja?

5

MANTENER LA CONFIANZA EN PALABRA Y EN ACCIÓN

"En un matrimonio, los miembros de la pareja tratan de no decepcionarse el uno al otro"

LOS PADRES QUE IMAGINAN UN FUTURO en el que sus hijos puedan creer en la bondad de otros y experimentarla no deben desestimar la importancia de preservar la confianza en su matrimonio. Si bien es cierto que en toda relación exitosa es menester establecer la confianza, en las relaciones de intimidad, esta confianza es un ingrediente esencial. A fin de desarrollar una relación en la que se puedan sostener la interdependencia y la honestidad, la pareja debe desarrollar un compromiso mutuo frente al bienestar y la felicidad del otro. Parte de esto proviene de poder suponer la buena voluntad y las buenas intenciones del cónyuge y de la convicción de que ambos miembros de la pareja procurarán protegerse mutuamente de daños emocionales y físicos. La confianza también requiere la expectativa de un futuro compartido en el que muchas de las metas del arduo trabajo colectivo finalmente se cumplirán. Como la intimidad implica vulnerabilidad, la confianza es un elemento esencial para que ambos miembros de la pareja se sientan libres de abrirse sin temor a ser humillados o rechazados. Sólo la confianza les permite a los cónyuges hacer sacrificios sustanciales, a sabiendas de que no están siendo explotados y de que existe reciprocidad en el equilibrio del dar y recibir[58]. Por todas estas razones, cuando se quiebra la confianza se ponen en peligro la relación y el legado para los hijos.

Muchos tipos de situaciones pueden poner a prueba o afectar la creencia de una pareja en el compromiso y el cuidado mutuo. He tratado a parejas cuyos dilemas se magnificaban debido a diferencias en sus activos financieros. También, he descubierto que la confianza se pone fácilmente a prueba cuando existen lealtades rivales, como sucede en las familias fusionadas en las que los cónyuges deben equilibrar su compromiso con sus hijos de un matrimonio anterior y su devoción a una nueva pareja. También, se presentan asuntos de confianza no resueltos en los niños, ya adultos, cuyos padres se divorciaron, y en quienes crecieron en familias en las que uno o ambos padres tenían aventuras extramaritales. Aunque a menudo hay traslapos, en cada una de estas situaciones se infringen diferentes dimensiones de compromiso.

Compromiso con el bienestar mutuo

El enamoramiento genera un flujo positivo de sentimientos cálidos y tiernos. Como el regalo del amor es precioso, los miembros de la pareja quieren cuidarse mutuamente y protegerse del dolor y el estrés que otros podrían ocasionar. Pero por vulnerable que sea una persona frente a su familia o sus colegas, está más expuesta a su pareja y necesita saber

---

[58] Chelune, Robinson y Kommor (1984), p. 31.

que ésta nunca la tratará de una manera emocionalmente abusiva. A fin de desarrollar confianza, ambos tienen que creer que serán tratados con respeto y que su felicidad no será saboteada.

Cuando los cónyuges saben que están seguros con su pareja, pueden revelar dimensiones de sí mismos que son muy personales y sensibles. También, pueden actuar con bondad y amor, a sabiendas de que estos actos serán correspondidos por el otro. Cuando los niños ven estas cualidades en sus padres, sienten la seguridad del lazo matrimonial. Los padres comprometidos con el bienestar mutuo no se atacan física o verbalmente el uno al otro, y manifiestan respeto y consideración. Como resultado, los niños aprenden que el matrimonio es un lugar en donde las personas se ofrecen afecto y apoyo y se ayudan mutuamente a afrontar los retos de la vida.

Esta dimensión de la confianza se basa en la expectativa de que ambos miembros de la pareja se valorarán el uno al otro por encima de todos los demás. Desafortunadamente, existen ciertas situaciones que impugnan este supuesto desde el inicio. Una de estas situaciones es la posición defensiva que se crea cuando uno de los cónyuges inicia el matrimonio con bienes cuantiosos. Como a menudo sucede que la gente es explotada por su dinero, no es inusual que el cónyuge acaudalado dude de los motivos de su pareja desde el comienzo. "¿Me ama genuinamente por lo que soy o por mi dinero?", es la delicada pregunta que se hace en privado. Con frecuencia, los "verdaderos" sentimientos y compromiso del amado se ponen a prueba repetidamente. Y desde luego, antes de la boda, surge inevitablemente el tema de un acuerdo prenupcial.

Aunque probablemente se requiera un documento legal para proteger la riqueza del individuo, la manera en que se presenta y redacta el acuerdo puede afectar el sentimiento de confianza del cónyuge menos adinerado. A veces, las precauciones tomadas hacen que éste se sienta tratado como un cazador o cazadora de fortunas, o como si lo que realmente le interesara de la relación fuera el dinero. La división y separación del dinero pueden producir una división y separación del sentimiento de unión que subyace el compromiso mutuo de la pareja. Eso fue lo que les sucedió a Robin y Sam.

Robin y Sam

Al comienzo, Robin pidió una cita para una terapia individual, pues dudaba de si debía poner fin a su relación con Sam. La pareja se había conocido en un gimnasio y se había puesto a conversar mientras ambos hacían ejercicio. Durante varias semanas, sus citas consistieron en salir a correr, tras lo cual desayunaban o cenaban juntos. A Robin le agradaba enormemente su nuevo amigo. A medida que fueron pasando cada vez más tiempo juntos, descubrieron que, además de parecerse físicamente, pues ambos tenían cuerpos ágiles y atléticos, tenían mucho en común. Los dos eran divorciados y ambos tenían dos hijos de sus matrimonios anteriores. De hecho, sus hijas menores se llevaban apenas tres semanas. Además, habían viajado a algunos de los mismos países, acostumbraban acampar con sus hijos y les encantaban los espectáculos de Broadway. Cuando Sam finalmente la invitó a su apartamento una noche, confirmaron su compatibilidad sexual y el romance floreció.

Sam había sido un poco evasivo en lo referente a su trabajo y, al principio, se limitó a decir que era abogado. Sin embargo, después de varios meses de estar saliendo con él, Robin descubrió que en realidad era socio principal de una firma prestigiosa y que, de hecho, era millonario. A Sam pareció no gustarle mucho que Robin se hubiera enterado, y empezaron a discutir de una manera peculiar. Cuando Sam le pidió a Robin que lo acompañara a una cena de negocios, ella se ruborizó y le explicó que no tenía un vestido adecuado para ir al restaurante elegante en donde se iba a realizar. Sam bromeó diciendo que lo iba a considerar como un "gasto de trabajo" y llevó a su novia a un elegante almacén. Robin me dijo que Sam pareció disfrutar la experiencia de ayudarle a escoger su nuevo vestido pero, luego, en el auto, se puso taciturno y le dijo: "No creas que de ahora en adelante yo te voy a comprar toda tu ropa". A Robin nunca se le había pasado eso por la cabeza y se sintió herida e insultada.

Unos meses después, Sam le planteó la posibilidad de vivir juntos. Debido a los niños, la pareja no podía disfrutar de mucho tiempo a solas en las noches, y ambos estaban aburridos de tratar de convencer a ex cónyuges difíciles de cambiar sus horarios de custodia para poder pasar ratos juntos. Por una parte, Sam se mostró muy generoso, pues ofreció reorganizar su apartamento para que Robin y sus hijos se sintieran a gusto. Sin embargo, cuando ambos empezaron a conversar sobre detalles específicos, Robin sintió nuevamente cierto temor. Sam se volvía estricto y decía cosas como: "Tus hijos no deben esperar que yo les dé el mismo tipo de cosas que tienen mis hijos. Justin tiene un televisor en su habitación, pero no le pienso comprar otro a Pam. Y es mejor que tus hijos entiendan que no pueden coger algunas de las cosas del cuarto de estar. Justin es muy quisquilloso con respecto a su mesa de billar; si no quiere que tus hijas la toquen, eso es asunto de él". A Robin le incomodaba imaginar una vida en la que sus hijas estarían expuestas a cosas que no podían tocar o siquiera soñar tener. No obstante, pensó que los niños se las arreglarían entre ellos y aceptó mudarse.

Robin me pidió una cita el día después de que Sam le dijo que no tenía ningún interés en casarse. Ella había supuesto que si las cosas seguían marchando bien, acabarían casándose. Si Sam hablaba en serio sobre no querer casarse, Robin prefería revaluar la decisión de compartir la vivienda con su novio. A sus hijas les caían bien los hijos de Sam, pero los niños no se habían vuelto "tan" amigos como Robin había esperado. Su hija menor, una niña con un ligero sobrepeso y un poco torpe, se había vuelto cada vez más retraída y solía compararse negativamente con la hija delgada y atlética de Sam. Por su parte, a su hija mayor no le interesaba la mesa de billar de Justin, pero le parecía un poco "extraña" la actitud posesiva del niño. Como resultado, pasaba el tiempo sola o con su propio círculo de amigas.

Después de enterarme de la situación, le recomendé a Robin que llevara a Sam a consejería prematrimonial, a lo cual él sorpresivamente accedió. Cuando le pedí a Sam que me contara sobre su familia, me entristeció su relato. Su padre era un dentista adinerado que había forzado a su esposa a llevar un estilo de vida comparativamente modesto. Incluso ahora, ella no sabía sobre la fortuna familiar. Todos los años, su esposo le daba un formulario de declaración de renta conjunta en blanco, y ella se limitaba a firmar en el lugar correspondiente. Según Sam, su padre manejaba el hogar y no compartía sus decisiones con su madre ni la trataba como su igual. Aunque su madre parecía aceptar la actitud condescendiente de su marido, demostraba su disgusto rechazando cualquier regalo que él le daba. El modelo de matrimonio que tenía Sam era uno en el que los cónyuges no podían nunca complacerse el uno al otro y muy pocas veces se elogiaban o reafirmaban. Como Sam nunca había visto en sus padres confianza en el otro ni los había visto compartir, sus expectativas con respecto a la intimidad eran negativas. Para él, la pareja era potencialmente explotadora y peligrosa.

Aunque Sam no quería repetir el matrimonio de sus padres, a menudo, suponía que Robin se iba a aprovechar de su riqueza. Su padre le había enseñado a establecer límites firmes y se había regido por el lema, "si le das una mano a alguien, se tomará el codo". Por su parte, Robin también se esforzaba por saber qué estaba bien y qué estaba mal. No quería repetir el matrimonio de sus padres, pues éste se había caracterizado por la dominación y por alguna violencia ocasional. Como resultado, Robin procuraba negar sus sentimientos de ira y ser la esposa dulce y perfecta que hubiera deseado que fuera su madre. Sin embargo, le era más difícil controlar su carácter con los niños y, a menudo, ellos eran víctimas de sus frustraciones.

Sam necesitaba resolver sus sentimientos ambivalentes con respecto a Robin, sobre todo, en las áreas de preocupación que no le había revelado a ella. Aunque hábil en las negociaciones empresariales, a Sam se le solía dificultar encontrar la palabra correcta en sus discusiones con Robin. Se enfurecía fácilmente y optaba por marcharse antes de estallar. A Robin también le costaba trabajo hablar sobre sus diferencias con Sam, pues percibía su mal genio subyacente y prefería contenerse antes de que uno de los dos estallara de manera destructiva.

En nuestra primera sesión, Robin le dijo a Sam que sería necio pensar que el hecho de que él fuera rico no le gustara a ella. "Pero –le dijo–, en vez de que tu riqueza provea seguridad y placer, parece interponerse entre nosotros". Sam confesó que siempre se preguntaba si alguna mujer podía quererlo "por sí mismo", y que le había encantado haber "engañado" a Robin, quien no se había dado cuenta de la riqueza de él. También, le confió a Robin su amargura por la forma en que había terminado su primer matrimonio, y los constantes intentos de su ex esposa de sacarle dinero. "Ella nunca ha cumplido sus promesas o acuerdos y pienso que tampoco tú lo harás".

Finalmente, Robin y Sam lograron conversar más abiertamente sobre algunas de sus diferencias y empezaron a confiar más en sus posibilidades de negociar con éxito. Sam revaluó las creencias que tenía sobre las mujeres, extraídas de la forma en que su padre trataba a su madre. Poco a poco, la relación se fue sincerando y estrechando cada vez más. Cuando Robin se enteró de que estaba embarazada, Sam le propuso matrimonio de inmediato pero, tres semanas antes de la boda, la sorprendió con un acuerdo prenupcial que la dejó confundida y furiosa. Sam había presentado una fórmula de pensión alimentaria según el número de años de convivencia de la pareja. No había ninguna previsión de repartición de los activos que hubieran acumulado como pareja. En una sesión de emergencia, Robin explicó que una vez más sentía que Sam desconfiaba de ella y que no la amaba genuinamente. Trató de decirle a su futuro esposo que casi todas las parejas se sienten unidas en sus planes de un futuro compartido, y que el plan prenupcial hacía que Robin sintiera que ella no formaba parte de su futuro. ¿Cómo podía él esperar que se divirtiera decorando una casa con él o escogiendo un nuevo auto, si la presunción subyacente era que todo le pertenecía a su marido?

La pareja finalmente llegó a un compromiso con respecto al acuerdo prenupcial, pero el día de la boda Robin se sintió pesimista. Le parecía que el arduo trabajo conjunto de comunicación para establecer confianza entre ellos se había ido al traste cuando Sam le presentó su acuerdo prenupcial. El hecho de habérselo dado en una fase tan avanzada de su relación también la enfureció, pues la hizo pensar que su novio era un astuto hombre de negocios que había tomado una decisión calculada para ganar tiempo de su lado, a fin de protegerse por completo. Después de la luna de miel, la pareja volvió a terapia, y Robin pudo decir cuánto la entristecía el hecho de que el dinero de Sam se hubiera erguido como una barrera entre los dos. Transcurrieron varios meses antes de que Sam fuera capaz de reconocer y asumir la responsabilidad por la parte de sus reacciones provinientes de la desconfianza que sentía su familia frente a terceros, así como la ira que guardaba en su interior por el acuerdo de divorcio con su primera esposa. Cuando fue capaz de ver a Robin tal como era ella y de percibir su matrimonio como una oportunidad para crear un tipo de vida diferente, ambos pudieron confiar de nuevo.

Familias fusionadas

Si dos solteros se conocen y se casan, son libres de comprometerse plenamente con el bienestar del otro. El nacimiento de los hijos pone a prueba esta expectativa, pero por lo menos ambos cónyuges están amando y cuidando un niño que comparten. Sin embargo, en las familias fusionadas, los cónyuges llegan al matrimonio con una relación previa y una responsabilidad con sus hijos. Aunque la pareja reconozca cuán normal e importante es el amor que siente un padre o una madre por sus hijos, a menudo, se presentan tensiones entre la relación nueva y las preexistentes. Siempre y cuando los cónyuges sientan que son indispensables el uno para el otro, continuarán el proceso de construir confianza y compromiso. Pero cuando creen que ocupan un segundo lugar después de los niños, a la pareja se le dificultará desarrollar la dependencia necesaria para crear un entorno de apoyo y amor mutuos[59]. Sería tonto que una persona se presente vulnerable a una pareja que parece prestar atención primero y ante todo, a los hijos de un matrimonio previo.

Desafortunadamente, las reacciones de los niños frente a un "nuevo" adulto en el hogar, a menudo, exacerban esta situación. Quienes se dedican a estudiar familias fusionadas han aprendido que a casi todos los niños les molesta el nuevo interés romántico de su padre o su madre, y muchas veces manifiestan su disgusto. A veces, la realidad de la nueva relación de uno de sus padres manda al traste la fantasía que abriga el niño de que sus progenitores vuelvan a vivir juntos en el futuro. Otras veces, los niños se han acostum-

---

[59] Para una excelente explicación de los retos que afrontan las familias fusionadas, véase Bray (1998). Véase también, Hetherington y Jodl (1994), p. 57.

5. Mantener la confianza en palabra y en acción

brado a la estrecha relación entre padres e hijos que suele desarrollarse en un hogar uniparental, y no están dispuestos a compartir el tiempo y el amor de su padre o madre. En el peor de los casos, se desarrolla una competencia entre la pareja y los niños, lo cual genera tensión y discordia en la relación fusionada y una pugna por ganarse la atención y el amor del padre o madre y la pareja en la que todos terminan perjudicados. Si la pareja pierde esta batalla, es imposible construir un compromiso más sólido. Eso justamente le sucedió a la familia Frank.

La familia Frank

Cuando conocí a Jennifer y a Donald, estaban profundamente enamorados, pero se sentían nerviosos acerca de su futuro juntos. Dos años antes, el esposo de Jeniffer le había pedido sorpresivamente el divorcio. Al comienzo, su colega Donald le sirvió de apoyo, como una persona a quien podía confiar sus sentimientos, pero su amistad fue desarrollando una dimensión sexual y la pareja se enamoró locamente. Donald tenía dos hijos grandes de un matrimonio anterior, pero no mantenía ningún contacto con ellos. Cuando se divorció, era joven, inmaduro e irresponsable. Su esposa lo había dejado debido a su afición por las apuestas y la bebida, y Donald pensaba que lo tenía bien merecido. Le gustaban los niños pero tenía sentimientos complejos sobre haberle fallado a su primera familia. En esa etapa de su vida, no le interesaba ser el padre de niños ajenos.

El ex esposo de Jennifer era un padre posesivo que compartía la custodia de su hija de diez años, Martha, quien pasaba con él los fines de semana cada quince días, y también dos días entre semana. Jennifer le aseguró a Donald que Martha *tenía* un padre activo, y que no se esperaría de él que fuera un padrastro. Sin embargo, a medida que Donald, Martha y Jennifer empezaron a pasar más tiempo juntos, la tensión y los problemas no tardaron en emerger. Martha, que estaba furiosa porque su padre se había casado de inmediato con su amante, se mostró sarcástica y distante con Donald desde el inicio. A Donald, que había sido criado en una familia católica estricta, le impresionaba que a Martha le permitieran hablarle de manera irrespetuosa, pero le aterraba aún más la forma en que trataba a su madre. En nuestra primera sesión, Jennifer admitió a la defensiva que quizás era un poco indulgente con Martha, pero que ésta había sido siempre una niña precoz que divertía a todo el mundo con su ingenio. Lo que a Donald le parecía "grosero", Jennifer lo atribuía a la inteligencia de su hija, y cuando Donald se quejaba de que Martha era manipuladora, la madre de la niña le aseguraba que era sólo su naturaleza independiente. Era obvio que los dos tenían expectativas muy diferentes de cómo debía comportarse una niña de diez años. A Jennifer le dolían las críticas de Donald, aunque sabía que había algo de verdad en sus comentarios.

La pareja ya no tenía más ideas sobre cómo coexistir. Donald necesitaba que Jennifer le manifestara claramente a Martha que debía comportarse cortésmente y ponía énfasis en que era tan tensionante escuchar las interacciones entre madre e hija, como lo era tener una relación infeliz con la niña. Cuando Jennifer defendía a Martha, Donald se sentía desprovisto de amor y de apoyo. Martha parecía percibir su "triunfo" sobre Donald y constantemente ponía a prueba los límites cuando su madre no estaba presente. Donald ansiaba que llegaran los fines de semana y las noches que la niña pasaba con su padre, y empezó a hacer planes para hacer otras cosas durante la mayor parte del tiempo en que Martha estaba con su madre.

En la terapia, se instó a Donald a que estableciera una relación directa con Martha, no como padre sino simplemente como un adulto con una niña. Donald descubrió que había un lado de Martha que disfrutaba, pero que se sentía culpable después de haber pasado un rato agradable con ella. ¿Cómo podía reconciliar la idea de ser amigo de esta niña cuando años antes había abandonado a sus propios hijo e hija? La terapia le dio a Donald la oportunidad de afrontar algunos de sus conflictos y sentimientos, y aunque su hija se negó a pasarle al teléfono, reestableció el contacto con su hijo.

Jennifer también necesitaba afrontar sentimientos que estaban complicando las posibilidades de éxito de la nueva familia. Un aspecto importante era su temor a perder el amor de su hija. Cada vez que a Martha no se le dejaba hacer todo lo que quería, amenazaba con irse a vivir del todo con su padre y Jennifer entraba en pánico. Cuando se exploró esto abiertamente, Jennifer empezó a sentirse mejor en lo que respecta a la fijación de límites. Así mismo, fue consciente de su tendencia a proteger a su hija de lo que percibía como la actitud estricta y amenazante de Donald. Aunque sabía que Donald era una persona justa y que nunca causaría un daño físico a su hija, a menudo, intervenía cuando escuchaba "ese tono de voz". En la terapia, Jennifer pudo identificar recuerdos de cómo su padre solía hablarles "de esa manera" a ella y a su madre, cuando empezaba a salirse de sus casillas. Pero, en el hogar de su niñez, la tensión siempre aumentaba hasta estallar en una guerra abierta con batalla de gritos. Cuando Jennifer aprendió a independizar su reacción ante la voz estricta de Donald, de sus recuerdos de un padre explosivo y a menudo sádico, puso disciplinarse para no intervenir. Siempre y cuando Donald actuara dentro de los límites previamente acordados, Jennifer lograba dejar de inmiscuirse para rescatar a su hija. Como dijo en cierta ocasión Donald, "no me importa perder frente a una niña y tampoco me importa que Jennifer ame a su hija. Sólo quiero sentir que también yo formo parte de la familia y que se me respeta aunque no se me acepte". Hasta cuando Jennifer aprendió a no intervenir, la confianza que le tenía Donald estuvo en peligro.

Abuso emocional

Aunque es relativamente fácil entender cómo se puede establecer un triángulo de infelicidad cuando el dinero o unos niños anteriores irrumpen en la pareja, también, he tratado a muchas parejas que se vuelven el uno contra el otro debido a problemas psicológicos que emergen lentamente. A lo largo de los años, he trabajado con muchas parejas que son "narcisistamente vulnerables"[60]. El término "narcisista", por lo general, evoca la imagen de una persona que parece excesivamente segura de sí, pero la realidad es completamente diferente. Muchos individuos que parecen tener una alta autoestima y estabilidad son, de hecho, inseguros desde el punto de vista emocional. Aunque estas personas pueden funcionar en estado de aparente confianza en sí mismos, su sentimiento de bienestar es frágil y se quiebra fácilmente. Si a una persona con vulnerabilidad narcisista se le critica o se le hace sentir inepta, pasará rápidamente de un estado

---

[60] Hansky (1981). Véase también, Siegel (1992), p. 42.

de "todo está bien" a un sentimiento de autodesprecio de "todo está mal". Como el estado de "todo está mal" tiende a producir depresión severa, ansiedad e incomodidad, la persona narcisista procura evitarlo a toda cosa y anda por la vida buscando elogios o expresiones de tranquilidad que la protejan. Incapaz de mantener la fachada de confianza cuando la critican, su única alternativa es atacar a la persona que, a su parecer, está causando la injuria. Si puede humillar a esa persona haciéndola que se sienta despreciable, o si puede demostrar su superioridad mediante una ira poderosa, puede liberarse de la amenaza de caer en el estado "malo". Desafortunadamente, la persona que suele ser objeto de su menosprecio y su ira es su pareja.

En este tipo de matrimonio, no es raro que los cónyuges sean incapaces de escuchar los planteamientos de diferencias con el ánimo de conversar sobre éstas. Los problemas se perciben como culpa o crítica, algo que la persona narcisistamente vulnerable no puede tolerar. La envidia también se estimula fácilmente, y aunque la persona narcisistamente vulnerable podría celebrar los éxitos de su pareja, a menudo, se esfuerza simultáneamente por arruinar su dicha o menospreciarla en algún otro aspecto. La persona narcisistamente vulnerable también podría hacer cosas que hagan que su pareja se sienta avergonzada o inepta, y esto la libera de experimentar estos sentimientos directamente.

A este tipo de relación la denomino matrimonio de montaña rusa, pues las cosas tienden a pasar rápidamente de excelentes a terribles. Casi todas las personas que viven con parejas narcisistamente vulnerables detestan la falta de estabilidad y previsibilidad en sus vidas, y se quejan de sufrir abusos emocionales con frecuencia. Sin duda, es difícil tolerar ser víctima de la ira narcisista, o tener una pareja que acostumbre aguar la fiesta. Los cónyuges de estas personas me dicen que tienen que caminar sobre cáscaras de huevo para evitar un nuevo estallido o ciclo descendente. También, me dicen cuán desalentador resulta darse cuenta de que sus quejas o sus ideas para mejorar la relación nunca serán aceptadas, o siquiera se escucharán sinceramente. Cuando uno de los cónyuges siente que su bienestar siempre ocupa un segundo lugar y que existen corrientes subyacentes de competencia, resentimiento o envidia, es casi imposible preservar la confianza. La intimidad no soporta los niveles de ira e insensibilidad que se liberan en un episodio de abuso emocional, y lo primero que se ve afectado es la capacidad de la pareja de confiar en que eso no vuelva a ocurrir nunca. Si se establece un ciclo de "bueno" y "malo", la pareja rara vez recupera la cercanía que sólo es posible cuando existe confianza.

Los hijos de estos matrimonios observan que sus padres experimentan ciclos de altibajos, sin entender plenamente qué produce felicidad o infelicidad en un matrimonio. También, los escuchan culparse mutuamente cuando las cosas no marchan bien, y experimentan el pesimismo extremo o la ira que se apodera de toda la familia cuando esto sucede. Así mismo, a menudo, se suben a esta montaña rusa, tratando de comportarse de la mejor manera posible para que su conducta no inste a sus padres a pelear nuevamente entre ellos. No sorprende el hecho de que los hijos de esos matrimonios parezcan con frecuencia obedientes y perfectos, pero debido a su impotencia última, pues no logran mantener estable la familia, desarrollan sentimientos de duda con respecto a sí mismos. En vez de aprender cómo los miembros de la pareja se apoyan y se reconfortan, estos niños ven a sus padres convertirse en adversarios feroces o en extraños distantes cada vez que surgen problemas. Así como los ciclos de bueno y malo son frustrantes y agotadores para los cónyuges, el surgimiento súbito de distanciamiento y discordia marital severa confunde al niño. Como no tiene ejemplos de resolución constructiva de conflictos, el niño a menudo recibe el mensaje de que los problemas pueden ser abrumadores y totalmente destructivos. Ante todo, aprende que cuando las cosas se tornan difíciles, las personas están básicamente solas.

Mentiras

Parte de la fórmula del compromiso con el bienestar de la pareja es la veracidad. Como las actividades y los sentimientos de uno de los cónyuges casi siempre afectan al otro, es importante creer que existe fácil acceso a información sobre áreas de interés compartido. Esto no va en contra del derecho a la privacidad personal, pero sí significa que debe haber honestidad acerca de las cosas que afectan a los dos. Cuando uno de los miembros de la pareja le miente al otro, se desmoronan los cimientos sobre los que se ha construido la confianza. El cónyuge mentiroso debe mantenerse alerta para sostener la mentira y, al hacerlo, introduce un sentimiento de reserva y tensión en la comunicación. El cónyuge que se cree engañado, a menudo, siente ansiedad e ira por la falta de "conocimiento" que, por lo general, se experimenta como una sensación de ser controlado o manipulado.

Existen muchas razones por las que uno de los cónyuges podría mentirle al otro. El engaño casi siempre está presente en las adicciones, trátese de alcohol, juego o sexo. Las aventuras extramatrimoniales rara vez se emprenderán con honestidad total y, por lo general, el adúltero tiene que mentir sobre el lugar en donde estaba. Las mentiras propician nuevas mentiras, que terminarán siendo casi imposibles de ocultar. Cuando uno de los miembros descubre que le están mintiendo, se produce un intento desesperado por recuperar el control y saberlo "todo". En el intento por "averiguar la verdad", es posible que el cónyuge se obsesione con observar e interrogar al otro, una situación que por lo regular lleva a batallas por el control[61]. Se trata de una situación sin ganadores para ambos miembros de la pareja y para los hijos, quienes perciben la gran cantidad de sospecha y desconfianza que existe entre sus padres. Desde luego, la situación se ve exacerbada si uno de los padres se confía en el niño y trata de presionarlo para que le mantenga el secreto. El niño también podría terminar como parte de un triángulo en la lucha de control que libran sus padres, si le piden que "informe" lo que sabe sobre una situación dada. Los padres que implican a sus hijos en la mentira o en la búsqueda de la verdad les enseñan que básicamente no se puede confiar en nadie. Los cónyuges no son amigos que se respetan y hacen lo posible por ayudarse mutuamente; son contendores que pueden engañar y recurrir a comportamientos poco éticos en su intento de liberarse de la influencia del otro.

Violación de las necesidades de la pareja

La verdad se establece mediante acciones que verifican el respeto que cada miembro de la pareja siente por los sentimientos y las necesidades del otro. Aunque siempre existen diferencias en lo que ambos quieren o en sus ideas sobre cómo se deben hacer las cosas, los cónyuges tienen que confiar en que su pareja nunca haría adrede nada que viole asuntos que importan mucho al otro. Un cónyuge que desestime la posición de su pareja en un tema importante está enviando un mensaje de irrespeto. Cuando esto sucede, ambos

---

[61] La dinámica de la "obsesión" se explica claramente en Brown (1991), pp. 74-78. Véase también, Westfall (1989), p. 169.

se vuelven el uno contra el otro en una lucha por el control, en vez de esforzarse conjuntamente por llegar a un acuerdo o a un punto de equilibrio. Ya sea que la transgresión se haya producido adrede o de una manera pasivamente inocente, el resultado sigue siendo un rompimiento de la confianza.

He conocido parejas que se han herido mutuamente de esta manera en asuntos como la puntualidad, cuando la necesidad de una de las partes de llegar siempre a tiempo chocaba con la tendencia parsimoniosa de su pareja, que se ponía a hacer cosas de último minuto que invariablemente la hacían retrasarse. Muchas parejas discuten por los gastos y se enredan en asuntos monetarios. Una pareja a la que traté discutía constantemente por los gastos excesivos de la esposa que, en opinión del marido, eran una adicción. Cuanto más le rogaba él que dejara de gastar, más gangas compraba ella. Aunque el marido tenía un trabajo seguro, quería ahorrar para pagar la educación universitaria de sus tres hijos y prever su retiro en el futuro. Las deudas le generaban una gran ansiedad, y el hecho de tener que recurrir a la cuenta de ahorros para pagar el guardarropa nuevo de su mujer lo hacía sentir poco amado y vulnerable. Cuando las parejas se la pasan peleando de esta manera, los niños inevitablemente se dan cuenta. El matrimonio parece un juego de tira y afloje entre rivales, en el que sólo uno de los jugadores gana.

Cuando los padres no pueden respetar o dirimir sus diferencias con respecto a la crianza de los hijos, los resultados son aún más devastadores. Una cosa es que se presenten asuntos de paternidad que ninguno de los dos estaba preparado para sortear. A menudo, el padre y la madre tienen ideas o estrategias distintas y quizás presionen al otro para que acepte su plan. Pero cuando los padres han conversado a fondo sobre un asunto y tienen una posición clara al respecto, el sabotaje de su pareja se considera un acto de traición. Los niños se convierten en peones en la lucha de poder que libran sus padres, conscientes de las posiciones rivales y atrapados en el medio. La familia Klein se embarcó en esta lucha durante años.

La familia Klein

Saul Klein era el único hijo varón de una familia judía religiosa devota. Nunca confrontó directamente los intentos de sus padres de imponerle sus convicciones religiosas, pero cuando entró a la universidad, terminó enamorándose de una mujer católica. Fue un golpe muy duro para sus padres, pero Saul y Marie decidieron casarse de todas maneras. Marie aceptó convertirse al judaísmo y criar a sus hijos en la fe judía. Aunque los rituales religiosos judíos no le disgustaban, echaba profundamente de menos las celebraciones navideñas que su familia disfrutaba todos los años. La pareja llegó a un acuerdo, y convino en que Marie fuera a casa todos los diciembres para participar en este evento familiar tan significativo para ella.

Los problemas sólo emergieron cuando llegaron los hijos. Marie no había visitado a su familia en la Navidad, cuando los mellizos eran bebés, e incluso había aceptado matricularlos en un jardín infantil judío. Sin embargo, cuando los niños cumplieron tres años, Marie decidió que iba a ir a su casa paterna para la Navidad, e insistió en llevar consigo a los niños para que vieran a sus abuelos y al resto de la familia. Saul pensó que eso los confundiría mucho, pero Marie compró pasajes de avión para toda la familia. En el último instante, Saul decidió que no iría con su familia por razones de trabajo. Los niños regresaron a casa entusiasmados con sus regalos de Navidad, y contaron historias sobre el ma-

ravilloso árbol que habían ayudado a decorar. Saul se
sintió traicionado por lo que consideró el intento de
su esposa de convertir a los niños al catolicismo, y ambos
empezaron a pelear amargamente. Saul insistía en que
incluir a los niños en la celebración de la Navidad
violaba la promesa de Marie de criar a sus hijos como
judíos, y sintió que no podía confiar en que ella respetaría las promesas que había hecho antes de casarse.
Se requirieron meses en los que ambos intentaron
entender una visión muy diferente del significado de
la Navidad antes de que se pudiera restablecer la
confianza.

Compromiso con la exclusividad sexual y emocional

Aunque algunas culturas han permitido la actividad sexual
por fuera del matrimonio, la mayor parte de las personas que
se casan en Estados Unidos y Latinoamerica en la actualidad
tiene la expectativa de una exclusividad sexual. Como el matrimonio es un producto del amor, se supone que existe una
conexión romántica entre la pareja, y que recurrir a un tercero
lesionaría al cónyuge excluido. Casi todas las parejas exigen
exclusividad sexual mutua en algún momento del noviazgo
y, a menudo, se plantean temas de celos que se deben solucionar para que se pueda desarrollar la confianza.

Sin embargo, la realidad es que una gran cantidad de
personas casadas sí tiene aventuras extramatrimoniales. En
un estudio reciente sobre hombres de más de cincuenta años,
más de la mitad había tenido, por lo menos, una relación
por fuera del matrimonio[62]. Aunque esto podría reflejar el

---

[62] Scanzoni (1984), p. 26.

comportamiento de hombres que vivieron sus años iniciales de casados en una época en la que tendía a aceptarse mejor que "los hombres son hombres", las estimaciones sobre la fidelidad sexual de los padres de la actualidad no han cambiado mucho. Por consiguiente, tal parece que hoy en día muchas familias viven con las consecuencias de la infidelidad, ya sea que se trate de adultos que quizás todavía reaccionen a la experiencia de crecer en un hogar perturbado por el adulterio, o de padres que sufren el impacto que ha ejercido una aventura en su propia relación y en sus hijos.

El efecto en los niños

Como he sugerido en este libro, los niños son mucho más conscientes de la relación de sus padres que lo que estos imaginan. Cuando existe confianza en un matrimonio, hay pocas tensiones o sospechas sobre las actividades o el lugar en donde se encuentra el cónyuge. Como no hay secretos, la comunicación es abierta y relajada. Los hijos de estos matrimonios pueden darse el lujo de no concentrarse en los significados y las consecuencias del comportamiento de sus padres, pues no se requiere su vigilancia para preservar la armonía familiar.

Por el contrario, los niños cuyos padres tienen relaciones extramatrimoniales son conscientes de la tensión, el secreto y el distanciamiento entre sus progenitores. Cuando se descubre la aventura, las cosas, por lo general, empeoran. Casi siempre se presentan conflictos de lealtad, en la medida en que cada uno de los padres busca que lo apoyen. A menudo, el padre o madre engañado puede tratar de envenenar los sentimientos de los niños con respecto al infiel. Como resultado, es posible que al niño le den una gran cantidad de infor-

5. Mantener la confianza en palabra y en acción

mación inapropiada y dañina para su edad. Aunque los adolescentes son lo bastante grandes como para saber sobre sexo, están en una etapa delicada de formación de sus propios estándares morales, y muchas veces se sienten traicionados y ofendidos por el adulterio de uno de sus padres. Los niños de todas las edades reconocen la seriedad de la situación y se vuelven ansiosos. Como plantea la psicóloga Emily Brown, el niño da un salto inmediato de la conscientización de una aventura extramatrimonial, que es una experiencia indirecta, a la expectativa de un divorcio inminente, que lo afectará de primera mano. Desafortunadamente, ninguno de los padres puede asegurarle al niño que no habrá divorcio, y cuando no se le garantiza esto, por lo general imagina lo peor[63].

Los niños más afectados por la infidelidad son los que terminan como parte de un triángulo en el problema de sus padres. Aunque quizás los padres llevaran distanciándose el uno del otro desde hacía bastante tiempo, el descubrimiento de una aventura pone de relieve la seriedad de los problemas maritales y la posibilidad de una ruptura permanente. Tal vez, cada uno de los padres intente ganarse la lealtad de los hijos, lo cual necesariamente los indispone contra su otro progenitor. Quizás los padres recurran, de manera inapropiada, a sus hijos en busca de apoyo, revelándoles los detalles de su situación matrimonial e introduciendo permanentemente la presencia del tercero en discordia en la vida familiar. Cuando un padre toma conciencia de los intentos de su pareja de ganarse la lealtad de los niños, por lo general, la brecha entre los cónyuges se intensi-

---

[63] Brown (1991), pp. 246 - 249.

fica. Es como si cada uno de los padres estuviera tratando desesperadamente de aferrarse a algo de valor en su vida y de preservarlo: "Has destruido mi confianza y mis esperanzas de nuestro futuro juntos. Nunca me quitarás a mis hijos".

A menudo, los niños terminan sintiendo rabia contra ambos padres. Como muchas veces estas aventuras se presentan en matrimonios que parecen perfectos en la superficie, es posible que los hijos no sospechen que su padre o madre es capaz de semejante comportamiento inmoral o engañoso. Como señala Brown, el descubrimiento de una relación extramatrimonial hace que el padre perfecto caiga de su pedestal. Sin embargo, al padre engañado, por lo general, le cuesta trabajo ajustarse a la realidad de la infidelidad. Sucede muchas veces que el cónyuge que engaña no quiere poner fin al matrimonio, pero tampoco quiere renunciar a su amante. Esta situación es insoportable para el cónyuge engañado, quien se siente impotente y temeroso de expresar su ira por miedo a que eso incline la balanza a favor del amante. Si el cónyuge engañado se deprime o se siente emocionalmente agobiado, algunos niños también se sentirán frustrados y, finalmente, furiosos. "Afróntalo y deja de quejarte", es el consejo de un adolescente, para quien un romance roto es parte del proceso de cambio inevitable. Otros niños sentirán empatía con el padre o madre engañado y procurarán aliviarle la pena. En cualquiera de los dos casos, los días de inocencia del niño terminaron.

Siempre es más difícil cuando el niño es quien descubre la aventura extramatrimonial. En algunos casos, el padre o la madre deciden confiar en el hijo, con la esperanza de obtener su aceptación y su permiso. Esto le impone una carga terrible al niño, quien se ve forzado a ocultarle el secreto a su otro progenitor, con lo cual se convierte en cómplice del engaño. Cuando un padre recurre a su hijo varón en busca de su aceptación de la actividad adúltera, a menudo, aborda el tema a manera de iniciación al mundo "real" de los hombres. Como resultado, pone de relieve la poca importancia que reviste la exclusividad sexual e intenta influir en las creencias que el niño está desarrollando en lo que respecta a las relaciones con las mujeres. En una familia que conocí, el padre solía llevar a su hijo adolescente a bares, y le contaba abiertamente anécdotas sobre las varias mujeres con quienes había tenido relaciones sexuales recientes. El mensaje que le transmitía a su hijo era que el hombre tiene derecho a buscar placer para sí, y no ser regido por una mujer. Comunicaba claramente su actitud desafiante y su irrespeto abierto hacia su esposa. Como es apenas lógico, el joven inició su trayectoria de infidelidad a los dos meses de su luna de miel.

Los niños también pueden ser los primeros en enterarse de una aventura extramatrimonial a partir de pistas que sus padres dejan descuidadamente, o que descubren sin querer. El niño debe, entonces, manifestar una lealtad, ya sea que decida guardar o divulgar el secreto. A menudo, la decisión de revelar el secreto al padre engañado produce una coalición inmediata entre éste y el niño, pues éste se ve expuesto al sobresalto, la incredulidad y el dolor que, por lo general, sobrevienen al enterarse por primera vez del adulterio. Incluso es posible que, en un momento de gran perturbación emocional, el padre o la madre no duden en descargar sus propios sentimientos en el niño. El hecho de saber que uno de los padres ha causado tanto dolor al otro acentúa la sensación de injusticia que percibe el niño y por lo general, afecta negativamente su relación con el adúltero. Eso fue lo que sucedió en la familia Glenn.

La familia Glenn

Amanda, de diez años, se enteró de la relación extramatrimonial de su padre de una manera bastante inocente. Un día en que tomó el teléfono para hacer una llamada, su padre estaba conversando por la extensión. Algo que dijo le llamó la atención y se quedó escuchando en silencio. Al poco tiempo escuchó a su padre, Daniel, bromear sobre cómo su esposa no tenía idea de la escapada a cenar la noche anterior. Hubo comentarios sobre lo maravilloso que había sido el sexo después del postre, y, en ese instante, Amanda colgó quedamente.

Durante el resto del día, Amanda fue incapaz de mirar a su padre o a su madre. Su ánimo normalmente alegre se evaporó, y se encerró en su habitación. Finalmente, fue donde su madre y empezó a llorar. Le contó a su mamá los detalles de la conversación que había escuchado y ambas lloraron juntas. Margaret se había enterado de una aventura anterior de su marido, y lo había amenazado con el divorcio si algo así volvía a ocurrir. Sin pensarlo, le contó a su hija todo, sin ocultar su ira y su dolor. Amanda tomó la mano de su madre y le dijo que la apoyaría, sin importar qué sucediera. Sólo entonces, Margaret se detuvo a reflexionar sobre el efecto que todo esto podría tener en su hija.

Cuando Margaret confrontó a Daniel, éste no intentó negar su adulterio, pero volvió a rogarle a su esposa que no se divorciaran. Frustrado por la decisión de Margaret de cumplir su anterior amenaza, recurrió a Amanda y le dijo: "Cometí un error, pero realmente quiero que nuestra familia permanezca unida. Tu mamá es muy terca. No quiere perdonarme, por más que le ruegue. Créeme, lo último que quiero es un divorcio".

Ahora, Amanda estaba completamente dividida en sus lealtades. Por una parte, deseaba que su madre se retractara para que la familia pudiera permanecer unida. Al mismo tiempo, había sido testigo del dolor de su madre y sabía que necesitaba su apoyo para sortear la situación. Se requirió una terapia de familia para que los padres se dieran cuenta del efecto tan devastador que estaba teniendo esta competencia en su hija, y aprender a dejarla por fuera de ese tipo de asuntos.

El efecto en los hijos cuando son adultos

Una familia herida por la infidelidad de uno de los padres no siempre sobrevive. Investigaciones recientes plantean que la mitad de las parejas terminan divorciándose, y que es más probable que esto suceda si el cónyuge infiel es la esposa o si el esposo ya ha tenido antes aventuras extramatrimoniales. Aunque muchas mujeres infieles mantienen la relación con su amante, sólo el 10 por ciento de las personas que se divorcian como resultado de una relación extramatrimonial se casan con el o la amante[64]. Por consiguiente, es difícil saber realmente qué les hace más daño a los niños: vivir con el secreto y la tensión antes de que se divulgue la relación extramatrimonial, soportar el caos emocional cuando ésta sale a la luz, pasar por el divorcio de sus padres o, en algunos casos, tener que establecer una relación con un padrastro o madrastra que "rompió" el

---

[64] *Ibid.*, p. 273.

matrimonio de sus progenitores. Por algunas o todas estas razones, la infidelidad de un padre o madre ejerce un fuerte impacto en los niños y sigue afectando sus relaciones y su capacidad para confiar hasta bien entrada la edad adulta.

La psicóloga Judith Wallerstein, quien estudió a un grupo de niños durante diez años después del divorcio de sus padres, descubrió que los jóvenes cuyos padres se habían divorciado como consecuencia de una relación extramatrimonial seguían "intensamente preocupados por la infidelidad de un progenitor"[65]. Otros estudios demuestran que a los estudiantes universitarios cuyos padres se divorciaron después de una infidelidad se les dificultaba confiar en las personas con quienes salían y, con frecuencia, se mostraban cínicos o pesimistas respecto al amor. Pero me sorprende incluso más el hecho de que los jóvenes cuyos padres tuvieron aventuras extramatrimoniales tenían más probabilidades que los demás de ser infieles con sus propias parejas[66]. Una vez más, emerge el modelo del matrimonio de los padres y crea una postura defensiva o una imitación. Kirt y Sandra son una pareja que afrontó serios problemas como resultado de esto.

Kirt y Sandra

Kirt y Sandra llevaban menos de un año de casados cuando iniciaron una terapia marital. Sandra había trabajado ocho años como secretaria de Kirt, y la pareja había iniciado su relación tres años antes de casarse.

---

[65] Wallerstein y Blakeslee (1989), p. 22.
[66] Spring (1996), p. 127.

5. Mantener la confianza en palabra y en acción

Kirt estaba infelizmente casado, pero quería preservar el bienestar de sus tres hijos. Cuando su hija menor cumplió trece años, Kirt pensó que los niños ya estaban tan absortos en sus propias vidas que no se verían demasiado afectados por un divorcio, y le dijo a su esposa que estaba enamorado de otra mujer.

Maggie, la esposa de Kirt, se sintió devastada y profundamente enfurecida e hizo todo lo posible por poner a los niños en contra de su padre. En especial, le dolió el hecho de que Kirt y Sandra formaran un hogar juntos de inmediato, y que Sandra participara en todas las visitas de los niños. A instancias de su madre, ellos dijeron que querían pasar ratos a solas con su padre, pero Sandra se negó a que la excluyeran. Los niños sabían que su padre había abandonado a la familia por Sandra, y rechazaron sus intentos de volverse amigos de ella. Lo cierto es que Sandra sabía exactamente cómo se sentían. Cuando ella tenía catorce años, su padre se había ido de casa con su amante, y su madre nunca se había recuperado del todo. Sandra también se había sentido celosa y excluida cuando iba a visitar a su padre, situación que empeoró considerablemente con el nacimiento de su medio hermana.

La pareja pronto empezó a pelear durante y después de las visitas de los niños. Sandra le exigía a Kirt que la apoyara y que no les permitiera hablarle irrespetuosamente. Aunque Kirt sí intervenía cuando los niños eran antipáticos o groseros, muchas veces, le parecía que Sandra era demasiado susceptible. "Esperas demasiado de ellos. Dales un poco de tiempo y se darán cuenta de que no eres el monstruo que Maggie les dice que eres".

A medida que transcurrían los meses, Sandra se volvía

más intolerante con lo que consideraba la falta de comprensión y apoyo de Kirt. Él y su mejor amigo habían compartido boletos para básquetbol durante quince años. En esa temporada, fue Sandra, y no Maggie, quien acompañó a Kirt al partido de apertura. Le pareció que todo el público la escudriñaba y que la gente la miraba y chismoseaba sobre el "escándalo". Lo que más le dolió a Sandra fue que Kirt disfrutó entusiasmado el juego, y dejó que ella tratara de hablar con una mujer que había sido una de las mejores amigas de Maggie. Cuando Kirt le dijo que estaba tomando las cosas muy a pecho, Sandra se retrajo y anduvo enfuruñada varios días.

Durante la terapia, quise saber sobre los recuerdos que tenía Sandra del matrimonio de sus padres y sobre la manera en que ella había manejado la relación extramatrimonial de su padre. Sandra había sido la hija favorita de su papá y, desde hacía mucho tiempo, era consciente de que él no sentía respeto ni interés por su madre. Por consiguiente, cuando se enteró de la infidelidad de su padre, sintió que *ella* había sido traicionada. A sus ojos, su padre la quería más a ella que a su madre. Cuando él se mudó y se fue a vivir con la otra mujer, Sandra se sintió apabullada y rechazada. Le daba rabia el hecho de que su madre nunca hubiera podido rehacer bien su vida y le molestaban sus depresiones y sus intentos de acercarse a su hija. Sandra fantaseaba con irse a vivir con su papá, pero pronto cambió de idea cuando se enteró de que él y su nueva esposa iban a tener un bebé. Sandra se juró que nunca más iba a ser una persona impotente o dependiente.

Durante una de las sesiones, conversé con Kirt sobre su tendencia a minimizar los sentimientos de Sandra, y me pregunté si hacía lo mismo con los suyos. Algo se quebró en el interior de Kirk y empezó a llorar, mientras me decía que nunca había sentido que sus sentimientos fueran tenidos en cuenta. Para mi gran sorpresa, cuando Kirt terminó de hablar, Sandra explotó. Controlando a duras penas su ira, le gritó que él nunca había intentado siquiera compartir con ella sus sentimientos más importantes, y mucho menos su llanto. En ese momento, comprendí que Sandra también estaba furiosa conmigo, furiosa y celosa. La semana siguiente la pareja canceló su cita. Cuando llamé a su casa, Kirt se disculpó y me explicó que Sandra no se sentía a gusto en las sesiones. Me aseguró que algunas de mis sugerencias habían sido muy útiles, pero que no podía forzar a Sandra a que continuara, si las sesiones la alteraban tanto. Sólo entonces entendí hasta qué punto el matrimonio de los padres de Sandra la había afectado. Incapaz de confiar en la fidelidad de ningún hombre, no toleraba el afecto que sentía Kirt por sus hijos o por sus amigos. El hecho de que Kirt abriera sus sentimientos a una terapeuta mujer había hecho que Sandra se sintiera inepta y ansiosa. Su temor de perder a otro hombre hacía que presionara a Kirt, exigiéndole que le demostrara constantemente su devoción a ella y distanciándose de cualquier relación que, en su opinión, pudiera constituir una amenaza. Kirk había perdido a su terapeuta, y pronto iba a perder a sus hijos también.

Buenos resultados

Hay una nota de optimismo: a veces, una relación extramatrimonial les ayuda a los cónyuges a reconocer y afrontar problemas que se han ido enconando bajo la superficie durante años. Del cincuenta por ciento de matrimonios en los que no hubo divorcio, un buen número de parejas aprendió a reconocer su conflicto enmascarado y a manejar sus diferencias y sus problemas directamente. Cuando los padres son capaces de utilizar una relación extramatrimonial como información para corregir y restablecer su matrimonio, los hijos aprenden que, si se recupera la confianza, la pareja es capaz de afrontar momentos muy difíciles y salir adelante. A los niños les queda un mucho mejor modelo de solución de problemas y la convicción de que no rendirse puede reportar beneficios.

Sobrevivir al divorcio

Pese a que más de la mitad de los niños de Estados Unidos experimentarán el divorcio de sus padres, casi todos los estadounidenses siguen considerando que el matrimonio es la forma ideal de vida[67]. "Hasta que la muerte nos separe" sella los votos matrimoniales típicos, y se celebran las bodas de plata y las bodas de oro. Cuando el divorcio irrumpe en el panorama, los niños siempre terminan afectados: después de la ruptura familiar y, también, en los años siguientes, cuando deben afrontar su propia capacidad de comprometerse a amar de por vida. Aunque los hijos de padres divorciados ya no sienten el estigma que quizás hubieran experimentado hace quince o veinte años, siguen describiendo el divorcio

---

[67] Gottman (1998), p. 177, cita estadísticas recientes de la oficina de censos que muestran los porcentajes de niños que viven en familias nucleares (con padre y madre): 56 por ciento de los niños estadounidenses de raza blanca, 38 por ciento de los niños hispanoamericanos, y 26 por ciento de los niños afroamericanos.

de sus progenitores como una época tensionante y triste que nunca olvidarán.

No es fácil entender el impacto que ejerce el divorcio en un niño, pues hay tres cosas que pueden estar ocurriendo simultáneamente. Ante todo, muchos divorcios ocurren como consecuencia de la infidelidad, y el niño se ve afectado por todos los factores anteriormente mencionados. En segundo lugar, numerosos divorcios se presentan después de varios años de conflicto matrimonial destructivo. La exposición a un conflicto crónico, ya sea a manera de guerra fría o de concursos de gritos, produce un severo daño psicológico en los niños (véase el capítulo siete). Por último, el divorcio entre los padres a menudo se traduce en un divorcio entre uno de los padres y los hijos, pues muchos niños pierden el contacto y la conexión emocional con el progenitor que no tiene la custodia[68]. Se cree que la pérdida de esta relación es más devastadora que la terminación de la estructura familiar tal como el niño la ha conocido, con dos padres con sus hijos viviendo bajo el mismo techo.

Efectos en los hijos ya adultos

Cuando los adultos describen el efecto del divorcio de sus padres, parece haber dos tipos de reacciones opuestas. Por un lado, están las personas que parecen sospechar y desconfiar del compromiso, y que dudan de que su propio matrimonio funcione. Los estudiantes univer-

---

[68] Neuman (1998), p. 93, informa que la mitad de los niños de hogares divorciados no ha visto al padre que no tiene la custodia en el último año, y que sólo uno de cada seis lo ve semanalmente. Neuman estima que ésta es una realidad para cerca de 20 millones de niños estadounidenses.

sitarios de padres divorciados estuvieron de acuerdo con la frase "hoy en día hay pocos matrimonios buenos o felices", mientras que los jóvenes provenientes de familias intactas se mostraron en desacuerdo. En otro estudio, el 82 por ciento de los estudiantes universitarios hijos de padres divorciados dijeron no confiar plenamente en su actual novio o novia. Muchos admitieron que ponen a prueba sus relaciones o las rompen, pues "prefieren ser los que se van y no los que se quedan". El temor al abandono o la traición es particularmente frecuente en mujeres adultas jóvenes cuyos padres se divorciaron después del descubrimiento de una relación extramatrimonial[69]. La manera en la que se rompió la confianza en el matrimonio de sus padres parece seguir cerniéndose como una maldición contra su propio derecho a la felicidad.

Sin embargo, existe otro grupo de adultos jóvenes que creen firmemente en el compromiso matrimonial. Quienes pertenecen a esta categoría ponen énfasis en la importancia que revisten la confianza y la permanencia en el matrimonio, y están decididos a no ser como sus padres. Éste parece ser un ejemplo de desidentificación, pues los hijos se empeñan en respetar sus votos matrimoniales de una manera que sus padres no hicieron. Supe de un joven que utilizó la argolla de matrimonio de su abuelo en su propia ceremonia de boda

---

[69] Duran-Aydintug (1997) informa que en una muestra de sesenta estudiantes universitarios hijos de padres divorciados, el 82 por ciento dijo no confiar en su pareja actual. Algo similar se evidencia en Thornton y Freedman (1982), p. 302.

como un tributo al feliz e intacto matrimonio de su abuelo, y como identificación con éste[70].

Una de las metas que los hijos adultos de un divorcio parecen compartir es el deseo de proteger a sus hijos. Muchos se describen como "sobreprotectores" y se esfuerzan por dejar que sus niños sean niños[71]. Para estos padres, los recuerdos de tener que cuidar emocionalmente a sus propios padres y de haber crecido demasiado rápido han dejado cicatrices permanentes. También, dicen que no les prestaron suficiente atención, y procuran compensar esta falla en sus propios hijos. No sorprende el hecho de que muchas de las mujeres hablen más a gusto sobre sus sentimientos en sus roles de madres que en sus roles de esposas, sobre todo, cuando el divorcio tuvo lugar cuando eran pequeñas y tienen pocos recuerdos del matrimonio de sus padres. Las consecuencias de crecer en una familia sin matrimonio no son del todo claras, pues muchos individuos cuyos padres se divorciaron cuando eran pequeños son capaces de crear parejas satisfactorias. Sin embargo, a otros se les dificulta mantener relaciones a largo plazo. Tanto los hombres como las mujeres de familias divorciadas tienen las más altas tasas de divorcio en sus propios matrimonios[72]. Varios estudios se han

---

[70] Lee (1995), p. 62.

[71] Berner (1992) informa que el compromiso con la paternidad y la maternidad es especialmente fuerte en padres cuyos propios padres se divorciaron, pp. 73 - 80.

[72] Las tasas de divorcio más altas entre adultos hijos de padres divorciados se citan en varios estudios. Sin embargo, como señalan Kulka y Weingarten (1979), p. 68, las diferencias también se reducen

concentrado en las actitudes y las experiencias de relación de la población afroamericana, en la que es tres veces más probable crecer en hogares con cabeza de familia mujer. En muchas de estas familias, los vínculos parentales se habían roto, de modo que las madres tuvieron que arreglárselas solas. Aunque estas mujeres tienden a desarrollar relaciones con amigas y familia y depender de éstas, parece haber consecuencias tanto positivas como negativas. Es menos probable que las mujeres afroamericanas esperen a tener hijos después de casarse; un censo reciente reveló que casi el 70 por ciento tenía su primer hijo por fuera del matrimonio. Así mismo, existe el doble de probabilidades de que abandonen el matrimonio cuando las cosas no marchan bien, independientemente del número de hijos o de las edades de estos[73].

Con esto no se está implicando que los afroamericanos no son capaces de desarrollar matrimonios exitosos a largo plazo. Existen numerosos estudios sobre matrimonios de larga data exitosos que incluyen parejas afroamericanas muy comprometidas con su relación. Sin embargo, muchas de estas parejas provienen de familias intactas[74]. Esto parece sugerir que cuando los niños ven que sus padres dependen el uno del otro y se apoyan mutuamente, son más capaces de comprometerse a largo plazo con el matrimonio. Los niños que crecen en una familia sin un vínculo parental fuerte parecen sentir menos necesidad de casarse y es menos

---

cuando se incluye en la ecuación el factor nivel de educación en el momento del matrimonio.

[73] Timmer, Veroff y Hatchett (1996), p. 336.
[74] Mackey y O'Brien (1995).

probable que perseveren cuando se presentan problemas serios.

Hacer que el divorcio funcione

Existen muchas investigaciones sobre hijos de padres divorciados que les pueden indicar a los padres que afrontan este problema cómo ayudarles a sus niños a adaptarse lo mejor posible a esta situación. A los niños les va mejor cuando el divorcio es amigable o, por lo menos, con un mínimo de conflictos. Cuando los niños no están expuestos a peleas extremas y cuando no se les utiliza como peones en un juego de venganza o control, su adaptación es relativamente suave. Los niños que se sienten "atrapados" entre sus padres porque han sido introducidos en el conflicto o han sido utilizados en una guerra de lealtades se ven profundamente afectados y es probable que sufran de problemas, como dolor de cabeza, desórdenes de la alimentación, ansiedad y depresión[75].

Otro factor crítico es poder permanecer cerca de ambos padres después de la separación física. Por razones que no

---

[75] Aunque los estudios originales sobre las consecuencias del divorcio para los niños examinaban temas como el estigma (véase, por ejemplo, Glenn [1985], p. 69), estudios más recientes plantean que es más probable que se presenten síntomas adversos cuando ha habido niveles de conflicto altos o cuando se implica a los niños en el medio de ambos padres. Por ejemplo, Buchanan, Maccoby y Dornbusch (1991), p. 1015, entrevistaron a 522 adolescentes cuatro años después de la separación de sus padres. Los jóvenes que dijeron haberse sentido atrapados entre padres con conflictos tenían problemas como dolor de cabeza, depresión, desórdenes alimenticios, agotamiento y ansiedad. Véanse también, Thornton y Freedman (1982), p. 302; Kozuch y Cooney (1995), p. 58; y Lee (1995), p. 63. Véase Amato, Loomis y Booth (1995), p. 895.

se entienden del todo, los padres tienden a retraerse del contacto con sus hijos cuando no tienen la custodia. Algunos investigadores especulan que los padres se dan por vencidos cuando sienten que no tienen una voz real o control sobre lo que sucede en las vidas de sus hijos; otros especulan que la pérdida de la separación es demasiado difícil desde el punto de vista emocional para que los padres la soporten cotidianamente, y que la distancia les permite eludir estos sentimientos abrumadores. Sea cual fuere la causa, casi la mitad de los hijos de padres divorciados no han visto al que no tiene la custodia (por lo general, el padre) en el último año, y sólo uno de cada seis tiene contacto semanal con él[76].

Los niños no manejan bien esta pérdida mientras está sucediendo, y parecen quedar permanentemente lesionados por lo que experimentan como abandono. Es de crucial importancia que los padres se mantengan conectados con sus hijos a lo largo del proceso de divorcio y después.

Lo que les sucede al padre y a la madre después del divorcio es igualmente importante. Los niños a quienes mejor les va son aquellos cuyos padres permanecen solos o desarrollan una relación estable y exitosa. Por el contrario, los niños cuyos padres se divorcian varias veces o que cambian de pareja con frecuencia son quienes tienen mayores probabilidades de sufrir problemas emocionales y experimentan dificultad para establecer la confianza en sus propias relaciones.

Los niños no piden el divorcio y casi nunca se benefician de él. Los padres pueden aliviar en lo posible esta situación negativa si recuerdan darles prelación a los hijos siempre que

---

[76] Gottman (1998), p. 180. Véase también, Neuman (1998), p. 93.

puedan. Cuando los niños están protegidos de una exposición directa a la angustia y la hostilidad de sus padres, se adaptan mucho mejor. Al concentrarse en ser un copadre efectivo y no atrapar a los niños en medio de una relación fallida, un padre divorciado puede dar pasos positivos para minimizar el daño a largo plazo para sus hijos. La amargura de un padre menoscaba los sueños del niño y le quita la esperanza de establecer un matrimonio feliz propio. Un padre que se vuelve desconfiado y se pone a la defensiva después de un divorcio confirma la creencia de que no se debe confiar en la gente y de que es tonto esperar algo diferente.

La confianza es un componente del matrimonio en el cual casi nunca se piensa cuando existe, pero que se vuelve un tema obsesivo cuando se quiebra. Una pareja que miente, manipula o viola un compromiso causa daño inmediato a la relación, y este daño se debe afrontar para que pueda sanar. Las situaciones que ponen a prueba el compromiso siempre se ciernen como una amenaza para la confianza, porque cuando un cónyuge no está seguro de la devoción de su pareja, no existe razón alguna que justifique los autosacrificios que es preciso hacer para que el matrimonio funcione. Cuando los niños crecen en un matrimonio en el que la confianza se da por descontada, no existen tensiones o sospechas que los obligan a estar alertas. La comunicación abierta y la confianza están frente a sus ojos y pueden emularlas. Pero cuando los niños descubren que los miembros de la pareja guardan secretos, buscan su propia satisfacción y son manipuladores, es mucho más difícil que esperen un futuro diferente.

Lo que los niños aprenden del matrimonio...

PREGUNTAS

1. ¿Hasta qué punto cree usted que estuvo motivado para buscar una relación de intimidad cuando era un adulto joven? ¿El matrimonio de sus padres le sirvió de inspiración para ello?
2. ¿Su padre o su madre tuvieron alguna relación extramatrimonial? ¿Se divorciaron? ¿Se volvieron a casar? ¿Cómo cree que sus creencias y expectativas sobre el matrimonio se vieron afectadas por esto?
3. ¿Alguna vez hubo un momento en que dudó del compromiso de su pareja con el matrimonio o con su bienestar? De ser así, ¿lo discutieron a fondo y hubo una respuesta acorde con la situación, o quedaron dudas no resueltas?
4. ¿Cuántas veces usted o su pareja han amenazado con divorciarse o separarse? ¿Cree que sus hijos son conscientes de esto?

6

NEGOCIAR LAS DIFERENCIAS DE MANERA CONSTRUCTIVA

"A veces no estamos de acuerdo,
pero siempre perseveramos
y lo solucionamos"

DE TODAS LAS LECCIONES QUE LOS PADRES les enseñan a sus hijos sin percatarse, quizás la que tiene consecuencias más visibles es la manera como manejan sus diferencias. En la fantasía de una vida compartida, los dos miembros de la pareja sonríen y se toman de la mano mientras caminan juntos en armonía total. En la realidad de una vida compartida, siempre habrá momentos en los que lo que uno de ellos ve o quiere difiere de lo que el otro ve o quiere. Como compartir una vida significa que las acciones de una persona siempre afectan a la otra, cada pareja debe buscar la manera de tomar decisiones conjuntas y aprender a aceptar la influencia del otro.

Saber cómo negociar, cómo reafirmarse sin menoscabar a la pareja y cómo llegar a un acuerdo sin resentimientos son ingredientes clave del éxito, pero se trata de habilidades que es preciso aprender, practicar y perfeccionar. Cuando los padres tienen diferentes enfoques u opiniones, los niños se vuelven agudamente conscientes de las tensiones existentes. Y la manera en que los padres se comportan individualmente y tratan a su pareja les enseña a sus hijos los fundamentos básicos de la resolución de problemas y el poder.

Aunque casi todas las personas son conscientes de que ciertos tipos de conflicto parental son dañinos para los hijos, muchos padres no comprenden los problemas que crean cuando temen reafirmarse como personas y optan por rehuir el conflicto por completo. Los investigadores de terapia marital han descubierto que las parejas que casi nunca están en desacuerdo son las primeras que se distancian y se sienten desdichadas[77]. La ausencia de conflicto no significa que dos personas siempre estén sincronizadas; lo más probable es que, por una u otra razón, los cónyuges temen disentir. Una pareja con este tipo de entorno empieza a acumular resentimientos y a distanciarse. Los niños criados en este ambiente, a menudo, se involucran demasiado en el matrimonio de sus padres, ya sea reemplazando a uno de ellos como la fuente de contacto íntimo o haciendo las veces de intermediarios. Además, nunca tienen la oportunidad de ser testigos de cómo se pueden manejar constructivamente las diferencias.

Temor a los sentimientos

He descubierto que una de las razones principales por las que los padres evitan el conflicto es porque no saben cómo manejar sus sentimientos. Muchos de mis clientes han crecido en entornos familiares en los que no se toleraban los sentimientos, y nunca han aprendido a descifrar sus estados interiores. Algunos padres tienen la capacidad de reconfortar

---

[77] Margolin (1988), p. 195.

a sus hijos cuando están alterados, pero no saben enseñarles a encontrar palabras que expresen su perturbación emocional. Aprender a expresar verbalmente los sentimientos requiere paciencia y, también un padre o madre que esté dispuesto a escuchar y confirmar las experiencias internas del niño. Si los padres no son capaces de ayudarles a sus hijos con este proceso, es poco probable que ellos aprendan a hacerlo solos. Más bien, aprenden a hacer caso omiso de sus sentimientos, a desviar su atención o a encontrar una salida que les permita liberarse sin introspección[78].

Aunque estas maneras de manejar los sentimientos pueden ayudarle a un adulto a afrontar con éxito ciertas situaciones tensionantes, no preparan a la persona para hacer frente a los tipos de problemas que se suelen presentar en las relaciones de intimidad. Y a menos que una persona se dé el tiempo suficiente para experimentar estos sentimientos incómodos hasta que entienda su propio estado emocional, no podrá hablar con su cónyuge sobre las cosas que le molestan. Es posible que desvíe su atención o que intente olvidar sus problemas, pero los sentimientos no sólo persistirán, sino que tenderán a ahondarse. Cuando finalmente se admiten las diferencias, son tan grandes que parecen insalvables. Eso fue lo que les sucedió a Randi y a Adam.

Randy y Adam

Randi me llamó llorando, diciéndome que Adam le había pedido que se separaran y que se sentía destrozada. La pareja llevaba veinte años de casada y Randi pensaba que todo marchaba bien. Su hija mayor iba a ingresar a la universidad en el otoño y su hijo de dieciséis años

---

[78] Krystal (1988), pp. 49 - 53.

era lo bastante grande para cuidar de sí mismo si sus padres salían durante el fin de semana. Los planes veraniegos de asados en familia y paseos a la playa se esfumaron de repente.

Adam admitió que le gustaba otra mujer, una colega suya en el trabajo, y que una de las razones por las cuales se quería separar era para poder salir con ella sin sentirse culpable o con secretos. Sin embargo, aceptó asistir a la terapia marital cuando se mudó a su propio apartamento. Randi lloró durante toda la sesión, pero impugnó la súbita decisión de Adam. Sentía como si hubiera estado ciega y no tenía idea de por qué Adam se sentía infeliz.

Adam dijo que su hogar era donde estaban su ropa y sus libros, pero que se sentía ajeno a Randi y a los niños. Su hijo, Brian, se había convertido en una gran fuente de frustración y cada vez temía más el regreso a casa después del trabajo. Le decía a Randi "te amo" de una manera mecánica y, simplemente no quería continuar con lo que consideraba una falsedad. Aunque me dijeron que nunca peleaban, Adam se veía claramente alterado y molesto cuando empezó a enumerar todo lo que le parecía mal de Brian. Su hijo andaba siempre desaliñado, tenía pésimos modales, era completamente irresponsable y suponía que podía dormir todo el día y exigir que le dieran dinero para salir en el auto por la noche. Adam no soportaba la manera en que su esposa estaba criando a Brian, y tampoco la manera en que Randi saboteaba todos sus intentos por establecer normas y hacerlas cumplir.

Sus expectativas diferentes con respecto a sus hijos habían sido evidentes desde el principio. Adam admitió que cuando los niños eran pequeños solía delegarle toda la responsabilidad a Randi, pues ella era quien pasaba más tiempo con ellos y parecía segura de que su forma de tratarlos era la mejor. Pero a medida que los niños fueron creciendo, a Adam le empezó a molestar cada vez más la crianza laxa y permisiva de Randi. Le parecía que ambos hijos dominaban por completo a su mamá. Sin embargo, mientras su hija, Phoebe, parecía tener más sentido común y por fortuna recibía la influencia de un buen círculo de amigos, Brian se aprovechaba de la bondad de su madre cada vez que podía. Como resultado, iba perdiendo varias materias y no tenía intenciones de tomar algún curso durante el verano o de conseguir un empleo temporal.

Aunque Randi y Adam contestaron amablemente mis preguntas sobre la manera como se habían conocido y la época inicial de su matrimonio, les sorprendió mucho que yo quisiera saber sobre sus familias de origen. Accedieron a contestar cuando les expliqué las dos razones por las que me interesaba esa información: era evidente que tenían valores y expectativas diferentes en lo referente a sus hijos que yo precisaba conocer y, más importante aún, necesitaba entender cómo un problema de esta magnitud podía haberse enconado durante años en una pareja que decía no pelear nunca.

Como imaginé, los estilos de vida de las dos familias eran prácticamente opuestos. La familia de Adam valoraba la educación y exigía a los hijos mucho esfuerzo y excelentes calificaciones. Randi no recordaba que sus padres hubieran esperado alguna vez algo de ella. En algunos aspectos, creía que su madre habría preferido que permaneciera en casa y hubiera sido simplemente su amiga. Mientras Adam había tenido que pagar sus gastos educativos y ayudar con las responsabilidades domésticas, Randi siempre había ido a campamentos de verano y sólo se le permitía trabajar cuidando niños muy de vez en cuando. Sobre todo, la familia de Adam había puesto énfasis en la rendición de cuentas y la responsabilidad que tenía cada miembro de la familia de alcanzar las metas más altas posibles. Por el contrario, la familia de Randi era relativamente laxa y casi nunca había contradecido sus decisiones de ensayar y luego abandonar diversos deportes, lecciones de música o cursos.

Sin embargo, los matrimonios de sus padres no eran muy diferentes. La madre de Adam era una mujer fuerte y exitosa que terminó haciéndose cargo del negocio de su esposo cuando éste fracasó. Adam dijo: "Mi mamá llevaba la casa. Era a ella a quien siempre teníamos que responder". Los padres de Adam peleaban, pero su padre siempre terminaba cediendo. No obstante, Adam estaba seguro de que su papá tenía una vida privada que escapaba del control de su esposa. Cuando le pedí que me explicara esto, contestó avergonzado: "Sé que tuvo por lo menos una relación extramatrimonial".

En la familia de Randi, su padre era quien manejaba el hogar. Tenía un genio terrible y dominaba a su esposa y a sus hijos. Solía gritar y su mujer cedía. Pero Adam interrumpió para decir: "Parecía como si hubiera cedido. Y luego, cuando él no estaba mirando, hacía exactamente lo que quería hacer. Y eso es lo que tú siempre me has hecho a mí también".

Ni Randi ni Adam habían crecido en un hogar en el que los padres pudieran conversar sobre sus diferencias de una manera respetuosa, o buscar conjuntamente una solución. Como respuesta a un cónyuge furioso y controlador, el otro había adquirido la costumbre de evitar pasivamente el conflicto, pero negándose al mismo tiempo a que lo dominaran. Durante sus veinte años de matrimonio, ni a Randi ni a Adam les gustaban sus sentimientos de ira y manejaban sus diferencias cambiando de tema o haciendo una broma. Adam pasaba la mayor parte de su tiempo en la oficina o jugando golf y casi nunca planteaba asuntos controvertidos. Ahora, cuando una gran cantidad de aspectos de su vida en el hogar le parecían insoportables, su única solución era irse. En su fantasía, un nuevo amor podría parecerse más a él, y si había menos diferencias no se sentiría desdichado como ahora. Sólo cuando Adam comprendiera que lo realmente importante era aprender a reafirmar sus ideas y luchar constructivamente por lo que valoraba, podría comprometerse a intentar mantener intacto su matrimonio.

El hecho de hablar sobre Brian hizo que Adam experimentara plenamente sus sentimientos de impotencia, resentimiento y desesperación. Pero al afrontar el tema, Randi y Adam pudieron sortear mejor la situación y poner las cosas en perspectiva. Adam se dio cuenta de que no sólo temía la ira que sentía contra Randi, sino que también se le dificultaba reconocer y expresar sus sentimientos directamente a Brian. En cierto sentido, era más fácil evitar una confrontación directa y luego culpar a Randi. Randi también necesitaba examinar la relación que había desarrollado con su hijo, y la manera en que siempre había evitado afrontar sus propios sentimientos o confrontar a su esposo por su ausencia y su postura crítica. Randi pronto comprendió que Brian la hacía sentir necesitada e importante, una experiencia emocional que nunca había tenido con su esposo. Sólo entonces pudo la pareja empezar a corregir la soledad de cada uno de ellos y responder mejor el uno al otro.

La terapia incluyó la creación de una relación directa entre Brian y su padre, de la cual no se pudiera culpar a Randi. Padre e hijo pasaron un fin de semana juntos esquiando, y básicamente tratando de conocerse y divertirse un poco. Cuando Adam finalmente le pudo decir a Brian lo desilusionado y frustrado que se sentía, su hijo, a su vez, pudo expresar sus propios sentimientos de no sentirse amado y de ineptitud. Al hablar abiertamente las cosas, todos en la familia experimentaron el alivio que trae la honestidad, así como la esperanza de que las diferencias se pudieran solucionar en vez de negarse.

Matrimonios de hijos de alcohólicos

Se calcula que más del 40 por ciento de las familias de la actualidad tiene un padre o madre que creció en un hogar en el que el alcohol o alguna otra adicción influyeron en las relaciones familiares[79]. Como todo niño acepta el estilo de relacionarse de su familia como lo normal, y el matrimonio de sus padres como el prototipo de todas las relaciones de intimidad, las lecciones aprendidas en estos hogares están

---

[79] Según Gotlib y Avison (1993), p. 296, se calcula que, en 1988, 28 millones de niños en los Estados Unidos vivían en hogares con padres alcohólicos. Straussner (1994) sugiere que casi el 40 por ciento de los adultos en los Estados Unidos tiene un pariente de sangre con un problema de alcoholismo, cifra que no tiene en cuenta la cantidad sustancial de niños criados por padres que consumen otras sustancias, como cocaína.

afectando las vidas de miles de padres e hijos... ¡incluso si el alcohol o las drogas han sido prohibidos en el hogar! La adicción compromete todos los aspectos de la vida de una persona, incluida la manera en que funciona como pareja o padre. Como resultado, los roles en la familia cambian, imponiendo una tensión inmediata a niños a quienes posiblemente les asignen demasiadas responsabilidades o los dejen muy solos. Pero el alcohol influye en la familia de otras maneras y enseña lecciones sobre relaciones que no son las que los niños realmente tienen que aprender. Unas de las principales lecciones disfuncionales son el silenciamiento de los sentimientos y la negación de las necesidades individuales.

Los expertos en familias con problemas de alcoholismo consideran que no sólo el comportamiento ebrio crea tensión psicológica y problemas para los niños. Terrence Gorski, un asesor en materia de alcohol que se especializa en intimidad, dice que a casi todos los hijos adultos de padre o madre alcohólicos se les dificulta mantener relaciones sanas[80]. Debido a la manera en que vieron interactuar a sus padres, no saben cómo reconocer sus propios sentimientos y prestar atención a sus estados interiores. En las familias con problemas de alcoholismo, los estallidos de ebrios y el conflicto se relacionan, ya sea porque el beber implica directamente discusiones o porque un alcohólico que ha sido provocado recurrirá al licor como consuelo. Como resultado, tanto el alcohólico como el padre o madre codependiente tratarán de negar o minimizar las diferencias que podrían provocar un conflicto. Creer que "todo está bien" en la familia también sirve para "probar" que en realidad no

---

[80] Gorski (1993), p. 63.

existe ningún problema. Como nunca se permite expresar sentimientos y diferencias, un hijo de alcohólicos reprime su verdadero yo y puede o no redescubrirlo de adulto. Si los niños crecen en una familia en la que las diferencias se tienen que callar, seguirán rehuyendo el enfrentamiento con su pareja cuando estén casados. A su vez, sus hijos nunca tendrán la oportunidad de saber que es seguro tener y expresar una posición diferente de la de los demás, y no tendrán medios para solucionar exitosamente los problemas.

En las familias con problemas de alcoholismo, la atención se suele concentrar en la "persona problemática identificada". Como resultado, los miembros de la familia pueden hacer caso omiso de sus propios problemas al concentrar excesivamente su atención en otra persona. Aunque en estas familias estallan conflictos en torno a la bebida, otros asuntos, como la capacidad, la mentira y la confianza, no se identifican, no se expresan y, desde luego, no se resuelven. Como las peleas en torno a la bebida tienden a ser apasionadas, pronto se convierten en un intercambio de gritos o en borracheras, lo cual les enseña a los niños que las diferencias que se expresan son destructivas.

A menos que estas maneras de relacionarse se entiendan y se modifiquen, el modelo de la familia con problemas de alcoholismo persiste. Cuando los psicólogos Carolyn y Phillip Cowan entrevistaron a parejas que esperaban su primer hijo, el 20 por ciento de los nuevos padres dijeron ser hijos de alcohólicos. Pese al hecho de que no existían diferencias obvias entre las maneras en que estas parejas y otras reaccionaban ante la crianza, el equipo investigador encontró que cuando evaluaron a los pequeños tres años después, los niños de hijos de alcohólicos tenían más problemas. Según sus profesoras del jardín infantil, a los cinco años a estos niños se les dificultaba más la adaptación al colegio, y eran más retraídos o más agresivos que los demás. Sin duda, a los niños de hijos de padres alcohólicos les costaba trabajo manejar sus sentimientos y relacionarse con otros[81].

Familias excesivamente dependientes

Las familias disfuncionales no son sólo las que tienen problemas de alcoholismo. Otro estilo de familias que crean problemas son las "aglutinadas", en las que se ejerce presión sobre sus miembros para que actúen y piensen de igual manera[82]. En estas familias, hay un alto grado de involucramiento en las vidas de todos, y un sistema de creencias que acentúa y recompensa la similitud y el parecido. Lo que es bueno para uno es bueno para todos. Sin embargo, la armonía que se crea en estas familias es costosa, pues se niegan las preferencias individuales y las diferencias.

Estas familias también experimentan un alto nivel de ansiedad sobre lo que sucede cuando las personas no están de acuerdo. En casi todas estas familias, las disputas ocurridas entre parientes en anteriores generaciones han llevado a la ruptura total de una relación. Existen historias o recuerdos de abuelos, abuelas, tías y tíos que fueron expulsados de la familia, y con quienes nadie volvió a hablar. Como estas familias no pueden tolerar las diferencias, los miembros que se niegan a aceptar la posición del grupo son tratados como traidores desagradecidos. Lo más importante es que la corriente de ansiedad que rodea la expresión de diferencias se transmite de una generación a la siguiente. Como la no obediencia de un niño tiene como reacción el horror o la

---

[81] Cowan (1997), p. 150.
[82] Kerr y Bowen (1988), p. 65.

rabia, el niño aprende a someterse a las ideas de la persona más fuerte. Sin la experiencia de poder defender exitosamente una decisión independiente y aceptar la responsabilidad que entraña, el niño sigue dependiendo de la aprobación y la orientación externas. De adultos, los hijos de familias aglutinadas siguen temiendo la diferencia, pues podría producir conflicto e incluso un desastre.

Vivir con lente de color rosa

He tratado a muchas parejas que no son capaces de negociar y aceptar los puntos de vista del otro porque no pueden *ver* ninguna diferencia entre ellos. En algunos matrimonios, se trata de un fenómeno compartido, pues ambos miembros de la pareja tienden a percibir las cosas como totalmente perfectas o totalmente catastróficas. En estos matrimonios, a los que denomino "matrimonios de montaña rusa", las parejas tienden a vivir en ciclos. La fase feliz, en la que se niega la existencia de problemas, no se puede sostener y, tarde o temprano, la pareja se hunde en el abismo de la desesperación, en donde las diferencias parecen apabullantes. Sin embargo, existen parejas en las que uno o ambos cónyuges se ponen "lentes de color rosa". En esta situación, una persona percibe las cosas como perfectas y minimiza o rechaza por completo los problemas menores. Desafortunadamente, si no se admiten los problemas, no se pueden discutir y resolver. Esto puede conducir al desastre, como sucedió en el matrimonio de Howard y Penny.

Howard y Penny

Penny pidió la cita más pronta disponible, pero no estaba segura de llevar consigo a su esposo, Howard. Estaba convencida de que él tenía una relación extramatrimonial, aunque lo negaba. Hacía poco la pareja había tenido a su tercer hijo y Howard era un padre consagrado. Sin embargo, desde la concepción del bebé el sexo había aminorado y Howard pasaba más tiempo que nunca en el trabajo. Sin embargo, Penny no le dio mucha importancia al asunto hasta cuando recibió una llamada telefónica de una mujer que decía ser la amante de Howard. Dijo que había estado con él por las noches, en viajes de negocios e incluso durante la estancia de Penny en el hospital cuando nació el bebé.

Aunque frente a mí Howard negó inicialmente la aventura, cuando le expliqué que a menudo una relación extramarital era un intento por salvar un matrimonio que estaba fallando por otras razones, confesó a regañadientes. Penny miró a su esposo con incredulidad y dijo: "Creía que eras feliz. Pensé que nuestro matrimonio era perfecto".

Howard empezó a hablar con vacilación pero al cabo de algunos instantes, se desbordó sin poder contenerse. "Tal vez tú eras feliz, pero yo no lo he sido desde hace años, y necesité a Tammy para darme cuenta. Tú vives para los niños y nunca te das cuenta de si yo me siento feliz o no". A medida que Penny escuchaba con lágrimas en los ojos, Howard prosiguió con su retahíla de quejas. "Detesto que tu hermana tenga las llaves de nuestra casa y que entre y salga cuando le plazca. Odio la manera en que está organizada la cocina. ¿Por qué nada puede ser como yo quiero? No me has hecho realmente el amor desde hace años; no de la manera en que solíamos hacerlo. Y el bebé... estoy seguro de que lo amaré como amo a su hermana y su hermano, ¡pero fue idea tuya, no mía!"

Penny meneó la cabeza mientras contestaba: "Nunca pensé que hablaras en serio. Dices una cosa un minuto y luego cambias de idea. Todo lo demás en nuestra vida es perfecto. No puedo creer que realmente pienses que estas cosas son tan importantes".

En sesiones subsiguientes, Penny explicó que su madre había luchado con un enfisema durante quince años. En ese tiempo, la familia había tratado de conservar la esperanza, pero también había protegido a su madre y había procurado hacerla feliz. Penny, quien era la menor, era la única hija que todavía vivía en la casa cuando su madre enfermó seriamente. A medida que la enfermedad de su mamá avanzaba, Penny renunció a salir con chicos, a los deportes extracurriculares y a las actividades que la mayor parte de sus compañeras disfrutaba. Al año de morir su mamá, Penny conoció a Howard. Tenía veintitrés años y casi no había tenido novios, pero supo que él era el hombre de sus sueños.

Penny estaba decidida a hacer que su nueva familia fuera lo más feliz posible. Era una madre consagrada y tenía una reserva de energía inagotable para sus hijos. Pero también era terca a su manera. Como explicó, "tengo una imagen en mi mente de cómo quiero que sea algo, y me empeño hasta lograrlo". Era evidente que Howard no compartía su sueño de una familia unida y feliz con tres niños activos y personas que entraban y salían de su casa, pero ella no se daba cuenta de su resentimiento.

Para mí fue importante entender la razón por la que las inquietudes de Howard no habían sido tenidas en cuenta. Aunque podía ver que los lentes de color de rosa de Penny sólo dejaban filtrar las cosas felices, parecía que su esposo no se había esforzado mucho por negociar su punto de vista. Cuando le pregunté sobre el matrimonio de sus padres, se estremeció y contestó: "dos barracudas". Tal parece que tanto el padre como la madre de Howard eran individuos de carácter muy fuerte que se disputaban el control en casi todas las áreas. Howard dijo que sus peleas lo enfermaban y que había jurado nunca vivir así. Aunque se hacía el loco cuando su mujer hacía caso omiso de sus ideas sobre la decoración o maldecía cuando se enteraba de que su cuñada había estado en la casa en ausencia de ellos, esperaba que Penny entendiera sus protestas sutiles. Cuando ella trataba de minimizar sus inquietudes, él se sentía forzado a darse por vencido. Si peleaba, estaría repitiendo el matrimonio de sus padres, algo que le resultaría más doloroso que ceder a la voluntad de hierro de su esposa.

Howard no había querido un tercer hijo, pero una vez más Penny no quiso escuchar sus inquietudes y sus dudas. Cuando Howard conoció a Tammy en la oficina, halló en ella alguien en quien podía confiar sus sentimientos. Por primera vez, sintió que alguien lo escuchaba y se interesaba por lo que él sentía, en vez de tratar de forzarlo a encajar en un molde. Su amistad finalmente se volvió sexual, y cuando Tammy llamó a Penny, estaba segura de que Howard no iba a renunciar a ella.

Hablar a través de los hijos

Sólo si cada uno expresa sus ideas y se reafirma en sus opiniones se puede lograr autenticidad en una relación. Quizás uno de los ingredientes más importantes de una relación de verdadera intimidad es que ambos miembros de la pareja se sientan libres de bajar la guardia y expresar su individualidad[83]. Cuando las personas no vocalizan sus creencias, se

---

[83] Lerner (1989), p. 294.

sienten distantes y solas. Las investigaciones demuestran que las mujeres que dejan de expresarse tienen índices más altos de depresión, mientras que los hombres que dejan de comunicarse se vuelven cada vez más distantes e insatisfechos con su matrimonio[84]. Al mismo tiempo, la necesidad de comunicarse no desaparece, lo cual lleva a desvíos e indirectas. Por desgracia, algunas personas que no son capaces de oponerse directamente a su pareja logran decir lo que quieren a través de los hijos. Pese a que esto pone al niño en conflicto con el otro padre, este ardid se usa a menudo para influir en un resultado o cobrar venganza. A este respecto, recuerdo el caso de la familia Hanzel.

La familia Hanzel

Laura Hanzel me fue remitida para una terapia individual debido a sus depresiones recurrentes. Aunque había estado deprimida varias veces en la secundaria, sus episodios se agravaron poco después de su boda. También, tuvo episodios depresivos tras el nacimiento de cada uno de sus tres hijos, y cuando me reuní con ella, ya había sido hospitalizada en cinco ocasiones diferentes por su incapacidad para afrontar su vida. Además de las veces en que no era capaz de levantarse de la cama, a Laura se le dificultaba tremendamente tolerar su propia ira y fantaseaba con cometer terribles actos de agresión cada vez que se sentía sobreestimulada o molesta. Tomaba medicamentos para mantener a raya sus fantasías, pero cuando alguien la confrontaba, se sumía en un silencio y retraimiento totales. Desde que

---

[84] Harter (1997), p. 83, encontró que los cónyuges se centraban en sí mismos, se deprimían y se sentían menos auténticos.

nos vimos por primera vez, fue evidente para mí que Laura abrigaba fuertes sentimientos con respecto a su esposo, Stan. También, Stan se sentía profundamente afectado por la depresión de Laura, por lo cual me pareció adecuado tratarlos como pareja.

Stan, que le llevaba diez años a Laura, era un hombre muy centrado y controlador. Por una parte, tenía que serlo, porque las vulnerabilidades emocionales de su esposa a menudo la dejaban demasiado confundida y abrumada como para manejar el hogar. Pero también había un componente psicológico en la manera en que esta pareja balanceaba el poder. Stan había sido la "oveja negra" de su familia, el que se consideraba inepto y destinado al fracaso. El hecho de reemplazar a Laura y encargarse de la familia lo hacía sentir superior y con ello, finalmente, le demostraba a su familia de origen lo equivocada que estaba. Sin embargo, también se sentía agotado y frustrado. Muchas veces llegaba a casa después del trabajo y encontraba a Laura dormida, la ropa sucia apilada y los platos para la cena todos sucios.

La hija mayor de los Hanzel, Rachel, tenía trece años cuando inicié la terapia con la familia. Con frecuencia, asumía más responsabilidad de la que le correspondía para mantener la casa funcionando, pero también era capaz de disfrutar los días buenos de su mamá y descansar cuando Laura podía encargarse de las cosas. Por el contrario, Stan siempre suponía lo peor y le hablaba a Laura como si fuera uno de sus hijos. Le daba instrucciones todos los días, y le entregaba una lista de tareas por hacer. Laura casi nunca cuestionaba las listas ni el poder de Stan para tomar la mayor parte de las decisiones familiares.

Antes de iniciar una de nuestras sesiones, hice un

comentario sobre un restaurante cercano que estaban construyendo y parecía ya próximo a abrirse. Me sorprendió enterarme de que Laura había sido una buena cocinera que disfrutaba experimentando con distintas recetas. El orgullo que denotaba su mirada cuando me contó los secretos de una buena *omelette* fue algo que nunca antes había visto en ella. Pero ahora Stan había optado por planear las comidas de la familia, y se limitaba a platos sencillos por si Laura no estaba en ánimos de cocinar. Incluso, hacía la lista del mercado todos los fines de semana, e insistía en que las compras se hicieran una vez semanal para simplificar las cosas.

Lo más parecido a una discusión entre los dos fue cuando Laura murmuró que no tenía sentido comprar todos los víveres una vez a la semana. Agregó: "¿Cómo puedes planear los menús en casa si ni siquiera miras a ver qué hay fresco?" Stan se ruborizó y contestó que ya tenía bastantes cosas por hacer. Dijo que esa era la única manera en que podía cerciorarse de que se hicieran las compras, y añadió que era una locura pensar en platos más complejos cuando la casa entera estaba patas arriba. Cuando Stan empezó a quejarse del desorden y la suciedad en la sala de estar, Laura se quedó mirando fijamente el piso.

Pero ahí no terminó el asunto. Aunque Laura nunca confrontaba a Stan, manifestándole su desacuerdo, tenía maneras de sabotearle los planes. Como pronto me iba a enterar, a menudo llevaba a Rachel a hacer las compras y, a veces, también, a sus hijos más pequeños. Laura mencionaba que ya era hora de almuerzo o señalaba algo costoso que había visto anunciado en la televisión, y antes de saberlo, uno de los niños metía algo especial en el carrito. Desde luego, esto "forzaba" a Laura a improvisar con el menú de Stan con el fin de ajustar el presupuesto. Cuando Stan se enteraba de que el mercado no se había hecho de acuerdo con sus especificaciones, dirigía su ira contra Rachel o los otros niños, gritándoles por derrochar en postres costosos o pasabocas el dinero que él se esforzaba tanto por ganar. En su opinión, Laura era demasiado débil para controlar a los niños, lo cual confirmaba su decisión de manejar la familia a su manera.

A medida que Rachel fue creciendo, se volvió más asertiva con su padre y menos respetuosa de sus deseos. Si Stan hacía algún comentario sobre el largo de su falda, o le decía cuántas noches podía cuidar niños, esa semana, Rachel le gritaba que era un dictador. Cuanto más rígido y controlador se volvía Stan, más lo desafiaba su hija, haciendo justamente lo opuesto. En palabras y acciones, Rachel le decía a Stan lo que su madre sentía pero no era capaz de expresar.

Poder

Cuando los cónyuges ya son capaces de identificar áreas de diferencia, el siguiente paso consiste en negociar posiciones y tratar de lograr una solución. La manera en que la pareja hace esto está, en gran medida, influenciada por la forma en que se percibe y reparte el poder en la relación. El poder en las familias ha sido un área muy explorada por académicas feministas. La fórmula de las mujeres cediendo ante los hombres es una realidad sutil pero persistente, tan incrustada en nuestra sociedad que parece "normal". No cabe duda de que los niños aprenden sobre el comportamiento apropiado de los géneros cuando ven interactuar a sus padres. Aunque ésta no es la única explicación sobre la forma en que la ecuación de poder entre hombres y mujeres se transmite de generación en generación, muchos terapeutas creen que los niños imitan al padre de su mismo sexo cuando se trata de usar el poder para zanjar una diferencia.

Existen muchas maneras en las que los cónyuges pueden organizar el poder entre ellos. En un extremo del espectro, está el matrimonio en el que uno de los dos es más poderoso y el otro es complaciente o pasivo. Si ambos miembros de la pareja aceptan que uno de ellos tiene autoridad sobre el otro, la relación puede ser bastante armónica y complementaria. Este tipo de relación se denomina matrimonio "tradicional", y es la "norma" a la cual la mayor parte de los padres estuvieron expuestos mientras crecían. Sin embargo, las académicas feministas plantean que incluso cuando ambos cónyuges parecen felices, un arreglo que se perpetúa mediante un acceso desigual al dinero, el poder y la seguridad trae consecuencias nocivas[85].

Hoy en día, cada vez son más las parejas que tratan de compartir el poder de una manera equitativa, para que ninguno de los cónyuges se imponga en un momento dado. Por lo general, estas parejas tienen que esforzarse para acomodar las fortalezas y prioridades de cada cual, y cerciorarse de que existe un verdadero equilibrio de poder[86]. Aunque muchas parejas reconocen la importancia de compartir el poder y la responsabilidad, a la mayor parte de la gente se le dificulta lograrlo. Durante muchos años, se creyó que el

---

[85] Véase Hare-Mustin (1994), p. 34. Véanse, también, Steil (1997), pp. 27 - 39; Larson, Hammond y Harper (1998), p. 488; y Knudson-Martin (1997), p. 423.

[86] Rabin (1996), p. 64, menciona las reacciones de amigos y parientes cuando su esposo renunció a su empleo para apoyarla en su año sabático académico.

dinero era el factor crítico que determinaba cuál miembro de la pareja tenía más influencia en la toma de decisiones. Sin embargo, en una era en la que las mujeres a menudo ganan igual o más dinero que sus maridos, la fórmula ha cambiado un poco. Últimamente, los terapeutas de familia han sugerido que la importancia profesional percibida desempeña un papel aún más importante. Si se percibe el trabajo del esposo como más importante, él se atribuirá, y también se le asignará, más poder en el matrimonio. En los matrimonios en los que la esposa ha consolidado una profesión respetada, es más probable que ella ejerza una mayor influencia en el proceso de toma de decisiones. Cuando las esposas no trabajan, asumen mayor responsabilidad en la casa y con los niños, pero tienen cada vez menos poder en otros asuntos, como las finanzas y las compras costosas[87].

Pocas parejas saben conscientemente cómo funciona el poder en su relación, pero caen en patrones que parecen casi como una segunda naturaleza. Un patrón bastante común hoy en día es el que el investigador de temas de familia John Scanzoni denomina el socio junior/senior[88]. En este tipo de matrimonio, la mujer conserva su sentido de sí, manteniéndose conectada a su identidad laboral o profesional, pero percibe a su esposo como el principal asalariado. Ambos miembros de la pareja se sienten respetados, pero desarrollan un tipo de relación de mentor en la que el marido escucha y valora las ideas y opiniones de la esposa, pero tiene mayor peso en el momento de tomar una decisión definitiva.

He tratado a muchas parejas que no son capaces de trabajar bien conjuntamente y, en vez de pelear todo el tiem-

---

[87] Steil (1997), p. 29.
[88] Scanzoni (1989), p. 81.

po, terminan dividiendo áreas en las que cada uno ejerce poder y control. Aunque el control designado no puede ser nunca absoluto, porque en una vida compartida siempre hay áreas que se sobreponen, estas parejas procuran evitar el conflicto, convirtiendo a uno de ellos en el "experto" en un campo determinado. Un arreglo típico sería el del esposo que toma todas las decisiones sobre gastos costosos y ahorros, mientras que la mujer planea las vacaciones y se ocupa de la decoración del hogar.

Siempre y cuando ambos cónyuges estén de acuerdo con el sistema, tendrán una manera relativamente segura de solucionar las cosas conjuntamente. El problema se presenta cuando uno o ambos cambian y ya no aceptan la manera en que se ha repartido el poder entre ellos. Independientemente de la ecuación de poder que la pareja adoptó desde el inicio, si el matrimonio se basa en la amistad y el respeto, habrá espacio para la negociación y el cambio. En un matrimonio en el que ambos cónyuges se sienten seguros y valorados, sus inquietudes se pueden compartir abiertamente y de buena fe. Como los dos se consideran amigos, puede iniciarse un proceso de comunicación en el que se pueden tolerar, e incluso validar, diferentes puntos de vista. Cuando la pareja recurre a estilos de comunicación y comportamientos que no son directos y respetuosos, por lo general, existen problemas subyacentes de poder y control que no se han solucionado adecuadamente.

Poder patológico

Para que una relación funcione, debe haber una sensación de interés mutuo y compromiso con la felicidad de ambos miembros de la pareja. Este sentimiento recíproco, a menudo, se pone a prueba cuando existen necesidades y perspectivas en competencia, y cada uno está decidido a salirse con la suya. En esos momentos, es crucial entender las maneras en que se puede utilizar el poder de una manera patológica, es decir, de formas que menoscaban la buena voluntad, que es un ingrediente esencial de una intimidad saludable. Es preciso hacer una distinción importante entre una negociación respetuosa y el abuso de poder mediante la coerción, la intimidación o la dominación. Cuando uno de los cónyuges abusa del poder con el fin de mantener el control o ser el que toma una decisión, su victoria es falsa, pues la batalla que se ha ganado no puede reemplazar lo que se ha perdido en términos de la buena voluntad y el afecto sobre los que se ha construido el matrimonio.

Éstas son algunas de las maneras en las que los cónyuges pueden abusar del poder.

Recurrir a terceros

Cuando uno de los cónyuges teme que su posición no será tenida en cuenta, una de las tácticas utilizadas es recurrir a terceros importantes para que aporten peso adicional[89]. Al amenazar con inmiscuir a los padres, los suegros, los hermanos o los amigos, o al hacerlo realmente, uno de los cónyuges trata de utilizar la influencia de otras relaciones importantes para lograr lo que él o ella no pudo solo/a. Recuerdo, una pareja cuyos problemas comenzaron cuando al esposo, Dan, le ofrecieron un ascenso que exigía que la familia se mudara a un estado en el otro extremo del país. Su esposa, Jill, que estaba muy contenta con su vida, se opuso firmemente, pero no pudo convencer a Dan de que el traslado no era beneficioso para la familia. Su exigencia

---

89. Schnieder (1990), p. 122.

de una terapia marital inmediata fue un intento de utilizar otro tipo de poder: la opinión experta. Se suponía que yo, como terapeuta de parejas, me aliaría con Jill, y con base en mi autoridad de experta le diría a Dan que debía rechazar el ascenso. Cuando no transmití este mensaje, Jill recurrió a su anterior juego de poder y trajo a colación a toda la familia extensa. "Vas a matar a tu mamá", declaró Jill. "¡Vive para sus nietos y tú se los vas a quitar por razones egoístas!" Dan se retractó de su decisión, pero con bastante resentimiento. Los niños se dieron cuenta de que habían sido utilizados como peones en el juego y no pudieron respetar la manera en que ninguno de sus padres manejó la situación.

Explosiones emocionales

Otra forma de poder patológico es la denominada "poder afectivo", que se presenta cuando uno de los miembros de la pareja se pone histérico o se muestra como emocionalmente perturbado, para tratar de salirse con la suya. En cierto sentido, esto se asemeja a las pataletas de un niño. Un niño que observe a un padre o madre que pierde emocionalmente el control de sí puede sentir empatía por su angustia, pero no respetará a ese padre. El niño queda sin un modelo de rol efectivo para solucionar sus propios problemas, y más bien le queda un patrón disfuncional fuerte para imitar. Si escoge no identificarse con el padre que tiene la pataleta, se puede volver emocionalmente contenido y jurar nunca desquiciarse de una manera tan inmadura. Para lograr esto, tenderá a reprimir o a negar por completo los sentimientos dolorosos. Otra solución es que se identifique con el padre emocionalmente volátil y exprese histéricamente sus sentimientos, en vez de aprender a contener y procesar las reacciones intensas. El niño también queda con sentimientos complicados con respecto al padre que cede cuando se ve enfrentado a una histeria inmadura. Al no reafirmar sus derechos, este padre o madre también le parecerá débil al niño. Así pues, las diferencias se convertirán en situaciones en las que nadie gana, y las emociones serán algo que se debe reprimir.

Aprovecharse de una ventaja

A veces, las diferencias se tratan de resolver cuando uno de los cónyuges utiliza recursos que pueden constituir una fortaleza en una situación distinta, pero que nunca se deben emplear contra la pareja. En algunas parejas, esto podría representar poder verbal. Las palabras se pueden utilizar como una especie de munición, sobre todo, cuando uno de los miembros de la pareja tiene un mayor nivel de educación o está mejor informado, y puede arrinconar al otro en una discusión. Aunque la violencia física se explorará en detalle en el capítulo siete, la amenaza de abuso se puede considerar una forma de poder patológico. Cuando una persona está expuesta a la violencia, anticipará y percibirá agresión en actos dudosos o benignos. La pareja que abusa a menudo utiliza acciones sutiles para reafirmar su poder y dominar al otro[90]. Sobra decir que la amenaza de recurrir a la violencia puede, por el momento, reprimir la oposición del cónyuge, pero rara vez lleva a una solución armónica o sana del problema. Los niños que

---

[90] Véanse Lachtar (1998) o Siegel (1999).

están expuestos a una negociación basada en la intimidación y la aceptación forzada tienen un ejemplo muy disfuncional para imitar. Quedan con la creencia de que existen únicamente dos posiciones en la vida: una de victoria, obtenida mediante la dominación implacable, y otra de aceptación con temor. Ninguna de ellas preparará al niño para establecer relaciones exitosas con otros o construir una identidad que le dé autoestima.

Retener recursos

Cualquier recurso que uno de los cónyuges posea se puede utilizar o retirar en la negociación de diferencias. En el matrimonio, esto incluye dinero, sexo e incluso labores domésticas. He conocido a esposas que, cuando están molestas, se niegan a lavarle la ropa al marido, y esposos que "simplemente no tienen tiempo" para terminar un proyecto de remodelación del hogar que se inició en un momento más feliz. Dejar al otro plantado es una dinámica similar, pues cuando uno de los miembros de la pareja se niega a seguir conversando, está esgrimiendo poder y control. Los niños que ven a sus padres interactuar de esta manera no tienen la oportunidad de observar una negociación exitosa, sino más bien ven a dos adultos que se comportan como niños.

Poder de negociación

En todas estas situaciones, los cónyuges recurren a diferentes tácticas para obtener poder e influencia, pero no han desarrollado las habilidades necesarias para presentar sus argumentos con claridad y negociar con efectividad. He descubierto que una de las razones por las que a tantas parejas se les dificulta la negociación es el desequilibrio de poderes que traen de sus familias de origen. A menudo, las parejas nunca han desarrollado la capacidad de perseverar con sus propios sentimientos el tiempo suficiente para entender plenamente su propia posición, y manifiestan su desdicha de maneras indirectas. Otras parejas a quienes he tratado afrontan los conflictos potenciales con supuestos y expectativas que los colocan de inmediato en una posición en la que predomina el poder patológico. Aunque es preciso considerar factores reales en las parejas en las que existe abuso emocional o físico, con gran frecuencia, el desequilibrio de poder es algo que se percibe pero que no se sustenta en sucesos reales.

Cuando las personas asumen una posición porque es lo que creen que se espera de ellas o porque anticipan una cadena de sucesos, a menudo, están siendo gobernadas por creencias que tienen más que ver con el pasado que con el presente. Esto es especialmente cierto cuando lo que influye en ellas es el modelo de matrimonio de sus propios padres. Cuando los cónyuges manejan sus diferencias de la forma en que vieron interactuar a sus madres y padres, lo más probable es que estén revirtiendo a una ecuación de poder que no toma en cuenta lo que realmente quieren para sí mismos.

Los niños necesitan aprender que los padres pueden ser flexibles y mutuamente receptivos. En vez de representar juegos de poder, los padres tienen que aprender a hablar sobre las maneras en que se toman diferentes decisiones. Al negociar las reglas básicas de la vida familiar, los padres pueden evitar, tanto a sí mismos como a sus hijos, los trastornos y los sentimientos negativos que el poder patológico siempre genera.

Hablar cara a cara

En los matrimonios exitosos, los cónyuges son capaces de escuchar con receptividad la opinión del otro. Como el matrimonio se basa en la amistad, el bienestar de cada uno de los miembros de la pareja se respeta automáticamente. En los matrimonios en los que el poder y el control no son un asunto central, los cónyuges pueden valorar la opinión del otro pues, con frecuencia, cada uno de ellos aporta información nueva que permite llegar a una mejor solución conjunta. Los terapeutas de familia que tratan a parejas interculturales sugieren que, para evitar problemas, la pareja debe crear su propia cultura con base en los aportes de ambos[91]. En cierto sentido, todo matrimonio es intercultural, pues siempre existen diferencias entre las preferencias y los métodos de sus dos integrantes. Cuando los cónyuges son capaces de escuchar la opinión del otro sin sentirse amenazados o despreciados, por lo general, pueden entender mejor a su pareja y trabajar conjuntamente con quien es su mejor amigo o amiga, en vez de ponerse en su contra.

Los niños que provienen de estas familias tienen mucha suerte. Existe una atmósfera de aceptación que permite que no sólo se planteen los puntos de vista de los adultos, sino también los de los hijos. Los niños que ven a su padre y a su madre expresar adecuadamente sus opiniones se dan cuenta de que tanto los hombres como las mujeres tienen algo importante para contribuir. Las investigaciones demuestran que cuando los padres son capaces de disentir sin enojarse, los niños casi nunca se ven afectados de maneras nocivas. De hecho, a los niños provenientes de este tipo de hogares les va mejor en el colegio y tienen una autoestima

---

[91] Soncinni (1997), p. 85.

más alta que aquellos cuyos padres se enfrascan en discusiones y peleas hostiles[92]. Los niños que observan a sus padres
comunicarse con efectividad y respeto son capaces de
negociar más exitosamente con sus pares y disfrutan de una
importante ventaja, pues sabrán cómo solucionar las diferencias productivamente en las relaciones de intimidad que
desarrollarán cuando sean mayores.

El hecho de poder comunicarse con claridad y franque-
za acentúa la capacidad de una pareja de asumir la paternidad y maternidad con éxito. Los niños rara vez son blanco
de una ira mal dirigida, y no terminan en medio de conflictos
que en realidad no les conciernen. En vez de sentirse cansa-
dos y solos, los padres que saben solucionar sus diferencias
sin mayores problemas pueden reconfortarse y apoyarse
mutuamente. La dicha de tener una pareja con quien es posible compartir los sentimientos y que ofrezca apoyo sólo se
puede mantener si se afronta la desafiante tarea de resolver
las diferencias. Las parejas que han encontrado maneras de
expresar sus opiniones y escucharse mutuamente son las que
tienen matrimonios más felices, y esto se comunica claramente a los hijos.

---

[92] Howes y Markman (1989), p. 1050. Véase también McQuillan
y Ferree (1998), p. 216.

Lo que aprenden los niños del matrimonio...

PREGUNTAS

1. ¿Quién tomaba la mayor parte de las decisiones en el matrimonio de sus padres? ¿Las opiniones de cuál de los dos eran las más respetadas?
2. ¿La opinión de quién importa más en su matrimonio? ¿Toman las decisiones conjuntamente o dividen las diferentes áreas de responsabilidad? ¿Cree que su estilo de toma de decisiones funciona efectivamente?
3. ¿Dirían sus hijos que uno de ustedes dos es realmente el "jefe"?
4. ¿Qué tanto se da cuenta usted de sus propios sentimientos de frustración o infelicidad? ¿Cuáles son los indicios que le permiten saber si su pareja está molesta?
5. ¿Cuál de los dos intenta iniciar una conversación cuando se presentan problemas o diferencias? ¿Tienen un tiempo o lugar establecidos para este tipo de conversaciones? ¿Los niños las escuchan o participan en ellas?
6. ¿Se siente a veces molesto o frustrado por decisiones que ya se han tomado? ¿Cómo maneja esto?
7. ¿Sus hijos a veces le hacen reconocerse a sí mismo o a su cónyuge en la manera en que tratan de establecer poder en sus propias relaciones?

7

ENTENDER LOS EFECTOS DEL CONFLICTO A LARGO PLAZO

"Nunca olvidaré las expresiones en sus rostros cuando discutíamos"

CUANDO LOS CÓNYUGES NO PUEDEN CONVERSAR sobre sus diferencias y solucionarlas de una manera justa y respetuosa, o cuando se enredan en luchas de poder, todo el mundo se ve nocivamente afectado. En todo matrimonio, hay asuntos sobre los que ambos miembros de la pareja tienen opiniones fuertes y momentos en los que no parece haber posibilidad de acuerdo. Y aunque esto sucede en todas las parejas, es especialmente notorio tratándose de padres. Lo cierto es que a la mayor parte de las parejas el nacimiento de los hijos les significa felicidad pero, a la vez, introduce un factor de tensión en el matrimonio. Numerosos estudios han demostrado que es más probable que los cónyuges disientan y se sientan desdichados con respecto a su matrimonio cuando hay niños y adolescentes en casa. La satisfacción marital se parece a la letra *U*, con altos niveles de felicidad antes de la llegada de los hijos y en la etapa del "nido vacío", pero niveles bajos cuando afrontan los retos de la crianza. Durante el primer año y medio después del nacimiento de un niño, tanto los esposos como las esposas deben afrontar los cambios en la asignación de nuevas responsabilidades, así como alteraciones en su vida amorosa[93]. Cuando el dinero escasea, también, se presentan discusiones a este respecto, y es más probable que la pareja se sienta insatisfecha con su vida en general.

Como se vio en el capítulo seis, existen muchas maneras de afrontar las diferencias pero, a menudo. no se logra una solución aceptable y se presenta una situación de conflicto abierto. Aunque el conflicto no es necesariamente destructivo, muchas parejas discuten de manera tal que menoscaban la buena voluntad y el afecto. Igualmente importante es el hecho de que el conflicto destructivo perjudica a los hijos. En la terapia familiar, esta área se ha investigado a profundidad, y los resultados de las investigaciones son perfectamente claros: los niños que se ven expuestos a conflictos destructivos sufren un daño. Al considerar el conflicto ma-

---

[93] Cowan y Cowan (1991), pp. 84 - 85, plantean que las mujeres se sienten especialmente infelices en los primeros seis meses después del parto, sobre todo, en lo que respecta a asumir una mayor responsabilidad en el hogar y el cuidado del niño. Sus esposos se sienten más insatisfechos en los siguientes seis a dieciocho meses. Belsky y Rovine (1990), p. 8, también, detectaron un descenso en la satisfacción marital después del nacimiento del bebé, en las 128 parejas que estudiaron, desde el embarazo de la esposa hasta tres años después del parto. La teoría de la "forma en U" de la satisfacción marital también se explora en Mackey y O'Brien (1995), p. 127, quienes hallaron que la cantidad de conflicto experimentado por parejas estadounidenses blancas se triplicó desde antes del nacimiento del bebé hasta la primera época de crianza. Sin embargo, los autores plantean que también existe un aspecto positivo, pues muchas parejas aprenden a afrontar las cosas conjuntamente.

trimonial, es posible examinar el nivel, la frecuencia y las maneras en que los dos miembros de la pareja expresan su hostilidad, así como la tensión y el retraimiento que a menudo acompañan un conflicto no resuelto. Cada uno tiene un efecto nocivo inmediato en el niño, y también produce cicatrices emocionales que tienen consecuencias a largo plazo.

Cuando existe violencia física entre los padres, el daño que sufren los niños es más severo aún. Aunque la mayor parte de las parejas no considera que en su relación haya abusos, la violencia matrimonial es más frecuente de lo que la gente suele admitir. La agresión física incluye arrojarse objetos domésticos o dar una cachetada, cosas que numerosas personas hacen cuando están furiosas aunque quizás no lo quieran admitir. En una investigación en la que participó un número apreciable de niños de tercer y octavo grados, se les hicieron preguntas sobre videocintas de padres gritándose mutuamente. El 70 por ciento dijo que la pelea podría volverse "física"[94]. Los investigadores del tema de abuso conyugal creen que la incidencia podría ser hasta del 40 por ciento, aunque la mayor parte de las parejas se siente avergonzada y procura que no se sepa[95].

---

[94] Allen (1996), p. 106.

[95] Un texto clásico escrito por O'Leary y Arias en 1988 calculó una incidencia del 25 por ciento en abuso conyugal, pp. 104 - 127. La Encuesta Nacional sobre Violencia en la Familia, citada en McNeal y Amato (1998), p. 123, indica que más de 3 millones de niños son testigos de violencia entre sus padres todos los años. Cassidy (1989), p. 32, entrevistó a 174 familias seleccionadas aleatoriamente y encontró que la mayor parte de los niños habían sido expuestos a conflicto parental extremo. De los 350 niños entrevistados, 337 habían sido expuestos a abuso verbal o emocional, 121 a intimidación de los padres y 93 a abuso físico de los padres.

Cuando la pareja recurre a la violencia, casi nunca trata de evitar que los niños sepan, presencien o incluso se vean involucrados en tales actos. En entrevistas con niños de padres divorciados, Judith Wallerstein halló que la mayor parte había presenciado abuso entre sus padres por la época de la separación. Casi todos estos niños estaban profundamente perturbados por la violencia y no habían podido superar la experiencia. Aunque no es claro si los padres también recurrían a la violencia en otros momentos, Wallerstein plantea que no es inusual que las parejas actúen de esta manera frente a sus hijos. Quizás los padres quieren que alguien sirva de testigo de la cantidad de dolor que están sufriendo; tal vez, necesitan la seguridad de saber que hay alguien cerca que podría intervenir y contenerlos si las cosas se salen por completo de sus manos. Ver a uno de sus padres golpeado o pateado por el otro es una lección que un niño jamás olvidará[96].

Los niños expuestos a comportamiento violento entre sus padres nunca más volverán a ser los mismos. Los efectos se aprecian en su incapacidad para concentrarse en los deberes escolares, y también en las relaciones con sus pares, que se vuelven tensas. Las niñas tienden a deprimirse, a retraerse y a sentirse inseguras, mientras que los niños se vuelven más agresivos, tanto con la familia como con sus amigos y compañeros. Algunos niños que presencian violencia contra su madre se vuelven excesivamente solícitos con ésta, revirtiendo la relación madre-hijo y madurando mucho antes de lo debido[97].

---

[96] Wallerstein y Blakeslee (1989), pp. 116 - 121.

[97] Numerosos estudios han documentado los cambios que experimentan los niños expuestos a conflicto matrimonial extremo.

7. Entender los efectos del conflicto a largo plazo

La agresión física entre los padres sigue afectando a los niños mucho después de que se han ido de casa. Como adultos, estos niños tienden a establecer relaciones de intimidad que también son violentas. De hecho, el mejor factor de predicción de violencia matrimonial en un hombre es si proviene de una familia en la que presenció violencia entre sus padres. Las mujeres que presenciaron este tipo de violencia son especialmente propensas a ser víctimas de relaciones abusivas. Investigadores que les han hecho seguimiento a las mismas familias a lo largo de doce años informan que la violencia entre los padres aumenta en casi un 200 por ciento las posibilidades de que, de adultos, estos niños establezcan relaciones también marcadas por la violencia[98].

¿Y qué sucede cuando existe conflicto matrimonial pero

El mejor resumen de estas investigaciones se encuentra en E. M. Cummings y P. Davies (1994), p. 3, quienes observan que los niños que han sido expuestos a hostilidad marital presentan problemas de comportamiento extremos a una tasa 600 por ciento superior a la del resto de la gente. Beach (1995), pp. 72 y 102, estudió a niños de quinto, sexto y séptimo grado y encontró que eran especialmente vulnerables al uso de agresión física por parte de su madre, la cual tenía como consecuencia altos niveles de agresión, ansiedad, depresión, quejas somáticas y dificultades sociales en los niños. Véanse también, Amato y Keith (1991), p. 38; Grych y Fincham (1990), p. 270; y Cummings, Pellegrini y Notraius (1989), p. 1040.

[98] McNeil y Amato (1998), p. 136, entrevistaron a 471 adultos jóvenes cuyos padres habían tenido una relación marcada por la violencia diez años antes, cuando también se les había entrevistado. Los autores hallaron que la mayor parte de estos niños había establecido luego una relación también violenta. Véanse también, Amato y Keith (1991), p. 38; Gynch y Fincham (1990), p. 269; y Cappell y Heiner (1990), p. 143.

sin violencia física? Se solía pensar que los conflictos entre los padres sólo causaban un daño indirecto a los niños, y que los padres preocupados por la tensión marital no se podían concentrar en la paternidad y la maternidad ni disfrutarlas. Esto es cierto. Las investigaciones demuestran que las madres que afrontan problemas matrimoniales juegan e interactúan menos con sus bebés. Sin embargo, a medida que los niños crecen, las madres infelizmente casadas hacen todo lo contrario: se entrometen excesivamente en las vidas de sus hijos, hasta el punto de fastidiarlos[99].

Si los problemas matrimoniales generan depresión, los niños se ven muy afectados. Casi todas las mujeres que buscan ayuda profesional para la depresión mencionan su relación como su principal problema. Si la madre se deprime, se sentirá desanimada y retraída. En tal estado, será incapaz de encontrar la energía necesaria para cuidar adecuadamente de sus hijos, y es posible que se vuelva pasiva e indiferente. No sólo existe falta de afecto y diversión, sino también menos energía para hacer cumplir las reglas[100].

---

[99] Véase Belsky y Roving (1981), citado en Katz (1990, p. 17 - 20.

[100] Howard y Weeks (1995) informan que la mitad de los pacientes que reciben tratamiento psiquiátrico buscó ayuda debido a problemas matrimoniales y, que en el 30 por ciento de las parejas con problemas maritales, uno de los cónyuges sufre de depresión clínica (p. 96). Rusheer y Gotlib, también, encontraron que los pacientes deprimidos reportan más desacuerdos maritales que quienes no están deprimidos (citado en Gotlib y Avison [1993], p. 300). Tronsley, Beach y Fincham (1991), p. 143, plantean que el 50 por ciento de las mujeres que sufren de depresión tienen serios problemas matrimoniales. La depresión hace que el padre o la madre se sientan exhaustos y fácilmente abrumados, menos capaces de

7. Entender los efectos del conflicto a largo plazo

Los padres con conflictos, inevitablemente, introducen sus problemas en la paternidad. Las investigaciones demuestran que estos padres son más críticos de sus hijos y que es más probable que los disciplinen de maneras inconsistentes. Por alguna razón, el padre desdichado tiene una actitud más negativa con respecto a sus hijas, quizás porque le recuerdan a su esposa[101]. Los padres con relaciones infelices tienden a retraerse de la familia; además de renunciar a su papel como esposos, se desentienden cada vez más de sus hijos. La tensión y la ira entre los padres parecen afectar la relación que uno o ambos padres tienen con los niños[102]. El problema se exacerba debido a las reacciones de los niños, quienes tienden a volverse más indisciplinados, como respuesta a la tensión que perciben en el hogar.

Además de las consecuencias creadas por la preocupación de los padres, los niños también se ven negativamente afectados por la tensión y el conflicto marital. En los últimos diez años, varios estudios importantes han explicado claramente el daño que sufren niños de todas las edades cuando se ven expuestos a las discusiones destructivas de sus padres. Los adolescentes y los adultos jóvenes provenientes de familias que no saben cómo disentir de una manera constructiva acusan problemas de ansiedad, nerviosismo y consumo de sustancias psicoactivas[103]. Aunque algunos niños presen-

---

jugar con un niño o disfrutar con él, y más propensos a retraerse o a reaccionar frente al niño con hostilidad. Véanse también, Guttman (1989), p. 253, y Anthony (1983), pp. 8-11.

[101] Cowan, P. (1997), p. 148.

[102] Harold, Fincham, Osborne y Conger (1997), pp. 347 - 348.

[103] Grych y Fincham (1990), p. 286, revisaron veinticinco estudios que demuestran cómo el conflicto entre los padres afecta a niños de diferentes edades. Cummings y Davies (1994), pp. 37 - 86,

tan reacciones inmediatas, también he encontrado que para otros los problemas generados por las discusiones de sus padres, sólo emergen plenamente cuando son adultos y están listos para tener hijos propios.

Cuando los niños ven a los adultos interactuar de una manera hostil, inmediatamente, se sienten ansiosos y afligidos. Esto es especialmente cierto cuando son pequeños, pues es posible que no entiendan a qué se debe el jaleo pero sí perciben la tensión emocional y el desacuerdo. Cuanto más se exponga a los pequeños a ver pelear a sus padres, más inseguros y problemáticos se volverán. Como no pueden expresar verbalmente lo que sienten, los niños pequeños les manifiestan a sus padres sus sentimientos, tapándose las orejas, tratando de salir del cuarto, y volviéndose inquietos e incapaces de concentrarse[104].

Un niño que ha visto a sus padres librar ásperas batallas verbales anticipa que este tipo de discusiones se podría presentar de nuevo, y se vuelve vigilante y atento cada vez

---

exploran los efectos tanto directos como indirectos del conflicto y explican la dinámica que lleva a comportamientos externalizantes (problemas en el colegio, problemas de relaciones con los pares y agresión) versus comportamientos internalizantes (depresión, ansiedad y baja autoestima). Grych (1991) estudió a 222 niños de cuarto y quinto grado y encontró que su exposición a conflictos matrimoniales frecuentes, intensos y mal resueltos producía comportamientos bravucones y malvados. Cummings y Davies (1994), p. 135, plantean que los niños expuestos a conflictos de fondo frecuentes permanecen en un estado de alerta que mina sus recursos emocionales y su energía. Véanse también, Easterbrooks y Emde (1994), pp. 164 - 165; O'Brien, Bahadur *et al.* (1997), p. 39; y Emery (1982), p. 312.

[104] Cummings y Davies (1994), p. 40.

que percibe el más mínimo nivel de desacuerdo. En vez de seguir absortos en su juego, estos niños empiezan a prestar demasiada atención a las interacciones de sus padres[105]. Un ejemplo en cuestión es el de un adorable niñito a quien tuve que tratar hace algunos años.

Jordan

A Jordan lo trajeron a los veinte meses de edad, para que se le hiciera un examen neurológico completo. Sus padres, Ann y Steve, creían que era hiperactivo, pero los médicos no estaban de acuerdo. Al comienzo, los padres dijeron que todo marchaba muy bien en el hogar y que no había mucho estrés. Sin embargo, cuando les hice algunas preguntas de evaluación rutinaria acerca de su salud, emergió un cuadro muy diferente. A Steve le habían diagnosticado un cáncer invasivo cuando Ann estaba esperando a Jordan. No creyó que iba a poder asistir al nacimiento de su único hijo, pero milagrosamente el cáncer entró en remisión. Ahora, Ann quería un segundo hijo y Steve se oponía férreamente a la idea. Todas las noches le preocupaba que el cáncer reapareciera y que Ann quedara viuda. Era un tema evidentemente "sensible" y, al cabo de unos pocos segundos, sus voces se habían vuelto estridentes y apasionadas. A medida que Ann y Steve seguían conversando, Jordan, quien había estado jugando tranquilamente con unos bloques en el piso de mi oficina, empezó a arrojar los juguetes y se lanzó en picada a agarrar el teléfono. Su comportamiento "hiperactivo" era claramente una reacción frente al estrés que percibía en la relación de sus padres.

---

[105] Véase Cummings, Pellegrini y Notarius (1989), pp. 1035 - 1036. Véanse, también, Cummings y Cummings (1988), y Dodge (citado en Grych y Fincham [1990], p. 286).

Ann y Steve dejaron de discutir, señalaron a Jordan y me dijeron: "¿Sí ve? Eso es exactamente lo que hace en casa". Cuando, siguiendo mis instrucciones, Ann y Steve se tomaron de la mano mientras conversaban calmadamente sobre sus distintas perspectivas, Jordan se puso a jugar con tranquilidad.

Guerras frías

Algunos niños son extremadamente sensibles al nivel de tensión entre sus padres, y reaccionan a las guerras "frías" como lo harían a una pelea a gritos. Un patrón corriente en las parejas que pelean es hacer caso omiso del otro. Como casi todo el mundo sabe, esto no ocurre en un vacío emocional, sino que viene acompañado de miradas hostiles y otros comportamientos que revelan la ira subyacente. Las investigaciones han demostrado que algunos niños son más sensibles a este estilo de conflicto que a las peleas abiertas entre sus padres. También en este caso, los pequeños son los que reaccionan con más intensidad, sintiéndose afligidos y, con el paso del tiempo, deprimidos[106].

Pero a los niños mayores no les va mejor. Varios estudios han demostrado que los preadolescentes cuyos padres tienen relaciones desdichadas y con muchos conflictos son más dependientes que los niños que viven en hogares estables. Los niños cuyas madres están infelizmente casadas tienen problemas de inseguridad. Incluso, se ha encontrado que las jóvenes universitarias que han vivido conflictos

---

[106] Allen (1996), p. 98, estudió los efectos de los estilos de conflicto de hostilidad mutua y distanciamiento. Katz (1990), p. 116, halló que los niños cuyos padres se retraían cuando se presentaba un conflicto experimentaban más ira, además de problemas para regular sus emociones.

recientes entre sus padres son más susceptibles a la depresión y a problemas para relacionarse[107]. Jon Gottman, quien ha estudiado a fondo el efecto que ejerce en los niños el conflicto entre los padres, ha encontrado que los padres que expresan su hostilidad mediante el desprecio y la beligerancia, por lo general, tienen hijos que tienden a volverse cada vez más agresivos. Pero los hijos de padres que pelean mediante el distanciamiento tienden a interiorizar sus problemas y sufrir de depresión y ansiedad[108].

Consecuencias del divorcio

Las investigaciones actuales plantean que, si bien el divorcio puede significar una experiencia dolorosa para los hijos, los niños que crecen en familias en las que impera el conflicto destructivo crónico se ven perjudicados de una manera más seria y permanente. Varios estudios recientes han revelado que los niños cuyos padres se divorcian de una manera respetuosa y sin poner a los hijos en medio de ellos se acomodan psicológicamente muy bien. Por el contrario, los niños cuyos padres pelearon ferozmente durante el divorcio o después de éste afrontan serios problemas al acomodarse a sus nuevas vidas[109].

---

[107] Schwartz y Zuroff (1979), p. 398, observaron a 98 estudiantes y encontraron que quienes reportaban conflicto entre sus padres eran más vulnerables a la depresión. Véanse, también, Harold, Fincham, Osborne y Conger (1997), p. 333, y Howes y Markman (1989), p. 1051.

[108] Hoovan, Gottman y Katz (1995), p. 229. Véase, también, Gohm, Oishi, Darlington y Diener (1998), p. 316.

[109] Amato, Loomis y Booth (1995), p. 913, examinaron las consecuencias del conflicto marital en 2.033 adultos y sus hijos a lo

Los niños que han presenciado divorcios difíciles han podido decirles a terapeutas qué fue lo peor para ellos. En un lugar muy alto en la lista figura ser colocado en el medio. Cuando uno de los padres le pide a un hijo que tome partido por él en contra del otro, el niño se ve en una situación muy tensionante, en el que nadie gana. El hecho de tener que tomar partido convierte a ambos hogares en zonas de guerra y magnifica la tensión que los niños ya están sintiendo[110]. Cuando se obliga a las niñas a percibir a sus padres como malos, se forman una creencia negativa sobre los hombres y sobre la seguridad del matrimonio. La niña a quien se le pide que tome partido contra su madre queda con un sentimiento insoportable de culpa y confusión sobre su propia capacidad para convertirse en una mujer competente. A los niños varones también les molesta tener que tomar partido. Si a un niño se le pide que se alíe con su padre contra su madre, corre el riesgo de abandonar su primera fuente de

---

largo de un período de doce años. Los investigadores determinaron que los niños que se habían librado de un entorno familiar hostil debido al divorcio de sus padres estaban emocionalmente mejor que aquellos cuyos padres permanecieron juntos, pero manteniendo un alto nivel de conflicto (p. 913). Véanse también, Kulka y Weingarten (1979), p. 50; Kelly (1998), p. 259; Amato y Keith (1991), p. 38; y Gohm, Oishi *et al.* (1998), p. 69.

[110] Kerig (1995), p. 28, estudió a 75 familias intactas con el hijo mayor de entre seis y diez años. Encontró que era más probable que los padres embarcados en coaliciones intergeneracionales se sintieran menos satisfechos con sus matrimonios y tuvieran altos grados de conflicto marital. Los investigadores O'Brien, Margolin y John (1995), p. 3460, entrevistaron a ochenta y tres familias y encontraron que los niños que terminaban involucrados en el conflicto marital de sus padres tenías niveles más altos de desadaptación.

cuidados y también se le hace sentir culpable. Si toma partido por su madre, pierde la oportunidad de establecer un vínculo afectivo fuerte con su padre.

Cuando los padres pelean por causa de los hijos

Los niños también son extremadamente sensibles al contenido de las discusiones de sus padres, y se sienten muy afligidos cuando creen ser la razón por la cual están peleando[111]. Lo cierto es que los padres *sí* disienten a menudo en lo que respecta a la crianza de los niños. Casi todos los padres y madres a quienes he tratado parecen creer que sus hijos terminarán siendo un reflejo de qué tan buenos fueron ellos en su calidad de padres. Como incluso las decisiones pequeñas pueden tener consecuencias importantes, casi todos los padres están dispuestos a retar vigorosamente a su pareja cuando no está de acuerdo con sus propias ideas y métodos. Tristemente, la energía que genera las discusiones proviene del amor que sienten los padres por sus hijos, sin darse cuenta de que la tensión marital y el conflicto consiguientes son probablemente más nocivos para los niños que el asunto que propició la discusión.

Es inusual la familia en la que no existen diferencias acerca de la crianza de los niños. Casi todos los padres patinan con el tema de la disciplina, creando en una balanza el que la posición "dura" de uno de ellos equilibra la postura indulgente y "blanda" del otro. Muchos hombres consideran que sus esposas "miman" a sus hijos y son más tolerantes y menos exigentes de lo que ellos quisieran que fueran. Las diferencias entre hombres y mujeres se pueden percibir desde los

---

[111] Emery (1982), p. 324. Véase también, Grych (1991), p. 69.

primeros meses de vida del bebé. Las madres, por lo general, arrullan y mecen a sus pequeños, mientras que los padres les hacen cosquillas y los estimulan físicamente.

Además de las formas en que los padres equilibran los cuidados y la estimulación, casi siempre existen diferencias en las expectativas que cada padre tiene con respecto al niño. Como bien lo saben los terapeutas de familia, algunos de los temas por los que discuten los padres son bombas emocionales que quedan de áreas problemáticas de su propia niñez. A menudo, un padre intenta deshacer o rehacer su propia niñez, y confunde sus propios sentimientos y experiencias con los del niño. Como estas interacciones son emocionalmente intensas y poco comprendidas, si la pareja intenta intervenir, se ve inmersa en un conflicto intenso.

Los padres de niños varones muchas veces pelean por las tendencias masculinas/femeninas de sus hijos. Los hombres, en particular, sienten ansiedad frente a comportamientos que consideran afeminados. Quieren que sus hijos se vuelvan hombres agresivos y autosuficientes, y creen que su madre se interpone en este proceso. Por ejemplo, si un niño pequeño se siente ansioso frente a una situación difícil, o si llora porque se siente abrumado o lastimado, es probable que su madre lo abrace o lo tranquilice verbalmente. El padre, sin embargo, tiene dos temas que le preocupan: la inquietud de que su hijo no esté aprendiendo a superar sus temores con el fin de tener un buen desempeño, y el temor de que su hijo haya desarrollado un apego excesivo a su madre. En una sociedad como la nuestra, en la que existe un temor tácito de que un niño débil se convertirá en homosexual y de que la influencia de una mujer lleva a una vida de sumisión, algunos hombres, sin duda, reaccionarán exageradamente. Como resultado, cuando los niños pequeños no están siendo lo bastante agresivos o activos, sus padres responden burlándose, ridiculizándolos e incluso llamándolos "nenas". En un esfuerzo por proteger a su hijo, el marido quizás también acuse a su esposa de causar el comportamiento femenino inaceptable del niño, y la ataque de una manera que termina en pelea. Por desgracia, la mayor parte de estas discusiones ocurre espontáneamente y frente al niño. En vez de corregir la situación, este tipo de comportamiento, por lo general, produce sentimientos profundos de ineptitud y resentimiento, tanto en la madre como en el hijo.

Como madre de un niño de ocho años, sé que no es inusual ver este tipo de interacción en sitios públicos, como la pista de patinaje local o la cancha de fútbol. Me resulta doloroso ver a mis amigos y vecinos utilizar este tipo de argumentos cuando sus hijos se caen y lloran. Si el niño no se levanta de inmediato sin hacer caso del dolor o el temor, su padre se irrita y adopta una actitud intolerante. Si la madre interviene para abrazar al niño y enjugarle las lágrimas, muchos padres se enojan y culpan a la mamá de echar a perder a su hijo. Las madres que aceptan este veredicto y obedecen a su marido dejan a sus hijos sumidos en sentimientos de abandono y culpabilidad, por haberles causado a sus padres tanta pena. Si bien el rasgo de autosuficiencia masculina se ha reforzado, lo ha hecho a expensas de otras necesidades emocionales, una fórmula que, en opinión de muchos psicólogos, produce alienación y desconexión emocional[112].

---

[112] Coltrane (1998), p. 206, resume los resultados de varios estudios que demuestran que los padres refuerzan estereotipos de género con mayor frecuencia que las madres, sobre todo, en sus hijos varones. Pollock (1992) describe cómo esto produce alienación entre el padre y los hijos, además de que perpetúa la constricción emocional. Véase también, Levant (1998), p. 441.

Discutir por intermedio de los hijos

Las discusiones en torno a los hijos, a menudo, no tienen nada que ver con los niños. Muchas veces, los padres discuten por asuntos que sólo les conciernen a ellos, pero que no habían planteado antes, ya sea por falta de coraje o por no haber sido conscientes de su existencia. En algunos casos, el padre o la madre podrían creer que en realidad no les molesta o les afecta un asunto, o que no vale la pena plantearlo, pues podría generar un conflicto. Sin embargo, el mismo comportamiento en un niño podría estimular al padre o a la madre para que lance su ataque. De modo similar, algunas cosas que la persona dice que no tienen la menor importancia para ella, son objeto de una reacción exagerada cuando se refieren al niño. La familia Stanton tenía este patrón de comportamiento.

La familia Stanton

John y Meridith Stanton iniciaron una terapia de pareja por recomendación de la terapeuta individual de Meridith. Estaba siguiendo un tratamiento para la depresión, un estado que su terapeuta creía que tenía que ver con problemas maritales. La pareja llevaba veinte años de casada y tenía dos hijas adolescentes. A primera vista, conformaban una familia feliz; sin embargo, para mantener esta fachada, habían negado muchos problemas o hecho caso omiso de ellos.

John era un hombre carismático e inteligente que amaba profundamente a su esposa y sus hijas. Provenía de una familia pobre y, como el tercero de cinco hijos, no recibió demasiada atención. Cuando le pregunté acerca del matrimonio de sus padres, respondió que era bastante bueno, pero que todo el tiempo discutían por cuestiones de dinero. John consideraba que su padre, en especial, era un hombre fracasado que nunca podía llevar a casa suficiente dinero para alimentar a su familia. Como resultado de las presiones financieras, John abandonó el colegio poco antes de su grado e inició un negocio que, a lo largo de los años, había prosperado y crecido. Meridith también se había sentido descuidada durante su niñez, pues su madre había tenido que balancear las responsabilidades de cuidar simultáneamente de una hermana enferma y un hijo con una dolencia crónica. Para mantener las cosas bajo control, su madre se había convertido en "una autócrata" que mandaba a todo el mundo y no tenía tiempo para "charlas sin importancia". Además, los padres de Meridith pasaban poco tiempo juntos y parecían inmersos en otros intereses y compromisos. Meridith había aprendido a reservarse sus sentimientos y pasaba horas enteras sola en su habitación, tocando guitarra.

Los primeros años de matrimonio habían marchado relativamente bien, pues Meridith había concebido de inmediato y tanto ella como su esposo disfrutaban genuinamente de la maternidad y la paternidad. En casi todos los aspectos, John era el jefe de la familia, pues tomaba las decisiones sobre la vivienda, los autos y las vacaciones. Mientras Meridith era lenta para entender sus sentimientos o sentirse inspirada, John rebosaba de energía creativa y planes. Sin embargo, casi todas las ideas de John funcionaban y Meridith fue perdiendo la confianza en cuanto a expresar opiniones que pudieran interrumpir la marcha de las cosas. Poco a poco, se empezó a sentir completamente abrumada por John. Éste le daba consejos sobre cómo manejar distintas situaciones, desde hablar con las profesoras de las niñas, hasta zanjar un problema con la dependienta de la lavandería. Con el paso de los años, Meridith se había ido distanciando y deprimiendo cada vez más, hasta el punto de que rara vez disfrutaba el hecho de pasar tiempo con su esposo y casi nunca conversaba con él.

La primavera en que empecé a tratar a la pareja fue muy interesante. Su hija mayor, Kim, cursaba su primer año de universidad y todavía no había decidido en qué especializarse. También, planeaba volver a casa en el verano y le había dicho a su padre que necesitaba buscar un empleo. Yo había estado explorando lentamente la conscientización y los sentimientos de Meridith en lo referente a su impotencia en el matrimonio, así como la ira que guardaba en su interior. También, había empezado a explorar el resentimiento de John por tener una esposa que parecía tan inepta y dependiente. Sin embargo, las cosas marchaban con relativa calma hasta cuando llegó Kim a casa.

John le había dado a Kim una lista de empresas que creía que la podrían contratar durante el verano y había empezado a hablarle sobre las ventajas de especializarse lo más temprano posible. Cuando Meridith escuchó esta conversación, explotó. Se puso a gritar que ya era hora de que John le permitiera a su hija vivir su propia vida. No tenía por qué presionarla para que hiciera todo a la manera de él. Kim era capaz de tomar sus propias decisiones y de definir su propia vida. John le respondió ásperamente que ya era hora de que Kim aprendiera cómo era la vida real, así como la importancia de convertirse en una persona productiva.

A instancias mías, la pareja siguió la discusión en nuestra sesión. Esta vez, le pedí a Meridith que dijera "nosotros" en vez de "Kim", y a John que dijera "ustedes dos". Al cabo de unos pocos minutos, ambos se dieron cuenta de que la discusión no se refería en realidad a Kim. Por primera vez, estaban confrontando sus propias diferencias. Aunque a la pareja le llevó meses poder expresar plenamente sus resentimientos, entenderlos y desear un cambio, ambos pudieron regresar a casa después de esa sesión y disculparse ante Kim, por haberla metido en una pelea que, en realidad, no tenía que ver con ella.

Los niños como pacificadores

A los niños les molesta tener que convertirse en los "pacificadores" de la familia. Cuando los padres discuten, los niños hacen todo lo posible por detener el conflicto. Hace poco, mi hija de cinco años interrumpió una acalorada discusión entre mi esposo y yo. "Mamá, tú ve al comedor y, papá, tú ve a la cocina durante cinco minutos hasta que aprendan a hablarse bien". Su solución no difería mucho de la manera en que yo manejo las peleas entre ella y su hermano, pero la fuerza con que interrumpió el conflicto me dejó ver lo perturbada que se sentía.

En familias en donde las discusiones de los padres han producido agresión física, es más probable aún que los niños intervengan. Temiendo que las cosas se vuelvan a salir de control, los niños harán algo para interrumpir la pelea antes de que se vuelva demasiado destructiva. Sin embargo, tratar de suspender la pelea es algo que a los niños no les gusta hacer, sobre todo, porque podrían volverse repentinamente blanco de la ira de sus padres[113]. Muchos niños sienten que

---

[113] Cummings y Davies (1994), p. 38, señalan que los niños que presencian hostilidad entre sus padres anticipan qué parte del conflicto los va a afectar. Harold, Fincham, Osborne y Conger

han sido convertidos en chivos expiatorios o regañados injustamente por sus padres, que estaban furiosos entre ellos. Quizás tengan razón. Incluso, cuando se puede proteger de la ira de uno de sus padres, convertirse en pacificador es una carga injusta para un niño. Helen era una joven que se había visto profundamente afectada por esta situación.

Helen

Me remitieron a Helen después de un intento de suicidio, cuando tenía diecisiete años. Aunque tenía un rostro hermoso, le sobraban por lo menos sesenta libras y los demás niños se habían burlado de ella durante años. La crisis que instó a Helen a tratar de quitarse la vida fue la obtención de una beca en una prestigiosa universidad. Aunque sus padres inmigrantes consideraban que Helen debía matricularse en una universidad local o quizás trabajar de tiempo completo y estudiar de noche, ella tenía aspiraciones diferentes. Era muy inteligente y se esforzó por sacar buenas notas. Con puntajes de aptitud muy altos y el aliento de su consejero escolar, solicitó y obtuvo una beca excelente.

Sin embargo, Helen tenía un conflicto sobre dejar a la familia. Durante años, sus padres habían discutido amargamente y parecían odiarse. La madre de Helen solía decirle a su hija que se sentía muy desdichada. Todos los días después del colegio, le servía leche y galletas, al tiempo que se quejaba de cómo su padre le había exigido relaciones sexuales la noche anterior o se había negado a darle dinero suficiente para el

---

(1997) observan que la hostilidad marital sí puede producir una relación más hostil entre padres e hijos. Véase también, Barber (1998), p. 119.

mercado. Mientras su madre se quejaba, Helen comía... y comía y comía. Cuando sus padres discutían, su madre la utilizaba como intermediaria. "Dile a tu padre que ya está servida la comida... Dile a tu padre que deje de estar tan enojado conmigo... Pídele a tu padre más dinero para que te pueda comprar un suéter nuevo...".

Ahora, a Helen se le presentaba la oportunidad de convertir todos sus sueños en realidad, pero le parecía que si se iba de casa su madre no iba a poder arreglárselas sola. Incapaz de acudir a una madre necesitada o a un padre a quien había aprendido a despreciar, su única solución era quitarse la vida.

Los niños como factor de distracción

Es posible que los niños expuestos a conflictos entre sus padres encuentren otra estrategia para solucionar la tensión y el desacuerdo familiar. Muchos de ellos descubren que, al convertirse en el "problema", obligan a sus padres a dejar de pelear, con el fin de ocuparse conjuntamente de una inquietud compartida. Este patrón se identificó hace treinta años y ha sido confirmado en estudios recientes sobre niños con una amplia gama de problemas psicosomáticos y de comportamiento[114].

Los padres, por lo general, no son conscientes de que desviaron la atención de sus propias diferencias para atender las "necesidades especiales" de un niño. En los estudios, este tipo de pareja, casi nunca, no menciona sus conflictos maritales, sino más bien describe los problemas del niño detalladamente. Sin embargo, las parejas que tienen un matrimonio sólido y un perfil de familia saludable son di-

---

[114] Guerin y Gordon (1986), pp. 158 - 166.

ferentes, porque identifican y admiten más fácilmente las desavenencias, en vez de negarlas completamente. En las familias cuyos padres niegan la existencia de problemas matrimoniales, los niños, por lo general, son conscientes de las diferencias. Comentan los problemas que afrontan sus padres para llevarse bien y se culpan por causar las tensiones. Muchos desarrollan síntomas adicionales que indican un problema subyacente de depresión y ansiedad[115].

Niños que actúan como padres

Cuando un niño, como Helen, se ve inmiscuido en el conflicto de sus padres, ya sea como pacificador, intermediario o blanco, deja de ser un niño con pocas responsabilidades y más bien asume las cargas de sus padres. En este caso, el niño se ocupa del cuidado de la familia, mientras sus padres siguen actuando de manera irresponsable e infantil. Gregory Jurkovic describe cómo esto lleva a la creación de un niño "padre" a quien se hace daño de una manera que pocos padres quisieran causar[116]. Los niños que viven esta situación tienden a provenir de familias en las que existe conflicto disfuncional y/o divorcio, consumo de sustancias psicoactivas o problemas económicos que abruman a los padres y les impiden asumir sus responsabilidades. Al ser forzado a crecer antes de tiempo, el niño desarrolla una desconfianza omnipresente de los adultos. Además, los niños convertidos en padre o madre, a menudo, desarrollan una baja autoestima y persisten en su patrón diligente de considerar primero las necesida-

---

[115] Kerig (1995), p. 333.
[116] Jurkovic (1997), p. 30.

des de los demás. No es raro que terminen siempre cuidando de otros e, incluso, buscando relaciones de intimidad que prolonguen este patrón.

Otros problemas que emergen en la edad adulta

Las consecuencias de crecer en medio de un conflicto destructivo o crónico, a menudo, no se aprecian plenamente sino mucho después en la vida del niño. Judith Wallerstein, quien aprendió bastante sobre las consecuencias a largo plazo del conflicto marital en sus estudios de seguimiento de niños de padres divorciados, denomina a esto el efecto "dormilón"[117]. Si bien algunos niños parecían haberse adaptado muy bien cinco años después del divorcio de sus padres, con frecuencia, desarrollaban problemas serios cuando se marchaban de casa y empezaban a afrontar la perspectiva de desarrollar sus propias relaciones de intimidad. En ese momento, se reavivaban los recuerdos de la amargura de sus padres, lo que les generaba desconfianza, dudas y comportamientos autodestructivos.

Otra manera en que los hijos se ven afectados por el conflicto de sus padres es la susceptibilidad exacerbada a la tensión y el conflicto interpersonal. Numerosos estudios han demostrado que los niños que ven a sus padres actuar de maneras agresivas empiezan a interpretar las acciones

---

[117] Wallerstein (1989) describe este fenómeno en las pp. 60, 63 y 104. Los investigadores McNeal y Amato (1998), p. 135, han demostrado que los niños expuestos a violencia marital entre los once y los diecinueve años siguen afectados por esto cinco o diez años después. Véanse también, Kulka y Weingarten (1979), p. 51, y Cappell y Heiner (1990), p. 135.

neutrales como hostiles. En otras palabras, anticipan el conflicto y perciben éste en situaciones que no lo ameritan. Desafortunadamente, este estilo de percepción no se limita a los días de la exposición inmediata, sino que se convierte en una cicatriz de por vida, pues los mecanismos subyacentes de percepción y atribución han sido alterados[118].

En mi práctica como terapeuta de pareja, constantemente, ayudo a parejas a examinar sus reacciones frente a las afirmaciones y acciones del otro. Cuando una persona interpreta los comentarios de su pareja como sarcásticos o despectivos, responderá poniéndose a la defensiva o atacando. Sin embargo, muchas veces el comentario original se saca de contexto o se malinterpreta por completo. En vez de pedirle a su pareja que aclare el significado, con frecuencia, el cónyuge supondrá que su evaluación de la situación es correcta. Según mi experiencia, las parejas que más problemas tienen a este respecto se criaron en hogares en donde había conflicto marital frecuente y destructivo. Estas personas aprendieron a esperar el menosprecio y la hostilidad como las principales características del matrimonio, y eso anticipan incluso cuando no se dan. Peter y Catherine son el ejemplo perfecto de esta situación.

Peter y Catherine

Peter y Catherine son la pareja que mencioné en la introducción; ellos me llamaron después de haber escuchado mi charla en un taller. Me conmovió el hecho de que me pidieran que les ayudara con su matrimonio –"por el bien de su bebé"– y me parecieron abiertos y motivados para mejorar su relación. Algunas de las

---

[118] Kendall y Dobson (1993), p. 6.

cosas por las que peleaban tenían que ver con presiones financieras, pues Catherine se había tomado cuatro meses libres después del nacimiento de la bebé y esperaba trabajar de medio tiempo hasta que Amy ingresara al jardín infantil. Peter era trabajador independiente y por razones desconocidas, hacía poco su negocio se había ido a pique de manera notoria. Aunque Peter se había esforzado bastante para establecer su negocio y le encantaba su trabajo, estaba contemplando seriamente la posibilidad de emplearse en una buena firma sólo para contar con un salario estable. Como Catherine provenía de una familia adinerada, esperaba poder hacer cosas por Amy y se sentía frustrada de no poder darle a su hija la vida que quería para ella. Cada vez que veía a otra madre comprando ropa para su hija que a ella le encantaría para Amy, sentía que la corroía la envidia. Si cedía a la tentación y compraba el vestido, Peter se enojaba muchísimo. Pero si no lo hacía, pensaba en ello toda la noche y explotaba contra Peter por cualquier tontería que éste hacía o dejaba de hacer.

Muchas parejas discuten en torno al dinero y los gastos, pero no con la intensidad de esta pareja. Estaban conscientes de que se trataba de un tema delicado, pero no sabían cómo afrontarlo de manera más constructiva. Les sugerí la utilidad de conocer un poco más acerca de sus situaciones de niñez, y les pedí que me contaran detalles. Peter dijo que no tenía una muy buena relación con ninguno de sus padres. Comentó que su madre era la "reina de las críticas", pero que su padre era aún peor. "Nada de lo que yo hacía era nunca suficientemente bueno... Actuaba como si tuviera derecho a todo". Cuando le pregunté a Peter si también había ese tipo de críticas en el matrimonio de sus padres, añadió rápidamente:"Mi papá era aún más exigente con mi mamá que conmigo. Creo que era contagioso, de él a ella y luego a los tres hijos".

Le pregunté si creía que había similitudes entre su vida en ese entonces y su vida actual. Al comienzo, le pareció que no, pero luego empezó a conectar el sentimiento que experimentaba cuando Catherine no podía obtener "suficiente" dinero para sus gastos y la manera en que su padre solía hacerlo sentir."Creo que Catherine es muy desagradecida. No creo que se dé cuenta siquiera de cuánto le estoy dando al asumir toda la presión financiera, mientras ella trabaja menos de medio tiempo". Catherine pegó un respingo y dijo que eso simplemente no era cierto. "Trato de hablarle a Peter todo el tiempo, pero él sencillamente no escucha. Y sí me siento mal cuando no puedo comprarle a la bebé cosas especiales. Pero eso probablemente se debe a asuntos de mi familia".

Catherine explicó que su padre era un arquitecto que había ganado bastante dinero, pero que era muy tacaño. "Es curioso. Teníamos un barco y salíamos de vacaciones en familia, pero mi madre siempre peleaba para poder comprar ropa o muebles. Mi papá sigue siendo así. Nunca van a restaurantes elegantes, aunque pueden hacerlo y a mi mamá le encantaría ir. Supongo que lo que sucede es que gastan el dinero en lo que mi padre quiere". Le pedí a Catherine que me contara más acerca del matrimonio de sus padres. "Pues en algunos aspectos se parecía bastante al de mis suegros. Mi mamá no era tan crítica, pero mi papá sí era bastante odioso con ella. Tenía expectativas muy altas con respecto a todos y se ponía furioso si las cosas no se hacían tal como él quería".

7. Entender los efectos del conflicto a largo plazo

Comenté que había dos cosas que parecían coincidir en ambos casos. Una era la idea de ser dominado por una pareja percibida como insaciable y desagradecida, y la otra era la percepción del cónyuge, como exigiendo perfección y rechazando cualquier otra cosa. Conjuntamente, Catherine y Peter empezaron a explorar cómo estas características se habían filtrado dentro de su propio matrimonio. Peter fue el primero en reconocer que, a menudo, pensaba que Catherine lo consideraba inepto y que sus necesidades eran insaciables. "No me lo tiene que decir de frente. Es la manera en que me mira. Y, entonces, yo me enojo con ella. Pienso, '¡eres una arpía desagradecida! Tienes que obtener todo lo que quieres, pues de lo contrario no valgo nada para ti'". Catherine dijo: "Creo que a veces sí espero obtener todo lo que deseo. No siempre sé cómo marcha el negocio de Peter y a veces, pienso que no me quiere dar adrede, que hace las cosas como él quiere y me deja a mí de últimas. Pero es tan sensible a las críticas. Si menciono algo que quisiera que cambiara, simplemente, deja de escuchar. ¿Por qué debo fingir que todo es perfecto si no lo es?"

No se requirió mucho tiempo para que Catherine y Peter comprendieran cómo estas maneras de interpretar las cosas estaban convirtiendo sus vidas en una repetición del matrimonio de sus padres. Catherine anticipaba que Peter se iba a mostrar tacaño y se molestaba cuando creía que lo estaba haciendo. Peter, muchas veces suponía que Catherine lo estaba criticando y que se sentía insatisfecha con él como proveedor y pareja. A menudo, interpretaba su silencio como señal de desaprobación. Cada vez que yo veía que las creencias y expectativas de la pareja los llevaban a ambos a distorsionar lo que en realidad estaba sucediendo, los interrumpía para preguntar: "¿Qué cree que su pareja está pensando en este instante?" Cuando Peter y Catherine se tomaban el tiempo suficiente para revisar sus presunciones y ver si eran correctas, la mayor parte del tiempo descubrían que habían interpretado algo en la respuesta del otro que simplemente no existía. Pero en el momento en que los asuntos antiguos y la ira se imponían, eran incapaces de percibirse mutuamente como algo distinto de los fantasmas del pasado. La terapia incluyó ayudarles a impugnar y cambiar sus expectativas para poder verificar que, en realidad, estaban allí para amarse y apoyarse el uno al otro. Al validarse mutuamente y actuar de maneras amorosas, podían combatir la desconfianza que muy pronto producía distanciamiento y mala voluntad.

Catherine me llamó algunos meses después de nuestra última sesión para contarme que las cosas seguían marchando bien. Ella y Peter ahora conversaban sobre la suerte de tenerse el uno al otro y también a su hermosa hija, y sentían que sí se apoyaban mutuamente. La tensión que antes les había robado la intimidad familiar ya era cosa del pasado.

Lo que conviene hacer o no hacer en un conflicto

Muy pocos padres buscan hacer algo adrede que cause daño a sus hijos y, sin embargo, muy pocos entienden lo dañinos que son para los niños ciertos tipos de conflictos entre la pareja. Al mismo tiempo, las investigaciones sobre conflictos familiares que se citan en este capítulo señalan soluciones exitosas: maneras de manejar el conflicto que son constructivas tanto para los niños como para los padres. Las siguientes son algunas cosas que se deben hacer y que no se deben hacer en el manejo de conflictos.

No peleen sobre los niños en frente de los niños

Los niños que observan a sus padres pelear por causa de ellos se encuentran en una posición especialmente vulnerable. Como los niños, por lo general, se perciben como el centro de los sucesos, no es raro que los pequeños se culpen de causar las discusiones entre sus padres. Obviamente, esto se ve confirmado en las mentes infantiles cuando los problemas que están destruyendo la paz de la familia son causados por ellos. Con esta culpa a cuestas, los niños pueden desarrollar una baja autoestima o presentar problemas de comportamiento.

Controlen el tono emocional

El conflicto se puede considerar destructivo cuando hay un exceso de ira y de reacciones emocionales, cuando los miembros de la pareja se maltratan verbalmente, insultándose o utilizando palabras soeces, o cuando se profieren amenazas de violencia o de divorcio. Cuando el conflicto es destructivo, es mucho más difícil encontrar una solución buena o productiva al problema que precipitó la discusión. Las personas que pelean con esta intensidad han alcanzado un estado de "alta excitación". El exceso de adrenalina los coloca en la modalidad de "combatir o huir" que, a su vez, les impide procesar nueva información. Cuando los cónyuges se trenzan en un intercambio acalorado, son incapaces de zanjar sus diferencias. Como no han podido asimilar los puntos de vista del otro ni han sido capaces de responder a ellos, una discusión de este tipo no produce nada útil. Lo único que sucede es que se quiebra la intimidad de la pareja, de modo tal que ambos se sienten peor con respecto al otro y al problema de lo que se sentían antes de la pelea[119]. Tristemente, también, sucede que cuando los padres han alcanzado este pico de tensión emocional, es imposible que no estén disponibles para sus hijos.

No eviten hablar sobre las diferencias

El conflicto *per se* no es destructivo. Las parejas que le temen al conflicto y que deciden no conversar sobre sus diferencias, a menudo, tienen más problemas en sus matrimonios que las que sí han aprendido a hablar sobre estos temas francamente. Los cónyuges que no hablan sobre sus problemas se tornan cada vez más insatisfechos y van perdiendo intimidad. Además, los niños que no tienen la oportunidad de ver cómo se maneja un conflicto de manera constructiva no aprenden formas de afrontar las diferencias en sus propias vidas. Sólo observando formas productivas de solucionar conflictos, podrán los niños aprender a imitar estas importantes habilidades.

Peleen de buena manera

Cuando un cónyuge es capaz de identificar una inquietud y presentarla de un modo que no implique culpa o venganza, es más fácil obtener colaboración. Los desacuerdos matrimoniales constructivos les permiten a los cónyuges expresar sus sentimientos en una atmósfera de empatía y comprensión. En vez de lanzar acusaciones que generan retaliación o retraimiento, el

---

[119] Gottman (1994), p. 110.

desacuerdo constructivo se presenta en una atmósfera de seguridad. Quizás los miembros de la pareja no estén de acuerdo, pero escuchan y tratan de entender el punto de vista del otro. Los niños que ven a sus padres discutir así están aprendiendo que las diferencias no son necesariamente atemorizantes y que los desacuerdos no destruyen los sentimientos de amor. Numerosos experimentos han demostrado que los bebés y los niños siguen sonriendo, riendo y jugando durante las discusiones de sus padres, siempre y cuando la interacción no sea emocionalmente hostil[120]. El nivel de ira y perturbación emocional que observan los niños cuando sus padres pelean se filtra en su sensación de bienestar y seguridad.

En vez de tratar de no pelear frente a sus hijos, los padres deben aprender a discutir de manera constructiva. Los padres que se engarzan en discusiones violentas mientras los niños duermen, se engañan a sí mismos si creen que no les están causando daño. Casi todos mis clientes adultos con problemas de conflicto en sus matrimonios mencionan recuerdos de haber yacido en sus camas por la noche, temblando al escuchar en silencio los gritos de sus padres. No tiene nada de malo que los niños sepan que sus padres no están de acuerdo; sólo les causa daño vivir en un hogar en el que hay conflictos destructivos.

No pongan a sus hijos en el medio

Como ilustra el caso de Helen, a un niño le resulta extremadamente doloroso y dañino que le pidan que tome partido por uno de sus padres. Si se obliga a un

---

[120] Easterbrooks (1994), p. 160.

hijo a interactuar con uno de sus padres para beneficio del otro, se verá forzado a entablar una relación de oposición con el primero. Si bien el padre o la madre se pueden sentir menos solos, el niño termina introducido en un escenario adulto que, en realidad, no tiene nada que ver con él. Como los niños desean ayudar a restaurar la paz en la familia, es posible que acepten la petición de uno de sus padres de aliarse con él o ella, pero eso tendrá consecuencias inmediatas y a largo plazo. Si bien muchos padres se sienten seguros al saber que no han buscado adrede la alianza de un niño, en muchas ocasiones, los hijos ofrecen su participación para ayudar a solucionar el conflicto. Los padres a quienes les importa el bienestar de sus hijos deben estar alerta ante este tipo de respuesta y deben esforzarse por mantenerlos por fuera de sus problemas matrimoniales. En un conflicto, no vale la pena armar un triángulo.

Tranquilicen a sus hijos cuando se sientan perturbados por una pelea

Cuando un niño se siente perturbado por las peleas de sus padres, debe afrontar solo su temor y su preocupación. Aunque sus padres quizás estén allí para reconfortarlo o tranquilizarlo en otros momentos difíciles, cuando se trenzan en una discusión no estarán disponibles para él. El niño pequeño, a menudo, siente pánico, pues piensa que algo terrible le va a suceder a uno de sus padres o quizás a ambos, y se siente impotente porque no puede detener la pelea. Esta sensación combinada con ansiedad e impotencia perturba al niño y se introduce en su sistema de creencias, de modo que las diferencias se convierten en una fuente de ansiedad.

7. Entender los efectos del conflicto a largo plazo

Los niños son especialmente susceptibles a las amenazas de sus padres de marcharse o de divorciarse. Aunque los padres quizás sepan que las cosas que se dicen en momentos de ira muchas veces no son ciertas, los niños pequeños no tienen manera de saber qué van a hacer los adultos. Las amenazas de dividir la familia afectan su sentido de seguridad y de bienestar y nunca se toman a la ligera.

Recuerde que los niños tienden a culparse cuando las cosas marchan mal. Incluso cuando los padres están peleando por asuntos que no tienen nada que ver con los hijos, los niños tienen que escuchar que su mamá y su papá están discutiendo sobre amigos o dinero, pero que no están enojados con ellos.

No confíen sus problemas matrimoniales a sus hijos

Es increíble que algunos padres decidan confiar este tipo de problemas a sus hijos. Si bien la intimidad implica compartir, esto no significa que los padres puedan poner cargas en los hombros de sus hijos. Los niños deben sentirse libres de confiar sus preocupaciones e inquietudes en sus padres; los padres deben decirles a sus hijos únicamente lo necesario para que entiendan cosas que los afectan directamente. La intimidad marital y el sexo no son cosas que los niños tengan que conocer. Cuando un niño se ve expuesto a asuntos privados, se le pone en una posición terrible. El padre o madre que revela los problemas matrimoniales está pidiéndole esencialmente al niño que lo apoye y se alíe con él o ella contra el otro padre. El mensaje implícito o quizás explícito es: "Tu padre [o madre] me ha hecho cosas terribles. Como eso me ha vuelto tan desdichado, tienes que darme todo tu amor para ayudar a sentirme mejor

211

y debes hacer todo lo posible para castigar a la persona que me ha herido tan profundamente".

Quizás los niños fantaseen sobre las relaciones sexuales de sus padres, pero los hechos les generan ansiedad e incomodidad. Lo cierto es que enterarse sobre los detalles de la vida sexual de uno de sus padres es un sobreestímulo para el niño y produce síntomas observables de perturbación. Los adolescentes tampoco están preparados para enterarse de detalles íntimos del matrimonio de sus padres. Por lo menos, son más capaces de protegerse a sí mismos, aunque quizás se vean forzados a distanciarse emocional o físicamente de la situación.

Háganle saber al niño que la pelea terminó

Desafortunadamente, para los niños, casi todos los padres hacen las paces después de sus discusiones, pero en privado. El niño no tiene idea de que sus padres han hecho las paces, han ofrecido disculpas e incluso quizás han hecho el amor. Aunque muchos padres pueden suponer que como su discusión fue privada, no tienen que informarles a los niños que ya dejaron de pelear, las investigaciones plantean lo contrario. Cuando los niños tienen la oportunidad de ver a sus padres poner fin a una pelea, observan por sí mismos que todo marcha bien una vez más. En experimentos investigativos, los niños que veían a sus padres hacer las paces se relajaban de inmediato y se liberaban de sus síntomas de perturbación emocional[121]. Esto no significa que los

---

[121] Cummings y Davies (1994), pp. 70 - 78. Véase, también, Grych y Funcham (1990), pp. 285 - 286.

padres tienen que organizar sus peleas de modo que puedan hacer las paces frente a los niños, pero sí quiere decir que, una vez zanjada la discusión, debe haber alguna mención pública de ese hecho. Si los padres están conscientes de la perturbación emocional de sus hijos durante la pelea, no sería mala idea reconocer que la disputa fue tensionante para todos y que mamá y papá lamentan mucho que haya ocurrido.

Equilibren la ira con amor y humor

En muchas ocasiones, los padres tendrán diferencias y habrá cosas por las que es necesario discutir. Los psicólogos especializados en temas de conflicto plantean que el ingrediente más importante para mantener la salud psicológica de un niño es equilibrar la vida emocional de la familia de modo que haya bastante o mayor calidez y afecto que tensión y hostilidad. En las familias con matrimonios fuertes, los padres ríen el uno con el otro y con sus hijos. Estos niños trasladan sus sentido del humor a otras situaciones y lo utilizan para resolver exitosamente las diferencias cuando surgen problemas en otras relaciones. Si los niños sienten que su vida familiar básica es segura, son más capaces de tolerar momentos de tensión y de conflicto.

PREGUNTAS

1. ¿Cómo peleaban sus padres? ¿Guerras abiertas? ¿Retraimiento y distanciamiento? ¿Actos físicos como patear o abofetear? ¿Qué tan consciente era usted de sus peleas? ¿Alguna vez se vio en el medio?
2. ¿Alguna vez ha temido perder "realmente" los estribos? ¿Ha encontrado maneras de controlarse?
3. ¿Alguna vez ha temido que su pareja pudiera perder "realmente" los estribos? ¿Cómo afecta eso su relación?
4. ¿Con qué frecuencia pelean usted y su pareja frente a sus hijos? ¿Cree que eso los perturba de alguna manera?
5. ¿Con qué frecuencia hacen las paces frente a sus hijos o les hacen saber que una pelea terminó?

8.

PONER ÉNFASIS EN LO POSITIVO

"Reír juntos y disfrutar el uno del otro es parte de quienes somos"

DADA LA GRAN CANTIDAD DE COSAS que pueden funcionar mal en un matrimonio, y que de hecho lo hacen, es importante concentrarse en los aspectos positivos que mantienen viva y saludable una relación. Como hemos visto, cuando el matrimonio es sólido, son los niños quienes se benefician: día a día, y también en los años futuros. El psiquiatra John Gottman, destacado investigador de temas maritales, plantea que para mantener en buen estado un matrimonio, es preciso que exista una cierta relación entre lo bueno y lo malo. ¡El número mágico no es cincuenta-cincuenta, sino cinco a uno![122]. Por cada interacción tensionante o negativa, debe haber cinco positivas. A continuación, describo los aspectos positivos más visibles para los niños. Cada uno de ellos se debe considerar desde una perspectiva dual: por lo bueno

---

[122] Gottman (1994), p. 57.

que aporta al matrimonio y por la lección positiva de amor que le enseña a la siguiente generación.

Afecto físico

Una de las características que se destaca en parejas que llevan felizmente casadas más de veinte años es el grado de contacto afectuoso físico entre los dos cónyuges[123]. Aunque el sexo también es importante en la relación marital, el hecho de ser capaz de demostrar afecto de maneras no sexuales acentúa la sensación de amor y cercanía. Las caricias de mi esposo son una de las cosas más preciosas con las que puedo contar. Es increíble lo relajada y reconfortada que me siento cuando me acaricia el brazo. Existen cien maneras de expresar el afecto físicamente, que van desde un abrazo de buenos días, hasta tomarse de las manos al caminar. La mayor parte de las parejas no necesita una lista de ideas, sino que las inviten a asumir el riesgo.

Las parejas a quienes trato y que tienen más problemas son distantes desde el punto de vista físico, incluso cuando no experimentan una situación de conflicto inmediato. Cuando les pregunto acerca de esto, por lo general, me dicen que no quieren ser rechazadas, o que no tienen deseos de tener relaciones sexuales y no quieren parecer como si estuvieran enviando mensajes confusos. Como resultado, creen que al mantenerse físicamente distantes evitan tensiones y conflictos. Esto no podría estar más alejado de la realidad. El contacto físico es una manera grata de introducir la conexión en una relación. Incluso cónyuges que quizás se sientan frustrados por una falta de intimidad sexual, por lo general, apreciarán estas manifestaciones de afecto.

---

[123] Mackey y O'Brien (1995), p. 141.

8. Poner énfasis en lo positivo

Los niños posiblemente se sientan incómodos ante una demostración explícita de sexualidad por parte de sus padres pero, por lo general, disfrutan las expresiones físicas de afecto y se benefician de ellas. De hecho, ¡casi siempre se acercarán para recibir su porción de abrazos! Cuando los niños ven manifestaciones físicas de afecto entre sus padres, su sensación de seguridad aumenta notoriamente. Al incorporar la visión de sus padres abrazándose o tomándose de las manos en su esquema, es probable que esperen esto y busquen una pareja que se sienta igualmente a gusto con los abrazos y la cercanía física. Cuando el entorno de familia se percibe como seguro y cálido, los niños se sienten libres de realizar las cosas normales de la niñez. El recuerdo de ver a su mamá y su papá abrazándose o tomándose de la mano permanecerá en sus mentes durante toda su vida, como indicio de paz familiar y un sueño para su propio futuro.

Amistad

Otra característica importante de las parejas felizmente casadas es la amistad, que incluye compartir intereses, además de ideas. También, en este caso, no existe una fórmula fija que indique cuánto tiempo deben pasar los cónyuges juntos, realizando actividades compartidas, para que un matrimonio funcione. Sin embargo, es claro que las parejas que suelen conversar sobre temas que les interesan a ambos tienen una gran ventaja en la consolidación de un matrimonio feliz. Cuando los padres sólo tienen el hogar y los niños en común, es fácil que las conversaciones se concentren en problemas. Los cónyuges también necesitan divertirse juntos y disfrutar de la compañía del otro en calidad de compañero, y no como el padre o la madre de unos hijos en común.

Los padres que comparten aficiones e intereses entablan conversaciones animadas e interesantes que los niños posiblemente escuchen. Como este tipo de matrimonio es estimulante y divertido, es probable que los niños incorporan, en su esquema, la imagen del matrimonio como amistad. La diversión y la amistad en el matrimonio le aportarán a la pareja la fuerza que la sostendrá en momentos difíciles, y le darán aún más razones para seguirse esforzando por mantener vital su relación. Una pareja que realmente se benefició de esto fue la conformada por Alan y Megan.

Alan y Megan

Megan se sorprendió cuando Alan le dijo que se sentía desdichado y que se estaba preguntando si quizás serían más felices si se separaban. El sobresalto la sacó de su estado de complacencia y le insistió a Alan que iniciaran una terapia de pareja. Alan me pareció un hombre muy mesurado y tranquilo y me pregunté qué lo habría instado a buscar una separación. Le aseguró a Megan que no tenía ningún otro interés romántico, pero dijo que se sentía aburrido y que deseaba mayor vitalidad en su vida. Megan convino en que las cosas entre ellos sí eran un poco aburridas. Ambos cónyuges estaban inmersos en sus actividades profesionales y se esforzaban por asegurar el bienestar de sus dos hijas adolescentes. Sin embargo, la mayor ya se iba a graduar de la universidad y la menor se marcharía de casa el año siguiente. A menudo, Alan se encontraba mirando fijamente a Megan y preguntándose de qué podrían hablar. Megan rió cuando escuchó esto y contestó: "Eso también me pasa a mí todo el tiempo. Sabes, tengo amigas con quienes puedo hablar, pero casi siempre cuando tú y yo estamos juntos no se me ocurre nada que decir".

Pese al evidente distanciamiento entre ellos, la buena voluntad y la confianza que se tenía esta pareja se notaban en la atmósfera. Megan dijo que quizás el súbito interés de Alan en la relación probablemente se debía al hecho de que su negocio estaba pasando por un período de poca actividad. "Cuando Alan está ocupado, no tiene tiempo para mí. Apuesto a que si su negocio se activa el próximo mes, se olvidará de todo esto e insistirá en que no tiene tiempo para la terapia". Alan convino en que eso era probablemente cierto, pero agregó: "Creo que también se debe a que pronto cumpliré cincuenta años. Nunca pensé que podría sufrir de una crisis de la madurez pero, de repente, pienso que he desperdiciado un área importante de mi vida y realmente quiero una relación que ofrezca mayor emoción".

En vez de ponerse a la defensiva, Megan se quedó callada y, enseguida, agregó: "Quizás tengas razón. Vine hoy porque no quería poner fin a nuestro matrimonio, pero ahora creo que yo también quiero lo mismo que deseas tú. E incluso si vuelves a sumergirte en el trabajo, quiero que nuestro matrimonio sea una prioridad".

A medida que me fui familiarizando con algunas de las cuestiones que afectaban a esta pareja, pude identificar problemas en la manera en que evitaban el conflicto. Así mismo, tampoco habían resuelto asuntos importantes relacionados con el dinero y las hijas. Pero además de eso, había un problema fundamental en cuanto parecían tener muy poco en común. Para estimular esta parte de su relación, les pedí que imaginaran una escena en la que se estaban divirtiendo juntos. Alan imaginó que montaban en bicicleta y tenían un picnic privado en una hermosa y remota pradera. Megan dijo que casi no sabía nadar, pero que siempre había querido navegar. Su fantasía era los dos navegando tranquilamente en un hermoso día de verano. Les pregunté cuán difícil sería pensar en el sueño del otro e imaginar estar allí con su pareja. Alan y Megan se pusieron a bromear sobre volver a montar en bicicleta por primera vez en veinte años, pero había un sentimiento de aceptación y curiosidad.

Aunque no siempre asigno tareas, le pedí a la pareja que investigara las dos fantasías y que viera si era posible dar el primer paso. Mientras tanto, la terapia se concentró en ayudarles a ambos a hablar sobre algunos asuntos dolorosos en un entorno seguro. Alan y Megan se dieron cuenta de que parte de la razón por la cual se les habían agotado los temas de conversación era su necesidad compartida de evitar cualquier tema que pudiera producir un conflicto. Como había tantos temas que implicaban problemas no resueltos, eran pocas las cosas sobre las que podían conversar con seguridad. Fue muy importante que aprendieran a sostener y terminar las conversaciones sobre asuntos problemáticos, pero también revistió importancia la incorporación de intereses nuevos en la relación. Para cuando esta pareja terminó la terapia marital, habían comprado bicicletas y estaban ejercitándose en salidas de fin de semana. Habían recibido folletos de tres escuelas de navegación y parecían dispuestos a tomar unos cursos. Además, habían decidido salir a desayunar juntos una mañana todas las semanas, y rieron cuando me contaron lo divertido que les parecía salir de la casa para pasar un rato privado a solas. Ahora, la pareja tenía muchos temas de conversación. No les atemorizaba conversar sobre asuntos delicados y se interesaban genuinamente por su nueva relación "al aire libre".

Aunque al comienzo Alan y Megan no habían habla-

do sobre los problemas de sus hijas, a ambos les preocupaba una situación referente a la mayor, Sharon, pero
tenían puntos de vista contrarios. Sharon, que nunca se
había destacado por ser la mejor de las estudiantes, se
había esforzado por encontrar un área que le interesara,
y había cambiado de especialización tres veces. Alan
se mostraba más paciente y comprensivo con la falta
de norte de su hija, pero a Megan le molestaba que
Sharon no se comprometiera más con sus estudios y
le parecía que gran parte de su educación era un "des-
perdicio". La idea de tener que pagar aún otro año más
de estudios universitarios la enfurecía, y se sentía enojada con Alan por no asumir una postura firme. Mientras
conversábamos juntos sobre la confusión profesional
de Sharon, se puso de relieve que Alan pasaba bastante
tiempo orientando y aconsejando a su hija por teléfono.
Alan nunca había recibido mucha atención o apoyo de
sus propios padres y su relación con Sharon era gratificante tanto para él como para su hija. Sin embargo,
entendió cómo su actitud le facilitaba a Sharon rehuir
la responsabilidad por sus propias cosas, y finalmente
aceptó llegar a un acuerdo con Megan. Cuando Sharon
pidió dinero para estudiar un semestre más de universidad, sus padres le dijeron que sólo pagarían la mitad
de los gastos de estudio. Sharon los sorprendió dicién-
doles que finalmente había decidido graduarse y que
tenía una entrevista para un empleo de medio tiempo
que le parecía interesante. Daba la impresión de que
cuando Sharon supo que sus padres estaban listos para
que ella madurara, lo hizo con gusto. Las nuevas diver-
siones y unidad de sus padres seguramente le habían
dado la seguridad que requería para seguir con su propia
vida.

Aprecio

Las parejas felizmente casadas son capaces de acentuar el bienestar del otro, demostrando su aprecio. Las mujeres que trabajan dicen que cuando sus esposos les hacen saber que son apreciadas, todo parece "factible". Sólo cuando sienten que las dan por hecho, las cargas simultáneas de la oficina y el hogar generan resentimiento. Muchas parejas se sienten agradecidas de tenerse mutuamente para ayudarse en la crianza de los niños, pero pocas se toman el trabajo de decirlo. De hecho, la mayor parte de las investigaciones sobre familias demuestran que las esposas creen que hacen más que lo que sus maridos dicen que hacen, y los esposos creen que hacen más que lo que sus esposas reconocen[124].

Los padres que expresan su aprecio por lo buen padre o madre que es su pareja acentúan la sensación de bienestar en el matrimonio y en la familia. Unas sencillas palabras de reconocimiento por un trabajo bien hecho ayudan muchísimo a que el matrimonio se perciba como positivo. Parte de la felicidad de amar a alguien proviene de los sentimientos recíprocos de ser necesitado y valorado. Cuando esto existe, los cónyuges se sienten renovados en su compromiso mutuo y tienen la energía necesaria para invertir en todos los demás aspectos de sus vidas. Cuando los padres son capaces de validar el arduo trabajo de cada cual y expresar su aprecio, los niños son quienes en realidad salen ganando. En esta situación, obtienen lo mejor de ambos mundos: padres que están emocionalmente disponibles cuando los necesitan, pero que no dependen de sus hijos para satisfacer necesidades de intimidad insatisfechas. Y lo mejor es que

---

[124] Steil (1997), p. 28.

tienen la imagen de una relación amorosa con la que se pueden identificar.

Cuando los conflictos no resueltos y las decepciones les quitan a los cónyuges sus sentimientos de calidez mutuos, ambos se sienten poco amados y sin apoyo. No es inusual que las personas se desanimen cuando las cosas no marchan bien y que permitan que su pesimismo con respecto a un aspecto de la relación contamine sus sentimientos acerca de otras áreas. Si no se percatan de las cosas buenas que sus parejas *sí* están aportando a sus vidas y dicen algo al respecto, el ciclo de decepción y negatividad empeora. El reconocimiento de las cosas positivas ayuda a cambiar esta situación y puede reavivar el potencial de calidez y cercanía.

Cuando los niños están cerca de padres amargados y distantes, aprenden que el sueño de un amor en que "fueron felices y comieron perdices" no es real. La falta de aprecio que demuestran sus padres crea una idea del matrimonio como algo poco amistoso y sin recompensas. Los niños cuyos padres son capaces de validar y reconocer las contribuciones de cada cual observan lo importantes que pueden ser los dos miembros de la pareja el uno para el otro. La buena voluntad y los sentimientos positivos que se generan mediante el aprecio les enseñan la importancia del elogio, y es más probable que se sientan a gusto tanto recibiéndolo como dándolo en sus relaciones con otros.

Risa

Ser capaces de reír juntos también ha sido mencionada como uno de los ingredientes clave de un matrimonio feliz[125]. El sentido del humor, a menudo, les ayuda a los cónyuges a

---

[125] Véase Beavers (1985), pp. 82 y 165.

mantener los problemas en perspectiva. Esto no significa que se deba bromear acerca de todos los temas y diferencias, pero sí debe haber una manera de distinguir las cosas que son serias de las que sólo requieren algo de adaptación. Cuando los padres pueden reírse juntos y utilizar el humor para superar momentos difíciles, también, se les evita a los niños la tensión que en otras familias genera angustia y preocupación. Así mismo, es más probable que los niños recurran al humor con sus propias amistades y que perpetúen esta tradición familiar cuando se casen.

En mi familia, hay una anécdota que se cuenta una y otra vez. Mi abuela, que era una excelente cocinera, había trabajado el día entero en la preparación de una enorme ollada de sopa de pollo y bolas de matzo, que se había comprometido a llevar a casa de su hija para la celebración del seder en familia. Mi abuelo llevaba la sopa especial con sumo cuidado, pero al salir, de alguna manera, se tropezó en el porche. Según cuentan, mi abuela miró horrorizada sus horas de arduo trabajo escurrirse por los escalones de la entrada y, enseguida, soltó una gran carcajada. Mis abuelos seguían riéndose cuando llegaron al seder y casi no pudieron explicar por qué no iba a haber sopa esa noche, pues cada vez que lo intentaban estallaban en risas. Estas personas maravillosas sabían que había cosas más importantes en la vida que la sopa, y que echar a perder su día o la celebración en familia no iba a recuperar las bolas de matzo. Mi abuela no pensó ni por un segundo que mi abuelo le hubiera saboteado su arduo trabajo a propósito… ¡él era el principal admirador de su cocina! Su sentido del humor y su mutuo amor los salvó de lo que, para otro tipo de pareja, hubiera sido una celebración echada a perder.

Apertura mental

Mientras más terapias hago, más respeto me merece la importancia de las creencias. Son muchos los comportamientos y los sucesos que se pueden interpretar como significando algo diferente de lo que fue su intención original. Las investigaciones sobre comunicación confirman la importancia de los atributos, o la "lectura"que una persona hace para darle sentido a una situación. En un experimento, se mostró, a esposos, esposas y terceros, unas videocintas de la pareja hablando. A cada persona se le pidió que evaluara y asignara un puntaje a frases específicas, como positivas, neutrales o negativas. Los investigadores descubrieron que los cónyuges de matrimonios felices evaluaban los comentarios de sus parejas como predominantemente neutrales o positivos, y suponían buena voluntad y buenas intenciones de su parte. Por el contrario, en las relaciones desdichadas, los cónyuges percibían los comentarios y las acciones del otro como odiosos y negativos. Incluso cuando el tercero evaluaba un comentario como neutral, los cónyuges en conflicto creían que las palabras de su pareja eran negativas. Los comentarios neutrales se percibían como negativos, y las afirmaciones positivas se evaluaban como neutrales[126]. Un sesgo negativo produce mayor desacuerdo, mientras que las evaluaciones positivas acentúan la armonía y la satisfacción maritales.

No se trata de concluir que las personas deben concentrarse automáticamente en lo positivo, pues siempre existe el riesgo de que con ello se pase por alto algo "negativo" que es importante escuchar y a lo que se debe responder. Pero sí deben considerar la posibilidad de que existan intenciones distintas de las supuestas y tener una mayor apertura

---

[126] Noller (1984), p. 22.

mental que les permita ver y entender las cosas de diferentes maneras. Los padres y madres que buscan lo positivo en las acciones de su pareja son más tolerantes y suelen perdonar más. Como creen en las buenas intenciones del otro, protegen su relación de las percepciones y distorsiones negativas que predominan cuando prevalece el pesimismo.

A menudo, las personas se sienten heridas, enojadas o decepcionadas por algo que han concluido erróneamente. Por desgracia, en vez de tomarse el trabajo de hablar acerca del incidente, asumen una actitud prevenida o a la defensiva que invariablemente instiga la interacción misma que fue mal interpretada. En las terapias, muchas veces les tengo que ayudar a las parejas a detener su comunicación unos instantes, preguntándoles: "¿Eso qué significó para usted?", para luego pedirles que verifiquen con su pareja y vean si habían perdido o distorsionado el significado intencional. A Gail y Mario les sirvió mucho aprender a cuestionar sus presunciones.

Gail y Mario

En nuestra primera sesión, les dije a Gail y Mario que eran la pareja más prevenida que había tratado. Eran tremendamente susceptibles al tono de voz y el lenguaje corporal del otro, de modo que hasta el más mínimo gesto se convertía en prueba de una convicción inexpresada. Desafortunadamente, los mensajes que buscaban y que, por consiguiente, "descubrían" eran afirmaciones de rechazo y críticas. Al comienzo de la terapia, fue un gran reto para mí entender el sentido de su interacción. Gail empezaba a explicar su versión de la historia y, de repente, se detenía en la mitad de una frase y le lanzaba una acusación a Mario: "No lo niegues... sabes que eso fue exactamente lo que ocurrió". Intrigada,

8. Poner énfasis en lo positivo

le pregunté a Gail por qué había dicho eso. "Sé lo que está pensando", insistió ella. "Nunca asume la responsabilidad por sus actos". Cuando finalmente logré que Gail me explicara cómo se había dado cuenta de que Mario estaba negando su versión de la historia, me dijo firmemente que lo sabía por la forma en que Mario miraba la pared. He tratado a parejas el tiempo suficiente como para saber que a veces sí se conocen muy bien entre ellos, pero la mirada de Mario no me había parecido inusual y me había dado la impresión de que estaba escuchando a su esposa. Cuando le pregunté a Mario si se sentía furioso o molesto por la versión de Gail, admitió que sí se estaba empezando a molestar, pero insistió en que se estaba esforzando por escuchar. "Ella siempre me dice lo que estoy pensando o lo que estoy sintiendo pero, por lo general, se equivoca", protestó.

Algunos instantes después, se presentó la interacción inversa. Mientras Mario relataba su versión de la historia, Gail estiró el cuello como para relajar la tensión. Mario dejó de hablar para mirarla de manera acusadora y, enseguida, me dijo con un tono terriblemente pesimista: "¿De qué sirve? Nunca va a cambiar; no vale la pena hablar de eso". Suelo ser muy atenta a lo que dicen mis clientes, e hice lo posible por recordar qué había dicho o hecho Gail para que Mario llegara a esa conclusión. Cuando Mario me dijo que Gail siempre estiraba el cuello cuando se mostraba terca, de nuevo, me asombró cuán poco se requería para generar una reacción tan fuerte. O bien esta pareja se conocía extremadamente bien, o bien estaban interpretando cosas equivocadas de su comunicación.

Les expliqué a Gail y Mario que probablemente tenían

razón el 60 por ciento del tiempo, pero que yo les podía ayudar a mejorar su relación en un 40 por ciento si estaban dispuestos a, simplemente, indicarle a la pareja qué habían notado en sus gestos y preguntarle si su conclusión era correcta o no. También, les dije que cuando interrumpían su comunicación en la mitad de una frase bajo el supuesto de que no estaban siendo escuchados, estaban produciendo el peor resultado posible. Al no terminar de expresar sus pensamientos, impedían que su pareja escuchara su punto de vista. Si querían convencerme de que de verdad querían que el otro fuera receptivo, ellos tenían que asumir la responsabilidad de terminar sus frases.

Mi percepción sobre qué tan bien sabía realmente esta pareja lo que el otro estaba sintiendo era bastante acertada, pero al aprender a terminar sus frases y verificar sus suposiciones el uno con el otro, dejaron de reaccionar tan rápidamente. Las veces en que les reafirmaban que estaban siendo escuchados les permitieron a Gail y Mario darse cuenta de que ambos querían mejorar la relación, lo cual a su vez abrió la esperanza de que las cosas podrían mejorar.

Flexibilidad

Pocos padres creen haber sido adecuadamente preparados para ejercer la función más importante y exigente de sus vidas. Pese a las horas de instrucción y entrenamiento que se dedican al parto, la mayor parte de los padres y madres se sienten completamente solos luego del nacimiento. Equilibrar el matrimonio, los hijos, los empleos y los compromisos religiosos y comunitarios exige energía, paciencia y flexibilidad.

Los padres capaces de trabajar conjuntamente por el

bien de su familia aprenden la importancia de la capacidad de adaptación y la flexibilidad. En vez de culparse mutuamente cuando se presenta una "emergencia" o un cambio súbito en los planes, son capaces de asumir el cambio y emprender la tarea en cuestión. Su disposición a hacer ajustes es un activo maravilloso, no sólo para su labor de padres, sino también para su matrimonio. En efecto, cuando ambos cónyuges son capaces de demostrar su compromiso mediante acciones que implican compromiso o sacrificio, sus actos de amor rara vez se dan por sentados.

La flexibilidad también significa que los dos miembros de la pareja están abiertos a alternativas y están dispuestos a expandir su manera de pensar. Los cónyuges que no necesitan aferrarse rígidamente a sus creencias o preferencias no se sienten amenazados cuando su pareja sugiere un enfoque alternativo; más bien, se muestran dispuestos a ampliar su punto de vista y considerar ideas que quizás jamás se les habían ocurrido. Muchos se sienten afortunados de que los intereses y las experiencias de vida de su pareja puedan balancear áreas desconocidas o subdesarrolladas en sus propias vidas.

Cuando los niños crecen en un entorno en el que los padres son receptivos a la opinión del otro, se evitan la tensión y la culpa que son inevitables cuando sólo existe un camino "correcto". La voluntad de explorar opciones y considerar alternativas, por lo general, también se extiende a los niños, de modo que cada uno de ellos se sentirá más libre de buscar sus propios intereses en vez de cumplir expectativas rígidas que no toleran la individualidad.

Capacidad de perdonar

Pese a sus buenas intenciones, los cónyuges a menudo se decepcionan o hieren mutuamente. Las parejas que son capaces de conversar al respecto cuando esto sucede y enseguida liberarse de su enojo tienen una ventaja maravillosa en la vida. Son muchas las parejas que asisten a terapia y que se aferran a cada decepción o queja de una manera tal que sólo acentúa su sentimiento de infelicidad. Los cónyuges que hacen esto parecen estar buscando alivio a través del virtuosismo. Se aferran a la idea de que el otro les hizo daño o los trató injustamente, y utilizan esto para justificar su retraimiento o su contraataque. Suponen que su pareja es un enemigo que no sólo los ha herido una vez, sino que sin duda lo hará de nuevo si se lo permiten. Desafortunadamente, su incapacidad para permitir que su pareja remedie la situación convierte una pequeña herida en una cicatriz.

Saber cómo perdonar implica un esfuerzo activo que exige la capacidad de confiar y la convicción de que se puede restaurar lo positivo. Esto sólo puede suceder cuando el cónyuge a quien se ha herido es capaz de conversar al respecto con su pareja, quien a su vez tendrá que asumir la responsabilidad por haber causado el dolor. La capacidad de colaborar para solucionar el asunto y luego restaurar la intimidad de la relación permite que predominen los aspectos positivos del matrimonio. Cuando los cónyuges no saben perdonar, los dolores del pasado se van acumulando hasta producir una postura defensiva y un distanciamiento.

El espíritu de confianza en padres que saben cómo perdonar le agrega una dimensión maravillosa a toda la familia. Como creen en las buenas intenciones y la capacidad de cambiar de la pareja, hay una atmósfera de confianza. Perdonar a la pareja es verdaderamente un acto de amor y es la única manera de hacer borrón y cuenta nueva. Los padres que pueden darse este regalo, a la vez, se lo pueden dar a sus hijos, pues estos también son humanos y son susceptibles de cometer errores. Además de crecer en un entorno de confianza y aceptación, los niños que ven a sus padres perdonar, en un esfuerzo por reparar la relación, aprenden la importancia de la perseverancia y las bondades que dos personas pueden crear.

Energía para concentrarse en los elementos positivos

Aunque todos nos vemos influidos por nuestro pasado, es sumamente fácil aceptar pasivamente las características negativas y las formas de relacionarse no convenientes que se han transmitido desde generaciones anteriores o que fueron creadas a partir de experiencias previas. Las cualidades positivas que apuntalan un matrimonio y crean el tipo de experiencia que esperamos tengan nuestros hijos están disponibles para todos los padres... pero es posible que exijan acción y cambio. Y aunque casi todos los cónyuges pueden imaginar lo felices que serían si su pareja aprendiera nuevas maneras de relacionarse para fortalecer los elementos positivos, lo ideal es que el cambio incluya a los dos. Para la mayor parte de la gente, esto implica tomar la decisión de ensayar algo nuevo y asumir un riesgo. Pero escoger fortalecer los aspectos favorables del matrimonio tiene consecuencias positivas que repercuten en la relación marital y en los hijos. El afecto, el aprecio, la flexibilidad, la amistad, la capacidad de perdonar, la risa, la actitud mental abierta: cuando todos estos ingredientes se combinan, crean un entorno familiar cálido, relajado y juguetón. Los niños no sólo evitan la tensión y la hostilidad, características de los matrimonios desdichados, sino también desarrollan un modelo de matrimonio que los insta a esperar y obtener lo mejor.

PREGUNTAS

1. ¿Qué cualidad de su matrimonio aprecia más? ¿Qué necesita suceder en su relación para que esta cualidad se manifieste? ¿Y para que se anule? ¿Cuál es la siguiente fortaleza más importante de su matrimonio? ¿Con qué frecuencia la experimenta? ¿Qué sucesos hacen que se anule?

2. Piense en tres matrimonios a los cuales ha sido expuesto en su vida (los de sus padres, o sus hermanos, o sus amigos). ¿Qué cualidades admira más? ¿Qué tan fácil o tan difícil cree que sería incorporar esas fortalezas a su propio matrimonio?

3. Si imagina su matrimonio como una balanza con tensión y conflicto de un lado y calidez y amistad del otro, ¿cómo se vería?

4. ¿Qué es lo que más respeta de su pareja como padre o madre? ¿Cómo cónyuge? ¿Cómo persona? ¿Cuándo fue la última vez que le dijo a su pareja cuánto apreciaba esta característica?

5. ¿Cuántas veces por semana se abrazan o se toman de la mano usted y su pareja? ¿Quién inicia el gesto la mayor parte de las veces? ¿Cómo se manifestaba el afecto en el matrimonio de sus padres? ¿En el de sus suegros? ¿A cuál de estas relaciones se parece más la suya en lo que respecta a la expresión de afecto?

9

CONSTRUIR UN MEJOR MATRIMONIO

"Nunca es demasiado tarde para intentarlo"

AL INICIO DE ESTE LIBRO EXPLIQUÉ que algunos de los capítulos serían fáciles de leer, pues confirmarían que lo que sucede en su propio matrimonio es bueno para usted y para sus hijos. Sin embargo, es probable que haya una o dos áreas que quizás no marchen tan bien como usted querría. Aunque quizás no ha reflexionado mucho sobre estas zonas de peligro, ahora que se da cuenta del grado en el cual los niños se ven afectados por su matrimonio, tal vez, se sienta más comprometido a mejorar estos aspectos. Si bien los terapeutas matrimoniales suelen ser útiles cuando la pareja se mete en un callejón sin salida, posiblemente, descubra que estas sugerencias bastarán para ayudarle a efectuar los cambios requeridos.

Imaginar el matrimonio que quieren

Cuando atiendo parejas, por lo general, les pido que imaginen cómo sería su vida si la terapia es exitosa. Les aconsejo que sean lo más específicos posible y que visualicen una escena que representaría el tipo de matrimonio que realmente desean. Ésta se convierte en el "cuadro grande". Es una meta alcanzable sólo si ambos cónyuges la tienen en mente. Si la situación se descarrila, o retorna a un estado de desdicha, pensar en la manera en que podrían ser las cosas podría servir de motivación. Cuando los cónyuges parecen estancados o incapaces de pensar en diferentes maneras de relacionarse entre sí, les pido que reflexionen sobre cuál va a ser el resultado si siguen haciendo exactamente lo que hacen ahora. Luego, les pido que comparen esa imagen con la visión de lo que su matrimonio podría ser. Aunque encontrar una manera diferente de manejar una situación no es fácil ni automático, el hecho de tener una visión del resultado final muchas veces representa una gran diferencia.

Tomar mayor conciencia de sí

Tener una visión de cambio ofrece dirección y motivación, pero hay otros pasos que es preciso dar para poder ir de aquí a allá. Muchas veces, nuestro anhelo de disfrutar de una vida feliz o un matrimonio perfecto impide reconocer sentimientos que sugieren lo opuesto. Aunque a la mayor parte de la gente le es fácil reconocer la ira, es igualmente útil reconocer las señales sutiles pero persistentes que afloran cuando algunos asuntos importantes no se han resuelto plenamente. Las parejas que evitan conversar sobre ciertos temas a menudo se muestran pesimistas sobre la posibilidad de solucionar sus problemas y, en cierto sentido, se han dado por vencidas. La distancia entre los cónyuges es un síntoma de pérdida de buena voluntad o confianza y se debe tomar muy en serio. Tomar conciencia es, sin duda, el primer paso hacia el mejoramiento.

9. Construir un mejor matrimonio

La autoconciencia no significa únicamente ser conscientes de nuestras acciones; también, requiere que aprendamos a identificar y entender nuestros sentimientos. Muchas personas nunca han aprendido a tolerar los sentimientos tristes o difíciles y quizás se sientan ansiosas o muy incómodas cuando dichos sentimientos emergen. En muchos sentidos, se requiere coraje para descubrir y sustentar nuestro ser más interior. Recuerde, los sentimientos son sólo sentimientos; su existencia no significa que algo terrible está a punto de suceder[127]. Además, son finitos. Muchas personas rehúyen una experiencia emocional porque creen que el nivel de incomodidad se irá magnificando cada vez más, y no se dan cuenta de que ya han llegado al estado máximo de desazón. Su problema es que no saben qué hacer después. Aunque el proceso de cambio sólo empieza si se admiten los sentimientos, una vez se toma conciencia de sí, se pueden dar otros pasos que lo ayudarán a sentirse mejor.

A fin de persistir con los sentimientos incómodos el tiempo suficiente para entenderlos, quizás necesite aprender a tranquilizarse a sí mismo. Cuando los niños tienen una pesadilla y van donde sus padres, quieren que los abracen y reconforten. Al decirles que no se preocupen y sosegarlos, asegurándoles que todo está bien, les da la fuerza requerida para volver a sus camas. Los adultos también necesitan que los tranquilicen y reconforten cuando la ansiedad se empieza a apoderar de ellos. Recuérdese que sus sentimientos negativos son sólo sentimientos; en realidad, no lo pueden lastimar. También, ayuda respirar profundamente y volver al cuadro grande en busca de inspiración. Confiar sus emociones a su pareja o a un amigo o amiga le ayudará a tolerar

---

[127] Véase Wenning (1998), en especial pp. 62-79.

sentimientos difíciles, y también a irlos entendiendo. Sólo si sabemos cómo nos sentimos, podremos establecer la conexión entre lo que está mal y lo que es preciso cambiar. Casi todas las personas también necesitan saber cómo ahondar en su ira. La ira es una emoción importante que nos alerta con respecto a situaciones que es preciso afrontar[128]. Pero si exploramos debajo de la ira, hay otros sentimientos que a menudo son los que más se requiere entender. Con frecuencia, la ira se estimula cuando sentimos temor, o nos sentimos heridos o decepcionados. A fin de mejorar realmente la situación y crear la cercanía que beneficiará al matrimonio y a los hijos, es preciso hablar sobre estos sentimientos subyacentes y solucionarlos.

Descubrir sus creencias y expectativas tácitas

Entender las creencias y las presunciones relacionadas con los sentimientos es otro requisito importante para mejorar nuestra situación. Al examinar nuestro matrimonio, parte de este entendimiento proviene de reconocer las creencias y las expectativas que se derivan del modelo de matrimonio de nuestros propios padres, pues allí fue donde aprendimos cómo funcionan las relaciones. Es importante tener en mente que el matrimonio de nuestros padres nos afecta de dos maneras igualmente poderosas: las identificaciones que hemos aceptado tácitamente, independientemente de sus consecuencias, y los aspectos de los que nos hemos desidentificado y contra los cuales hemos desarrollado reacciones.

Aunque se trata de algo que podría generar ansiedad, es importante saber qué aspectos del matrimonio de nues-

---

[128] Lerner (1985), pp. 100 - 107.

9. Construir un mejor matrimonio

tros padres sirven de inspiración y cuáles nos hacen estremecer incómodamente. El hecho de no saber cuáles son no nos evita vernos influidos por ellos. De hecho, lo contrario suele ser cierto: cuando los fantasmas del pasado nos invaden de manera silenciosa, somos muy susceptibles a ellos y no somos capaces de elevar al máximo las fortalezas potenciales o impugnar los aspectos que nos causan más sufrimiento. Muchas de nuestras identificaciones existen sin ser plenamente reconocidas o utilizadas. De hecho, la mayor parte de la gente tiene aspectos del matrimonio de sus padres que les gustan y a los que podrían recurrir como fortalezas si los entendieran mejor. Los recuerdos de momentos en los que los padres colaboraban positivamente o demostraban su afecto nos pueden servir de inspiración, si sabemos reconocer su importancia.

Entender cuáles aspectos del matrimonio de nuestros padres se grabaron en nuestro esquema, también, nos ayudará a entender nuestras decepciones cuando nuestra realidad actual y nuestro modelo no coinciden. Un ejemplo extraído de mi propia vida es el empeño con que tanto mi padre como mi madre se cuidaban mutuamente. Recuerdo la primera vez que mi madre condujo el auto en la autopista para visitar a sus padres, quienes vivían a 160 kilómetros de distancia. Mi padre, desde luego, le había echado gasolina al auto y había revisado el aceite y la presión de las llantas, pero también dedicó veinte minutos a darle a mi madre consejos sobre cómo actuar frente a los autos que la pasaran en la autopista, y a trazarle un mapa detallado de las salidas y otras señas. Sobra decir que mi madre había hecho ese viaje cientos de veces como pasajera y que además era una conductora excelente, pero el amor que le tenía mi padre se expresó claramente ese día. Sin darme cuenta, supuse que el hecho de que mi esposo mantuviera lleno el tanque de gasolina del auto y me ofreciera su ayuda cuando tenía que ir a sitios nuevos era una manifestación de amor, y que el no hacerlo era una señal segura de que ya no me quería. Sólo al reconocer mi profunda decepción, pude dar el siguiente paso, es decir, cuestionar las creencias y conclusiones que me habían sumido en ese estado emocional.

Al final de cada capítulo, he incluido una lista de preguntas tendientes a estimular la toma de conciencia sobre las propias creencias. Además de reflexionar sobre sus respuestas iniciales, quizás convenga también potenciar esta experiencia, hablando con sus hermanos y hermanas, mirando retratos de su niñez e, inclusive, examinando con una mirada fresca la manera en que sus padres interactúan en la actualidad. Lo que suele suceder cuando hablamos sobre nuestras impresiones y recuerdos con más detalles es que se nos brinda la oportunidad de reexaminar las experiencias de la niñez desde una perspectiva adulta y lograr un entendimiento más complejo de lo que sucedía en ese momento.

Por ejemplo, varias de las personas a las que me he referido en este libro tenían claramente una relación más estrecha con uno de sus padres. Como resultado, la visión del otro y del matrimonio de sus progenitores se vio fuertemente influida por la perspectiva del padre o madre preferido/a. Si queremos considerar el matrimonio de nuestros padres desde una perspectiva más objetiva, es preciso reconocer el grado hasta el cual se nos ha pedido que nos aliemos con uno de ellos. Si entendemos esto, finalmente, podremos devolverles a nuestros padres su matrimonio. Renunciar a la responsabilidad de librar las batallas de nuestros padres y poseer sus creencias es una experiencia maravillosamente liberadora. Sólo entonces seremos libres de crear una relación de intimidad que refleje nuestro propio y único yo. Helen, por ejemplo, logró hacer esto.

El trabajo con Helen

Volví a ver a Helen varios años después de que se graduó de la universidad, siendo ya una mujer casada. Me había llamado poco después de que hospitalizaron a su padre tras sufrir un infarto. Como recordarán, Helen había sido inmiscuida en el matrimonio de sus padres como aliada y confidente de su madre. Sabía todo sobre el matrimonio de sus padres, pero sólo desde la perspectiva de su madre. Percibía a su padre como un hombre distante e indiferente, y el matrimonio como una relación que no brindaba apoyo o amistad. A la luz de la evidente necesidad de su madre, su padre parecía tacaño y cruel. Cuando acompañó a su madre a la unidad de cuidados intensivos del hospital, le asombró la insistencia de ella de que su padre se veía muy bien, cuando Helen podía ver por sí misma que estaba terriblemente pálido y poco receptivo. Por fortuna, el infarto fue más bien leve y aunque su padre requería reposo y un monitoreo constante, al día siguiente, lo pasaron a una habitación regular en el ala cardiaca. Helen llevó a su madre a verlo tan pronto se inició el horario de visitas. Al cabo de unos diez minutos, la mamá de Helen anunció que su esposo necesitaba descanso y que no le convenía tanto visitante. Dijo que se marchaba y le sugirió a Helen que se fuera con ella. Las enfermeras no habían limitado el horario de visitas y la habitación parecía grande y extraña. Helen se preguntó cómo se sentiría ella si la dejaran allí sola. Reflexionó unos instantes y luego le preguntó a su padre si le molestaría que ella se quedara con él un rato más. Su padre le extendió la mano y sonrió con agradecimiento.

Cuando Helen me contó sobre este incidente, se dio cuenta de que la visión que tenía su madre de su padre era completamente ajena a la realidad. Fue entonces obvio para ella que su mamá no podía tolerar o siquiera admitir el lado vulnerable de su esposo. Sin embargo, Helen tenía pocos recuerdos de su padre, demostrando su lado necesitado a nadie. Mientras conversábamos sobre distintos recuerdos de su niñez, Helen pudo ver cómo era realmente el matrimonio de sus padres. Su papá había asumido el papel de cónyuge invencible pero que negaba; su madre había sido la esposa necesitada pero con carencias. Al permitir que el lado vulnerable de su esposa floreciera y dominara la familia, el padre de Helen no había podido reconocer su propia debilidad. Sin embargo, reflexionando mejor sobre el asunto, Helen llegó a la conclusión de que su papá, en realidad, había sufrido más carencias que su mamá.

Esta toma de conciencia fue particularmente importante, porque, en su propio matrimonio, Helen había encontrado una pareja que reforzaba su independencia y su autosuficiencia. Helen se había desidentificado de la posesividad necesitada de su madre y casi nunca manifestaba sus emociones o hablaba sobre ellas. Su esposo también era un hombre de acción, escéptico de la psicología y más a gusto con los hechos que con los sentimientos. El hecho de examinar el matrimonio de sus padres desde un ángulo nuevo, le dio a Helen el coraje requerido para ver cómo nadie en su familia había sabido reconocer las emociones o brindarse apoyo los unos a los otros. La mano que se había extendido hacia Helen en la habitación del hospital fue un símbolo de conexión y esperanza. Helen trasladó esta esperanza a su propio matrimonio y descubrió que cuando iniciaba una conversación que exponía su lado confundido y vulnerable, su esposo era capaz de ofrecerle su apoyo sin menospreciarla o alejarse. Era una nueva faceta de la relación para ambos, y nunca la hubieran podido descubrir si Helen no se hubiera liberado de las cargas y creencias con respecto al matrimonio de sus padres.

Considerar las presunciones con base en el género

Casi todos los temas esbozados en este libro demuestran el grado hasta el cual el comportamiento se ve influido por expectativas con base en el género. Muchas de nuestras acciones se basan en creencias que se formaron cuando aprendimos, a partir del matrimonio de nuestros padres, lo que sucede entre los hombres y las mujeres. Si exploramos el asunto más detenidamente, quizás descubramos que las ideas que tenemos son superficiales y restrictivas. A menudo, generan creencias y posibilidades que nos alejan bastante de lo que verdaderamente somos y queremos.

Las creencias determinadas por el género son tan sutiles y están tan profundamente arraigadas a manera de comportamiento "normal" que, a veces, es difícil percibirlas. Cuando existe resentimiento tácito, hostilidad o distancia en un matrimonio, es probable que haya temas importantes que no se han negociado de manera satisfactoria. En vez de señalar acusatoriamente a su cónyuge, es más importante mirar hacia adentro y reflexionar sobre el estilo propio y las expectativas que tiene para sí. Las mujeres que hacen eso quizás descubran que no se sienten a gusto siendo asertivas, o que suelen retroceder cuando perciben la desaprobación o la ira de su pareja. Los hombres que exploran en su interior quizás descubran que se alejan rápidamente de sus sentimientos o tratan de encontrar soluciones sin entenderse plenamente ni entender a su pareja. Sólo al reconocer nuestro propio papel en cuanto a perpetuar la dinámica que produce infelicidad, podremos considerar los siguientes pasos que se pueden dar para cambiar.

Ser abierto a nuevas explicaciones

Con el paso de los años, he aprendido a apreciar el poder de las creencias para facilitar el cambio. La manera como reaccionamos ante una situación depende totalmente de las creencias subyacentes que nos han llevado a interpretar los sucesos de una manera específica. Una forma de experimentarnos a nosotros mismos y también nuestra relación de una manera diferente es impugnar nuestros supuestos y nuestras conclusiones. Al hacerlo, nos abrimos a los elementos positivos y nos sentimos más libres para imaginar y crear los cambios que deseamos.

Un esposo a quien atendí tenía inicialmente una actitud desdeñosa hacia los sentimientos. Creía en la necesidad de ser "macho" y, al mostrarse duro y racional, se había distanciado de sus propios sentimientos. Desde luego, también le incomodaban los sentimientos de su esposa y solía terminar abruptamente las conversaciones cuando se volvían "demasiado emocionales". En la terapia, pude ayudarle a conectarse con un lado suyo que casi nunca había admitido y a encontrar la fuerza requerida para construir la relación que quería.

Richard y Molly

Richard y Molly llevaban once años de casados cuando fueron a mi consulta. Las primeras palabras que me dijo Molly fueron: "De no haber sido por los niños, ya nos habríamos divorciado, pero no estoy segura de que valga la pena seguir juntos, porque la situación se ha deteriorado muchísimo". Richard, de manera reservada pero angustiada, agregó que había hecho todo lo que había podido, pero que Molly simplemente lo había excluido de su vida. Casi nunca salían juntos ni hacían el amor.

9. Construir un mejor matrimonio

Ambos estaban consagrados a sus tres hijos de edad escolar pero, por lo general, disentían en cuanto a la manera de criarlos y manejar la casa. Como resultado, había frecuentes discusiones frente a los niños y, a veces, peleas que instaban a Richard a gritar o a marcharse.

Les pregunté si las cosas siempre habían sido tan tensas y conflictivas entre ellos. Molly contestó que solía ser todo lo contrario. "Cuando nos conocimos, mi madre se estaba muriendo de cáncer. Richard siempre estuvo allí, apoyándome, siempre tranquilo, siempre atento. Era mi roca. No creo que lo hubiera podido soportar sin él". Sorprendida, le pregunté si tenía alguna idea de cuándo había cambiado todo.

Molly: Puedo decirle exactamente. Emily tiene cinco años hoy en día. Cuando la estaba esperando, Richard Junior tenía cuatro y Scott dos. Yo sufría de asma relacionada con el embarazo. Los médicos dijeron que desaparecería después del nacimiento de la bebé, pero no podía tomar ningún medicamento; a veces, casi no podía respirar.

J. S.: Prosiga.

Molly: Una mañana, sufrí un ataque terrible. Richard me estaba ayudando con los niños, pero cada vez era peor. Pensé que iba a morir. Entonces, Richard dijo que tenía una reunión importante en la oficina y que tenía que irse. Ahí estaba yo sola con dos niños, no podía respirar... ¡y él se fue y me abandonó!

J. S.: ¿Recuerda lo que pensó?

Molly: ¡Me dejó para que muriera! En ese momento, supe que en realidad no me amaba. Uno no ama a alguien y lo abandona de esa manera.

Lo que los niños aprenden del matrimonio...

Miré a Richard y le pregunté si recordaba esa mañana. Con un tono de voz plano y con toda naturalidad, como quien indica en dónde queda la siguiente salida de la autopista, dijo:

Richard: Molly tenía vecinos a quienes podía acudir, o podía ir a la sala de urgencias. Si yo perdía mi empleo, toda la familia iba a sufrir y tenía que cumplir con mis responsabilidades laborales.

J. S.: Me causa curiosidad la descripción que hace Molly de usted cuando eran novios. Lo llamó su roca. Usted me parece un hombre muy competente. ¿Me podría hablar un poco sobre eso?

Richard: Yo diría práctico, pero competente probablemente es cierto. Me gusta pensar que tengo claridad mental.

J. S.: ¿Siempre fue así? ¿Fue un niño serio?

Richard: No siempre. Tengo cuatro hermanos y jugábamos bastante. Pero vivíamos en una granja y también había labores por hacer. Yo era el mayor, de modo que probablemente era el más serio.

J. S.: ¿Cómo fue crecer en una granja?

Richard: Diferente. Pasábamos mucho más tiempo juntos en familia de lo que hace la gente aquí. Jugábamos y nadábamos, pero no necesitábamos clases. Mi mamá no sabía conducir, o sea que, de todas maneras, no hubiéramos podido asistir a clases.

J. S.: ¿Cree que a su mamá le preocupaba el hecho de tener cinco hijos y no poder conducir si se presentaba una emergencia?

Richard: Siete. También tengo dos hermanas menores. Teníamos mucha tierra, de modo que no había vecinos cercanos. Creo que mi mamá simplemente no permitía que tuviéramos problemas. No se preocupaba mucho cuando enfermábamos, y cualquier cosa que requiriera un auto tenía que esperar hasta que regresara mi papá. Francamente, no recuerdo que hubiera habido ningún problema.

J. S.: Pues como el mayor de siete hijos, aislados en una granja sin un posible conductor la mayor parte del tiempo, entiendo perfectamente que usted se haya vuelto responsable. Tenía que aprender a arreglárselas solo. Comprendo por qué Molly dijo que usted era su "roca". ¿Su padre también era una roca para su madre?

Richard: Tanto mi padre como mi madre eran personas sensatas y eficientes. Trabajaban arduamente y se mantenían ocupados, atendiendo la granja. Mi madre hacía lo que le correspondía, y mi padre, también.

J.S.: Molly, estoy pensando en el hecho de que Richard sea una roca y en lo importante que es eso para ambos. ¿Y si Richard cree que usted sólo puede amar la parte de él que es fuerte... la parte que es la roca? ¿Y si Richard no se estaba sintiendo como una roca la mañana en que le dio el ataque de asma? ¿Y si él tal vez hubiera sentido tanto miedo como usted?

Molly: ¿Quiere decir que tal vez Richard se asustó cuando me dio el ataque?

J. S.: (mirando a Richard): No me puedo ni imaginar lo que sintió al ver a su esposa buscando desesperadamente aire y sin saber qué hacer para ayudarle.

Richard (con los ojos aguados): Sentí miedo. No puedo creer que me haya ido, pero no lo pude soportar.

Molly: Richard, no tenía idea de que tuvieras miedo. Nunca me hablas sobre tus sentimientos. Siempre pienso que careces de ellos.

J.S.: Molly, ¿cambiarían las cosas para usted si creyera

Lo que los niños aprenden del matrimonio...

que Richard pensaba que usted sólo puede amar la parte de él que es una "roca"... que si le mostrara su lado débil usted no lo respetaría o lo amaría?

Molly: ¿Qué no se fue ese día porque no me amaba? ¿Qué simplemente no lo pudo soportar?

En ese momento de la sesión, Molly adoptó una actitud triste y reflexiva. Empezó a llorar y le dijo a Richard: "Todo sería muy distinto".

En nuestra siguiente sesión, me concentré en la necesidad de Richard de percibirse a sí mismo como una roca, y el evidente malestar que le producían los sentimientos. Richard siempre se había percibido como una persona competente y asumió ese papel en el matrimonio. A medida que empezamos a explorar su vida en la granja, Richard comenzó a darse cuenta de que ninguno de sus padres había tenido ni el tiempo ni la capacidad para preguntarle sobre sus sentimientos. También, pudo entender que en su familia existía un sistema de creencias sobre la competencia, y que el hecho de que su madre no supiera conducir era una fuente de humillación. Su padre, silencioso y estoico había desempeñado el papel de "roca" en el matrimonio, pero nunca había expresado sus propias debilidades o vulnerabilidades. Mientras conversábamos sobre sentimientos, Richard admitió que, a menudo, se sentía ansioso, pero que había aprendido a bloquear esta sensación, ocupándose en otras cosas.

Cuando les pedí a Richard y a Molly que crearan su "cuadro grande" del matrimonio que deseaban tener, hubo algo de confusión. Aunque el primer impulso de Molly era querer que las cosas volvieran a ser como eran antes de que nacieran los hijos, entendió que la fórmula de "Richard como una roca" nunca iba a reportarles la felicidad que ella quería. Después de discutirlo un rato, Richard decidió que lo que realmente quería era un matrimonio en el que se pudiera sentir respetado y bienvenido, en tanto que Molly dijo querer un matrimonio en el cual realmente pudieran hablar sobre lo que estaban sintiendo. Si Richard pensaba que Molly podía respetarlo por compartir su lado vulnerable, estaba dispuesto a intentarlo. En un ensayo en mi oficina, Richard le empezó a contar a Molly sobre la presión que sentía en el trabajo. Al comienzo, era obvio que le costaba trabajo hablar sobre sus sentimientos. Tenía que luchar contra su idea de que Molly lo iba a despreciar, y también contra su propio malestar al reconocer que había cosas en su vida que no eran perfectas. En un momento dado, Richard me miró y dijo: "Solía pensar que se requería fuerza para mantener mis sentimientos ocultos y manejar todo yo solo. Ahora, sé que lo que realmente exige fortaleza es encontrar el coraje necesario para admitir los sentimientos y expresarlos en voz alta".

El hecho de ver su capacidad de conocer y exponer su lado vulnerable como una fortaleza facultó a Richard para asumir riesgos y continuar con este proceso. Como pronto descubrió, hablar sobre sus sentimientos lo ayudó a tranquilizarse, y cuando Molly fue capaz de escuchar y ofrecerle apoyo y respeto, el vínculo entre los dos se fortaleció.

Hasta cuando fue capaz de considerar que el abandono de Richard se debía a que se sentía abrumado y que no significaba que no la amaba, Molly no lo pudo perdonar ni se permitió volver a ser vulnerable. Hasta cuando Richard fue capaz de comprender que afrontar sus sentimientos exigía coraje y reflejaba fortaleza en vez de debilidad, no pudo comprometerse con la relación de la manera en que ambos realmente querían. Si existe una receta para el cambio, empieza con una visión de una vida mejor y una toma de conciencia de los temas que se yerguen como obstáculos que impiden relacionarse de mejores maneras. El cambio se facilita enormemente cuando se es capaz de impugnar las creencias que han mantenido todo estático. Cuando podemos ver cómo la historia de nuestro matrimonio se basa en supuestos e interpretaciones que podrían ser limitantes o incorrectos, nos es posible abrir la mente a una perspectiva diferente.

Volverse un equipo

Desde luego, el cambio es mucho más fácil si los dos miembros de la pareja se comprometen a realizarlo. Para lograr esto, la comunicación es una parte vital del proceso. Cuando los cónyuges son capaces de esforzarse conjuntamente para entender su relación y el sistema de creencias que la sustenta, incluso, el proceso de tomar conciencia genera una cercanía. Cuando trato parejas, subrayo la importancia de que trabajen conjuntamente. Les indico lo importante que es volverse un equipo con el fin de fortalecer su matrimonio y liderar su familia. En mi opinión, un equipo se compromete con una meta y un objetivo compartidos. Es más fácil comprometerse y brindar apoyo cuando ambos quieren lo mismo y se esfuerzan igualmente para alcanzar su meta. Cuando los dos cónyuges vuelven a estar del mismo lado, los detalles del cambio son mucho más viables.

Los miembros de un equipo saben que el protegerse mutuamente facilita el éxito. Cuando trato a parejas excesivamente prevenidas o que tienden a caer en patrones repetitivos de "viejos" temas no resueltos, procuro ayudarles a entender la secuencia desde una perspectiva nueva. Por lo general, uno de los cónyuges ha asumido una postura de prevención exagerada, mientras que el otro parece estar un poco más anclado en la realidad. Si esa persona logra entender que durante un breve momento él o ella tiene la opción y la oportunidad de ayudarle a su pareja a volver sobre sus rieles, podrían evitarse muchas discusiones serias y muchas interacciones dolorosas. En vez de morder el anzuelo y saltar con la respuesta que se ha provocado, es posible responder de una manera tranquilizadora y no prevenida. Sin duda, es algo difícil de hacer, pero de alguna manera encontramos la fuerza para hacerlo por el bien de nuestros hijos. Los padres que son capaces de experimentar usando su fortaleza para ayudarle a su pareja, por lo general, descubren que las recompensas bien valen la pena.

Separar el pasado del presente

Otra manera de aprender a fortalecer su matrimonio es aprender a distinguir las viejas heridas y decepciones de la realidad del aquí y el ahora. Nuestros mapas cognitivos son muy poderosos, pues no sólo orientan la manera en que interpretamos las situaciones y sacamos conclusiones, sino también controlan nuestro estado emocional y nuestras expectativas de lo que está por venir. Cuando una interacción entre los cónyuges se parece a una experiencia desdichada de la niñez, a menudo, se activa en su totalidad la estructura de significado del pasado. En ese momento, todos nuestros sentimientos intensos y nuestras creencias de la niñez afloran y se entrelazan con la situación inmediata. Así mismo, se reavivan antiguas creencias y expectativas, lo cual distorsiona nuestro entendimiento y nuestras reacciones.

Cuando una persona toma conciencia de los temas

específicos de su pasado que tienden a emerger y dominar el presente, tendrá más posibilidades de identificar el proceso desde el inicio. Al estar consciente de cómo los antiguos esquemas pueden distorsionar las conclusiones y generar sentimientos abrumadores, se puede evitar que se forme el ciclo. El cambio se logra recordándonos a nosotros mismos que el presente no es el pasado. El hecho de poder distinguir y contrastar las dos experiencias hace que las viejas heridas permanezcan en el trasfondo, lo cual nos permite concentrarnos más en la situación presente.

Utilizar el poder de la admisión de responsabilidad y el perdón

Aferrarse a la ira es una de las fuerzas que más daño causan en un matrimonio. Ya sea que reverbere debajo de la superficie, irrumpa en episodios periódicos de furia o se manifieste en expresiones diarias de hostilidad y resentimiento, la ira crea un entorno cáustico tanto para los padres como para los hijos. Si bien sirve para alertarnos sobre situaciones que es preciso afrontar, debe considerarse como una invitación para tomar acción. Cuando los cónyuges crean listas de agravios, están agregando elementos a un sistema de creencias que les impide confiar, compartir y divertirse con su pareja. Si se quiere que predominen los aspectos positivos del matrimonio, los agravios se deben manejar de una manera más constructiva.

El matrimonio se puede mejorar sustancialmente cuando los cónyuges son capaces de conversar sobre algo que les molesta o los perturba. Muchos libros de autoayuda se refieren a las maneras en que los miembros de la pareja pueden abordar este tema constructivamente, como por ejemplo, ser específicos sobre la preocupación principal en vez de sacar a colación una serie de agravios al mismo tiempo, y hablar con tranquilidad y respeto, en vez de insultar o provocar al otro[129]. Pero es igualmente importante que cada uno sepa cómo aceptar la responsabilidad cuando es quien ha propiciado la herida. Incluso si no fue intencional, o si cree que la reacción de su pareja es exagerada, el incidente sólo puede ser perdonado si admite su parte en la herida que causó. Incluso algo tan sencillo como "no pensé que esto te iba a molestar tanto; no fue mi intención herirte" permite que su pareja sepa que sus sentimientos han sido escuchados y validados.

Pero el incidente no se soluciona del todo sino cuando se puede perdonar. Para trascender la postura de autoprotección que acentúa la distancia marital y perpetúa la ira, es necesario aprender a aceptar una disculpa y confiar en la sinceridad de la pareja. El perdón como respuesta a la admisión de responsabilidad de la pareja es una fórmula mágica para restablecer el amor y la conexión. No sólo es un tónico para el matrimonio, sino también para los niños, quienes presenciarán de una manera constructiva cómo se manejan el conflicto y la decepción, y serán los que más se beneficien de un hogar relajado y libre de conflictos.

Por el bien de nuestros hijos

Aunque soy terapeuta de pareja y conozco bastante sobre el comportamiento humano, algunas de las cosas que aprendí mientras realizaba la investigación para este libro me ayudaron a examinar más de cerca mi propio matrimonio. Reflexioné sobre todas esas veces que había peleado con mi esposo frente a los niños, y las veces en que, furiosa, había menospreciado a mi marido en su presencia. Ha habido

---

[129] Wenning (1998), pp. 68 - 77. Véase, también, Gottman (1994), pp. 181-199.

momentos en los que he puesto a nuestros hijos en el medio. Aunque no todas las promesas se cumplen cabalmente, lo cierto es que me he comprometido a actuar de una manera diferente, por el bien de mis hijos.

Si quiero que los niños se sientan confiados y orgullosos de sí mismos, tengo que comprometerme a no hacer comentarios sarcásticos o irrespetuosos sobre su padre. Si quiero que mis hijos crean en la seguridad del matrimonio, debo procurar controlar el genio y pensar cuidadosamente antes de soltar una frase indebida como producto de la ira. Mientras escribía este libro, tomé conciencia de varios asuntos "viejos" que no había resuelto plenamente con mi esposo, pero cuya espina seguía en mi interior, creando pesimismo y resentimiento. Estos últimos meses, han sido interesantes en nuestro hogar; hemos entablado muchas conversaciones que quizás nunca se hubieran producido.

Pero cuando miro los rostros de mis hijos, me siento satisfecha de haber asumido riesgos y me siento contenta con los momentos de tensión que se presentaron cuando se resucitaron temas difíciles. Sé que he hecho algo valioso, no sólo para mí y para mi relación con mi esposo, sino también para el futuro de nuestros hijos. Estoy más cerca de convertir en realidad el cuadro que visualizo de mi propio matrimonio feliz, y abrigo la esperanza de que al fortalecer este vínculo, les estoy dando algo precioso a mis hijos: el legado de lecciones positivas de amor.

9. Construir un mejor matrimonio

PREGUNTAS

1. Al reflexionar sobre los aspectos de su matrimonio que se parecen al matrimonio de sus propios padres, ¿qué es lo que más valora? ¿Qué desearía que fuera diferente?

2. Si hubiera podido cambiar mágicamente la relación de sus padres, ¿qué habría hecho? Si la magia hubiera funcionado, ¿alguna parte de su vida sería diferente?

3. ¿Qué problemas o situaciones probablemente se conecten con asuntos más grandes del pasado? ¿Sabe cuáles son estos asuntos "sensibles" en el caso de su pareja?

4. ¿Qué tan fácilmente se tranquiliza su pareja cuando usted es capaz de guardar la calma? ¿Su pareja sabe cuál es la mejor manera de conectarse con usted cuando usted ha empezado a reaccionar exageradamente por algo?

5. ¿Hay momentos en los que se siente atrapado por antiguas decisiones que ya no reflejan quién es usted o lo que realmente quiere? ¿Cuándo fue la última vez que usted intentó hablar sobre esto con su pareja?

6. Si le pidieran que imaginara cómo sería su matrimonio "soñado" dentro de cinco años, ¿qué tan cerca está de convertirlo en realidad? ¿Se le ocurren dos maneras de ser que podrían ocurrir con frecuencia en su matrimonio soñado? ¿Cómo reaccionaría su pareja si usted intentara ser de esa manera ahora?

BIBLIOGRAFÍA

Ackerman, Robert. *Growing in the Shadow: Children of Alcoholics.* Pompino Beach, Fla.: Health Communications, 1996.

Ahrons, Constance R. *The Good Divorce.* Nueva York: HarperCollins, 1994.

Aida, Yukie y Toni Falbo. "Relationships Between Marital Satisfaction, Resources and Power Strategies". *Sex Roles* 24 (1991): 43-55.

Allen, Melissa. *Children's Perceptions and Comparisons of Two Marital Conflict Patterns: Mutually Hostile and Demand-Withdraw.* Disertación doctoral, Texas A&M University, 1996.

Amato, Paul R. y Bruce Keith. "Parental Divorce and the Well-Being of Children: A Meta-Analysis". *Psychological Bulletin* 110, no. 1 (1991): 26-46.

Amato, Paul R., Laura Spenser Loomis y Alan Booth. "Parental Divorce, Marital Conflict, and Offspring Well-Being During Early Adulthood". *Social Forces* 73, no. 3 (1995): 895-915.

Ambert, Anne Marie. *Parents, Children and Adolescents: Interactive Relationships and Development in Context.* Nueva York; Haworth, 1997.

Bandura, Albert y Walters. *Social Learning and Personality Development.* Nueva York: Holt Rinehart & Winston, 1963.

Barber, Brian K. "Interparental Conflict Styles and Youth Problem Behaviors: A Two-Sample Replication Study". *Journal of Marriage and the Family* 60 (1998): 119-132.

Barnes, Gill G. "The Little Woman and the World of Work". En R. J. Perelberg y A. C. Miller (eds.), *Gender and Power in Families*, 221-244. Nueva York: Routledge, 1990.

Bibliografía

Baucom, Donald H. y Adams. "Assessing Communication in Marital Interaction". En *Assessment of Marital Discord: An Integration for Research and Clinical Practice.* Hillsdale, N. J.: Lawrence Erlbaum, 1987.

Baucom, Donald H., Norman Epstein, Steven Sayers y Tamara G. Sher. "The Role of Cognitions in Marital Relationships: Definitional, Methodological and Conceptual Issues". *Journal of Consulting and Clinical Psychology* 57 (1989): 31-38.

Beach, Beverly K. *The Relation Between Marital Conflict and Child Adjustment: An Examination of Parental and Child Repertoires.* Disertación doctoral, West Virginia University, 1995.

Beavers, W. Robert. *Successful Marriage: A Family Systems Approach to Couples Therapy.* Nueva York: W. W. Norton, 1985.

Belsky, Jay y Michael Rovine. "Patterns of Marital Change Across the Transition to Parenthood: Pregnacy to Three Years Postpartum", *Journal of Marriage and the Family* 52 (1990): 5-19.

Benjamin, Lorna S., y Frances J. Friedrich. "Contributions of Structural Analysis of Social Behavior (SASB) to the Bridge Between Cognitive Science and a Science of Object Relations". En Mardi J. Horowitz (ed.), *Person, Schemas and Maladaptive Interpersonal Patterns.* Chicago: University of Chicago Press, 1991.

Berner, R. Thomas. *Parents Whose Parents Were Divorced.* Nueva York: Haworth, 1992.

Bernstein, Ann C. "Stepfamilies with a Mutual Child". Citado en Mary F. Whiteside, "Remarried Systems", en Lee Combrick-Graham (ed.), *Children in Family Contexts: Perspectives on Treatment.* Nueva York: Guilford, 1986.

Bibliografía

Black, Claudia. *It Will Never Happen to Me*. Denver: Medical Administration Corp., 1981.

Booth A. y J. Dunn, *Stepfamilies: Who Benefits? Who Does Not?* Hillsdale, N.J.: Lawrence Erlbaum, 1994.

Bray, James H. y John Kelly. *Stepfamilies: Love, Marriage and Parenting in the First Decade*. Nueva York: Bantam, Doubleday, Dell, 1998.

Brody, Gene H., Anthony D. Pillegrini y Irving E. Sigel. "Marital Quality and Mother-Child and Father-Child Interactions with School-Aged Children". *Developmental Psychology* 22, no. 3 (1986): 291-296.

Brown, Emily M. *Patterns of Infidelity and Their Treatment*. Nueva York: Brunner/Mazel, 1991.

Buchanan, Christy M., Eleanor E. Maccoby y Sanford M. Dornbusch. "Caught Between Parents: Adolescents' Experience in Divorced Homes". *Child Development* 62 (1991): 1008-1029.

Burman, Bonnie, Richard S. John y Gayla Margolin. "Effects of Marital and Parent-Child Relations on Children's Adjustment". *Journal of Family Psychology* 1, no. 1 (1987): 91-108.

Byng-Hall, John. "Symptom Bearer as Marital Distance Regulator: Clinical Implications". *Family Process* 19 (1980): 355-365.

Cappell, Charles y Robert B. Heiner. "The Intergenerational Transmission of Family Aggression". *Journal of Family Violence* 5 (1990): 135-152.

Carli, Linda L. "Gender, Language and Influence". *Journal of Personality and Social Psychology* 59, no. 5 (1990): 941-951.

Carter, Betty y Monica McGoldrick. "The Changing Family Life Cycle: A Framework for Family Therapy". En B. Carter

Bibliografía

y M. McGoldrick (eds.), *The Changing Family Life Cycle*, segunda edición, 3-28. Boston: Allyn and Bacon, 1989.

Cassady, M. E. *The Family Responses to Conflict Scale: Development of a Measure of Marital Conflict and Children's Exposure and Reactions*. Disertación doctoral, University of Connecticut, 1989.

Chelune, Gordon J., Joan T. Robison y Martin J. Kommor. "A Cognitive Interactional Model of Intimate Relationships". En Steve Duck (ed.) *Communication, Intimacy, and Close Relationships*. Nueva York: Academic Press, 1984.

Christensen, Andrew y Christopher L. Heavey. "Gender and Social Structure in the Demand/Withdrawal Pattern of Marital Conflict". *Journal of Personality and Social Psychology* 59, no. 1 (1990): 73-81.

Clulow, Christopher, ed. *Partners Becoming Parents*. Northvale, N.J.: Jason Aronson, 1997.

Coltrane, Scott. "Gender, Power and Emotional Expression: Social and Historical Contexts for a Process Model of Men in Marriages and Families". En Alan Booth y Ann C. Crouter (eds.), *Men in Families*, 193-211. Mahwah, N.J.: Lawrence Erlbaum, 1998.

Cowan, Carolyn P. y Phillip A. Cowan. *When Partners Become Parents: The Big Life Change for Couples*. Nueva York: Basic Books, 1992.

Cowan, Carolyn P., Phillip A. Cowan, Gertrude Heming, Ellen Garrett, William S. Coysh, Harriet Curtis-Boles y Abner Boles, III. "Transitions to Parenthood: His, Hers and Theirs". *Journal of Family Issues* 6, no. 4 (1985): 451-481.

Cowan, Phillip A. y E. Mavis Hetherington. *Family Transitions*. Hillsdale, N.J.: Lawrence Erlbaum, 1991.

Cox, Martha J., Margeret T. Owen, Jerry M. Lewis, Cynthia Riedel, Lynda Scalf-McIver y Ana Suster. "Intergenerational Influences on the Parent-Infant Relationship in the Tran-

Bibliografía

sition to Parenthood". *Journal of Family Issues* 6, no. 4 (1985): 543-564.

Crohan, Susan E. "Marital Quality and Conflict Across the Transition to Parenthood in African American and White Couples". *Journal of Marriage and the Family* 58 (1996): 933-944.

Crohn, Joel. "Intercultural Couples". En Monika McGoldrick (ed.), *Re-visioning Family Therapy: Face, Culture and Gender in Clinical Practice*, 295-308. Nueva York: Guilford, 1998.

Cummings, E. Mark y Patrick Davies. *Children and Marital Conflict: The Impact of Family Dispute and Resolution.* Nueva York: Guilford, 1994.

Cummings, Jennifer S., David S. Pellegrini, Clifford I. Notarious y E. Mark Cummings. "Children's Responses to Adult Behavior as a Function of Marital Distress and History of Interparent Hostility". *Child Development* 60 (1989): 1035-1043.

David, Corrine, Ric Steele, Rex Forehand y Lisa Armistead. "The Role of Family Conflict and Marital Conflict in Adolescent Functioning". *Journal of Family Violence* 11, no. 1 (1996): 81-91.

Dobson, Keith y Philip C. Kendall, eds. *Psychopathology and Cognition.* Nueva York: Academic Press, 1993.

Duran-Aydintug, Candan. "Adult Children of Divorce Revisited: When They Speak Up". *Journal of Divorce & Remarriage* 27, nos. 1 y 2 (1997): 71-83.

Easterbrooks, M. Ann, E. Mark Cummings y Robert N. Emde. "Young Children's Responses to Constructive Marital Disputes". *Journal of Family Psychology* 8, no. 2 (1994): 160-169.

Bibliografía

Emery, Robert D. "Interparental Conflict and the Children of Discord and Divorce". *Psychological Bulletin* 92 (1982): 310-330.

Falicov, Celia J. "The Cultural Meaning of Family Triangles". En Monika McGoldrick (ed.), *Re-Visioning Family Therapy: Face, Culture and Gender in Clinical Practice*, 33-49. Nueva York: Guilford, 1998.

Framo, James. "Symptoms from a Family Transactional Viewpoint". En Nathan Ackerman (ed.), *Family Therapy in Transition*, 125-170. Boston: Little Brown, 1970.

Freedman, Jill y Gene Combs. *Narrative Therapy: The Social Construction of Preferred Realities.* Nueva York: Norton, 1996.

Fuss, Diane. *Identification Papers.* London: Routledge, 1995.

Gable, Sara, Keith Cernic y Jay Belsky. "Coparenting Within the Family System: Influences on Children's Development. *Family Relations* 43 (1994): 380-386.

Gerson, Mary-Joan. *The Embedded Self: A Psychoanalytic Guide to Family Therapy.* Hillsdale, N.J.: The Analytic Press, 1996.

Gerson, R., S. Hoffman, M. Sauls y D. Ulrici. "Family-of-Origin Frames in Couples Therapy". *Journal of Marital and Family Therapy* 19, no. 4 (1993): 341-354.

Glenn, N. D. "Children of Divorce". *Psychology Today,* junio 1985.

Gorski, Terence T. *Getting Love Right: Learning the Choices of Healthy Intimacy.* Nueva York: Fireside, 1993.

Gotlib, Ian H. y William R. Avison. "Children at Risk for Psychopathology". En Charles G. Costello (ed.), *Basic Issues in Psychopathology*, 271-314. Nueva York: Guilford, 1993.

Gottman, John M. "Toward a Process Model of Men in Marriages and Families". En A. Booth y A. C. Crouter (eds.), *Men in Families*. Mahwah, N.J.: Lawrence Erlbaum, 1998.

_____. *Why Marriages Succeed of Fail. and How You Can Make Yours Last.* Nueva York: Fireside, 1994.

Gottman, John M. y L. F. Katz. "Effects of Marital Discord on Young Children's Peer Interaction and Health". *Development Psychology* 25 (1989): 373-381.

Grych, John H. *Marital Conflict and Children's Adjustment: Initial Investigations of the Cognitive-Contextual Framework.* Disertación doctoral, University of Illinois en Urbana-Champaign, 1991.

Grych, John H. y Frank D. Fincham. "Marital Conflict and Children's Adjustment: A Cognitive-Contextual Framework". *Psychological Bulletin* 108, no. 2 (1990): 267-290.

Guerin, Phillip J. y E. M. Gordon. "Trees, Triangles and Temperament in the Child-Centered Family". En H. C. Fishman y B. L. Rosman (eds.), *Evolving Models for Family Change: A Volume in Honor of Salvador Minuchin,* 159-182. Nueva York; Guilford, 1986.

Guttman, Herta A. "Children in Families with Emotionally Disturbed Parents". En Lee Combrinck-Graham (ed.), *Children in Family Contexts: Perspectives on Treatment,* 252-276. Nueva York: Guilford, 1989.

Hafner, R. Julian. *Marriage and Mental Illness: A Sex-Roles Perspective.* Nueva York: Guilford, 1986.

Hampson, R. B., T. L. Hyman y W. R. Beavers. "Age-of-Recall Effects on Family-of-Origin Ratings". *Journal of Marital and Family Therapy* 20, no. 1 (1994): 61-67.

Hare-Mustin, Rachel T. "Discourses in the Mirrored Room: A Post-modern Analysis of Therapy". *Family Process* 33 (1994): 19-35.

Harkaway, Jill E. "Childhood Obesity: The Family Context". En Lee Combrinck-Graham (ed.), *Children in Family Contexts: Perspectives on Treatment,* 231-251. Nueva York: Guilford, 1989.

Bibliografía

Harold, Gordon T., Frank D. Fincham, Lori N. Osborne y Rand D. Conger. "Mom and Dad Are at It Again: Adolescent Perceptions of Marital Conflict and Adolescent Psychological Distress". *Develompental Psychology* 33, no. 2 (1997): 333-350.

Harter, Susan. "The Personal Self in Social Context". En Richard D. Ashmore y Lee Jussim (eds.), *Self and Identity*, 81-105. Nueva York: Oxford, 1997.

Heaton, Tim B. y Stan L. Albrecht. "Stable Unhappy Marriages". *Journal of Marriage and the Family* 53 (1991): 747-758.

Heller, Patrice E. y Beatrice Wood. "The Process of Intimacy: Similarity, Understanding and Gender". *Journal of Marital and Family Therapy* 24, no. 3 (1998): 273-288.

Hetherington, E. Mavis y Kathleen M. Jodl. "Stepfamilies as Settings for Child Development". En A. Booth y J. Dunn (eds.), *Stepfamilies: Who Benefits? Who Does Not?*, 55-79. Hillsdale, N.J.: Lawrence Erlbaum, 1994.

Hetherington, E. Mavis, M. Stanley-Hagan y E. R. Anderson, "Marital Transitions: A Child's Perspective". *American Psychologist* 44 (1989): 303-312.

Holtzworth-Munroe, Amy, Stacia B. Beatty y Kimberly Anglin. "The Assessment and Treatment of Marital Violence". En N. S. Jacobson y A. S. Gurman (eds.), *Clinical Handbook of Couple Therapy*, 317-339. Nueva York: Guilford, 1995.

Hooven, Carole, John M. Gottman y Lynn F. Katz. "Parental Meta-Emotion Structure Predicts Family and Child Outcomes". *Cognition and Emotion* 9, nos. 2 y 3 (1995): 229-264.

Howes, Paul y Howard J. Markman. "Marital Quality and Child Functioning: Longitudinal Investigation". *Child Development* 60 (1989): 1044-1051.

Jekielek, S. M. "Parental Conflict, Marital Disruption and Children's Emotional Well-Being". *Social Forces* 76, no. 3 (1998), 905-936.

Josselson, Ruthellen. *Finding Herself: Pathways to Identity Development in Women.* Nueva York: Jossey Bass, 1987.

_____. *The Space Between Us.* Nueva York: Sage, 1996.

Jurkovic, G. J. *Lost Childhoods: The Plight of the Parentified Child.* Nueva York: Brunner/Mazel, 1997.

Katz, Lynn F. *Patterns of Marital Conflict and Children's Emotions.* Disertación doctoral, University of Illinois en Urbana-Champaign, 1990.

Katz, Lynn F y John M. Gottman. "Patterns of Marital Conflict Predict Children's Internalizing and Externalizing Behaviors". *Developmental Psychology* 29 (1993): 940-950.

Kelly, E. Lowell y James J. Conley. "Personality and Compatibility: A Prospective Analysis of Marital Stability and Marital Satisfaction". *Journal of Personality and Social Psychology* 52, no. 1 (1987): 27-40.

Kelly, J. B. "Marital Conflict, Divorce and Children's Adjustment". *Child and Adolescent Psychiatric Clinics of North America* 7, no. 2 (1998): 259-271.

Kendall, Philip C. y Keith S. Dobson. "On the Nature of Cognition and Its Role in Psychopathology". En Keith S. Dobson y Philip C. Kendall (eds.), Nueva York: Academic Press, 1993.

Kerig, Patricia K. "Triangles in the Family Circle: Effects of Family Structure on Marriage, Parenting and Child Adjustment". *Journal of Family Psychology* 9, no. 1 (1995): 28-43.

Kerr, Michael y Murray Bowen. *Family Evaluation.* Nueva York: W. W. Norton, 1988.

Knudson-Martin, Carmen. "The Politics of Gender in Family Therapy". *Journal of Marital and Family Therapy* 23 (1997): 421-437.

Bibliografía

Kohut, Heinz. "Thoughts on Narcissism and Narcissistic Rage". En P.H. Orenstein (ed.), *The Search for the Self*, Nueva York: International Universities Press, 1978.

Kozuch, Patricia y Teresa M. Cooney. "Young Adults' Marital and Family Attitudes: The Role of Recent Parental Divorce, and Family and Parental Conflict". *Journal of Divorce and Remarriage* 23 nos. 3 y 4 (1995): 45-62.

Krystal, H. *Integration and Self-Healing: Affect-Trauma-Alexithymia*. Hillsdale, N.J.: The Analytic Press, 1988.

Kulka, Richard A. y Helen Weingarten. "The Long-Term Effects of Parental Divorce in Childhood on Adult Adjustment". *Journal of Social Issues* 35, no. 4 (1979): 50-78.

Lachtar, Joan. *The Many Faces of Abuse*. Northvale, N.J.: Jason Aronson, 1998.

Langston, Donna. "Tired of Playing Monopoly?" En M. L. Anderson y P. H. Collins (eds), *Race, Gender Class: An Anthology*, tercera edición, 126-136. Belmont, Calif.: Wadsworth, 1998.

Larson, Jeffrey H., Clark H. Hammond y James M. Harper. "Perceived Equity and Intimacy in Marriage". *Journal of Marital and Family Therapy* 24 (1998): 487-506.

LaRossa, R. *Conflict and Power in Marriage*. Beverly Hills, Calif.: Sage, 1977.

Lee, Mo-Yee. "Trajectory of Influence of Parental Divorce on Children's Heterosexual Relationships". *Journal of Divorce and Remarriage* 22, nos. 3 y 4 (1995): 55-76.

Lerner, Harriet. *The Dance of Anger: A Woman's Guide to Changing the Patterns of Intimate Relationships*. Nueva York: Harper & Row, 1985.

_____. *The Dance of Intimacy: A Woman's Guide to Courageous Acts of Change in Key Relationships*. Nueva York: Harper & Row, 1989.

Bibliografía

Levant, Ronald F. "Gender Equality and the New Psychology of Men : Comment on 'The Politics of Gender in Family Therapy'". *Journal of Marital and Family Therapy* 23, no. 4 (1997): 439-444.

Lewis, Jerry M. y Margaret T. Owen. "Stability and Change in Family-of-Origin Recollections Over the First Four Years of Parenthood". *Family Process* 34, no. 4 (1995): 455-465.

Loewenstein, R. M. "Defensive Organization and Autonomous Ego Function". *Journal of the American Psychoanalytic Association* 15, no. 4 (1967): 795-809.

Mackey, Richard A. y Bernard A. O'Brien. *Lasting Marriages: Men and Women Growing Together.* Westport, Conn.: Praeger, 1995.

Margolin, Gayla. "Marital Conflict Is Not Marital Conflict Is Not Marital Conflict". En R. de V. Peters y R. J. McMahon (eds.), *Social Learning and Systems Approaches to Marriage and the Family*, 193-216. Nueva York: Brunner/Mazel, 1988.

McNeal, Cosandra y Paul R. Amato. "Parents' Marital Violence: Long-Term Consequences for Children". *Journal of Family Issues* 19, no. 2 (1998): 123-139.

McQuillan, Julia y Myra M. Ferree. "The Importance of Variation Among Men and the Benefits of Feminism for Families". En Alan Booth y A. C. Crouter (eds.), *Men in Families*, 213-225. Mahwah, N.J.: Lawrence Erlbaum, 1998.

Meissner, W. W. "The Earliest Internalizations". En Ruth F. Lax, Sheldon Bach y J. Alexis Burland (eds.), *Self and Object Constancy*, 29-72. Nueva York: Guilford, 1986.

Meyer, Shannon L., Christopher M. Murphy, Michele Cascardi y Beverly Birns. "Gender and Relationships: Beyond the Peer Group". *American Psychologist* 46 (1991): 537.

Morrison, Helen L. *Children of Depressed Parents.* Nueva York: Grune & Stratton, 1983.

Bibliografía

Morrow, M. R. "The Influence of Dysfunctional Family Behaviors on Adolescent Career Exploration". *School Counselor* 42, no. 4 (1995): 311-316.

Moultrup, David J. *Husbands, Wives & Lovers*. Nueva York: Guilford, 1990.

Neisser, Ulric. "Self-Narratives: True and False". En Ulric Neisser y Robyn Rivush (eds.), *The Remembering Self*, 1-18. Cambridge, Mass.: The Press Syndicate of the University of Cambridge, 1994.

Neuman, M. Gary: "How Divorce Affects Kids". *Parents Magazine*, noviembre 1998, 93.

Noller P. *Non Verbal Communication and Marital Interaction*. Pergamon Press, 1984.

O'Brien, Mary, Mudaita A, Bahadur, Christina Gee, Kathy Balto y Stephanie Erber. "Child Exposure to Marital Conflict and Child Coping Responses as Predictors of Child Adjustment". *Cognitive Therapy and Research* 21, no. 1 (1997): 39-59.

O'Leary, K. Daniel, "Marital Discord and Children: Problems, Strategies, Methodologies and Results". En A. Doyle, D. Gold y D. Moskowitz (eds.), *Children in Families Under Stress*, 35-46. San Francisco: Jossey Bass, 1984.

O'Leary, K. Daniel y I. Arias. "Prevalence, Correlates and Development of Spouse Abuse". En R. de V. Peters y R. J. McMahon, *Social Learning and Systems Approaches to Marriage and the Family*. Nueva York: Brunner/Mazel, 1988.

Pollack, William. "Raising Loving Boys". *Working Mothers*, marzo 1999: 32-34.

_____. *Real Boys*. Nueva York: Random House, 1998.

Prince, S. E. y N. S. Jacobson. "A Review and Evaluation of Marital and Family Therapies for Affective Disorders".

Journal of Marriage and Family Therapy 21 (1995): 377-401.

Prochaska, James y Janice Prochaska. "Twentieth Century Trends in Marriage and Marital Therapy". En Thomas J. Paolino y Barbara S. McCrady (eds.), *Marriage and Marital Therapy*, 1-24. Nueva York: Brunner/Mazel, 1978.

Rabin, Claire. *Equal Partners–Good Friends: Empowering Couples Through Therapy.* Nueva York: Routledge, 1996.

Rausch, Harold L., W. A. Barry, R. K. Hertal y M. A. Swain. *Communication, Conflict and Marriage.* San Francisco: Jossey-Bass, 1974.

Robins, Lee N., Sandra P. Schoenberg, Sandra J. Holmes, Kathryn S. Ratcliff, Alexandra Benham y Jane Works. "Early Home Environment and Retrospective Recall: A Test for Concordance Between Siblings With and Without Psychiatric Disorders". *American Journal of Orthopsychiatry* 55 (1985): 27-41.

Rosen, Hugh. *Piagetian Dimensions of Clinical Relevance.* Nueva York: Columbia University Press, 1985.

Sabatelli, Ronald M. y Stephen A. Anderson. "Family System Dynamics, Peer Relationships and Adolescents' Psychological Adjustment". *Family Relations* 40 (1991): 363-369.

Scanzoni, John, Karen Polonko, J. Teachman y Linda Thompson, *The Sexual Bond.* Nueva York: Sage, 1989.

Scarf, M. "Intimate Partners: Patterns in Love and Marriage", *Atlantic Monthly*, noviembre 1986.

Scharff, David y Jill Scharff. *Object Relations Family Therapy.* Northvale, N.J.: Jason Aronson, 1987.

Schneider, C. "The Struggle Towards a Feminist Practice in Family Therapy: Practice". En Rosine J. Perelberg y Ann A. Miller (eds.), *Gender and Power in Families*, 118-134. Nueva York: Tavistock, 1990.

Bibliografía

Schwarz, J. Conrad y David C. Zuroff. "Family Structure and Depression in Female College Students: Effects of Parental Conflict, Decision-Making Power and Inconsistency of Love". *Journal of Abnormal Psychology* 88, no. 4 (1979): 398-406.

Sheinberg, Marcia y Peggy Penn. "Gender Dilemmas, Gender Questions and the Gender Mantra". *Journal of Marriage and Family Therapy* 17, no. 1 (1991): 33-44.

Siegel, Judith P. "Analysis of Projective Identification: An Object Relations Approach to Marital Treatment". *Journal of Clinical Social Work* 19 (1991): 71-81.

_____. "Defensive Splitting in Couples", *Journal of Clinical Psychoanalysis* 7, no. 3 (1998): 305-303.

_____. "Destructive Conflict in Nonviolent Couples: A Treatment Guide", *Journal of Emotional Abuse* 1, no. 3 (1999): 65-85.

_____. *Repairing Intimacy: An Object Relations Approach to Couples Therapy.* Northvale, N.J.: Jason Aronson, 1992.

Singer, Jerome L. y Peter Salovey. "Organized Knowledge Structures and Personality". En *Person, Schemas and Maladaptive Interpersonal Behaviors*, 33-79, Chicago: University of Chicago Press, 1991.

Snyder, Douglas K. y J. M. Velásquez. "Parental Influence on Gender and Marital Role Attitudes: Implications for Intervention". *Journal of Marital and Family Therapy* 23, no. 2 (1997): 191-201.

Spring, Janis A. *After the Affair: Healing the Pain and Rebuilding Trust When a Partner Has Been Unfaithful.* Nueva York: HarperCollins, 1996.

Steil, Janice M. *Marital Equality: Its Relationship to the Well-Being of Husbands and Wives.* Thousand Oaks, Calif.: Sage, 1997.

Stierlin, H. y G. Weber. *Unlocking the Family Door: A Systemic Approach to the Understanding and Treatment of Anorexia Nervosa.* Nueva York: Brunner/Mazel, 1989.

Stiver, Irene P. "The Meanings of 'Dependency' in Female-Male Relationships". En J.V. Jordan, A. G. Kalpan, J. B. Miller, I. P.Stiver y J.L.Surrey (eds.), *Women's Growth in Connection: Writings from the Stone Center*, 143-161. Nueva York: Guilford, 1991.

Straussner, S. L. A. "The Impact of Alcohol and Other Drug Abuse on the American Family". *Drug and Alcohol Review* 13 (1994): 393-399.

Swidler, Ann. "Love and Adulthood in American Culture". En N. Smelser y E. Erikson (eds.), *Themes of Work and Love in Adulthood*. Cambridge, Mass.: Harvard University Press, 1980.

Taffel, Ron y Roberta Israeloff. *Why Parents Disagree and What You Can Do About It.* Nueva York: Avon Books, 1995.

Thornton, A. y Deborah Freedman. "Changing Attitudes Toward Marriage and Single Life". *Family Planning Perspectives* 14, no. 6 (1982): 297-303.

Timmer, Susan G., Joseph Veroff y Shirley Hatchett. "Family Ties and Marital Happiness: The Different Marital Experiences of Black and White Newlywed Couples". *Journal of Social and Personal Relationships* 13, no.3 (1996): 355-359.

Turner, Martha. "Addictions in Marital/Relationship Therapy". En Gerald R.Weeks y Larry Hof (eds.), *Integrative Solutions*, 124-147. Nueva York: Brunner/Mazel, 1995.

Wallerstein, Judith. "The Psychological Tasks of Marriage: Part 2". *American Journal of Orthopsychiatry* 66, no.2 (1996): 217-227.

Wallerstein, Judith y Sandra Blakeslee. *How and Why the Good Marriage Lasts.* Nueva York: Houghton Mifflin, 1995.

_____. *Second Chances: Men, Women and Children a Decade After Divorce.* Nueva York: Ticknor & Fields, 1989.

Bibliografía

Walters, Marianne, Betty Carter, Peggy Papp y Olga Silverstein. *The Invisible Web: Gender Patterns in Family Relationships.* Nueva York: Guilford, 1988.

Ward, Betty A. *Marital Quality, Marital Conflict–Tactics and Children's Self-Image and School Behavior.* Disertación doctoral, Yale University, 1988.

Waring, Edward M. "Marriages of Patients with Psychosomatic Illness". *General Hospital Psychiatry* 5 (1983): 49-53.

Waring, Edward M., Mary P. Tillman, L. Frelick, Lila Russell y G. Weisz. "Concepts of Intimacy in the General Population". *Journal of Nervous and Mental Disease* 168, no. 8 (1980): 471-474.

Weeks, Gerald y Larry Hof. "Commitment and Intimacy". En Gerald Weeks y Larry Hof (eds.), *Integrative Solutions.* Nueva York: Brunner/Mazel, 1995.

Wenning, Kenneth. *Men Are from Earth, Women Are from Earth.* Northvale, N.J.: Jason Aronson, 1998.

Westfall, April. "Extramarital Sex: The Treatment of the Couple". En Gerald R. Weeks (ed.), *Treating Couples*, 163-190. Nueva York: Brunner/Mazel, 1989.

_____. "Working Through the Extramarital Trauma: An Exploration of Common Themes". En Gerald Weeks y Larry Hof (eds.), *Integrative Solutions.* Nueva York: Brunner/Mazel, 1995.

Whitborne, Susan K. y Joyce B. Ebmeyer. *Identity and Intimacy in Marriage: A Study of Couples.* Nueva York: Springer-Verlag, 1990.

White, L. K. y A. Booth. "The Transition to Parenthood and Marital Quality". *Journal of Family Issues* 6, no. 4 (1985): 435-449.

Whitehead, Tony L. y Barbara V. Reid. *Gender Constructs and Social Issues.* Urbana: University of Illinois Press, 1992.

Whiteside, Mary F. "The Parental Alliance Following Divorce:

Bibliografía

An Overview". *Journal of Marital and Family Therapy* 24, no. 1 (1998): 3-24.

Worden, Mark y Barbara Worden. *The Gender Dance in Couples Therapy.* Pacific Grove, Calif.: Brooks/Cole, 1998.

Wynne, Lyman C. y Adele R. Wynne. "The Quest for Intimacy". *Journal of Marital and Family Therapy* 12 (1986): 383-394.

Zeanah, Charles H., Neil W. Boris y Julie A. Larrieu. "Infant Development and Develompental Risk: A Review of the Past 10 Years". *Journal of the American Academy of Child & Adolescent Psychiatry* 36, no. 2 (1997): 165-178.

a empresa | Contáctenos | Preguntas Frecuentes | Regístrese | Norma Puntos | Lista de deseos | Referidos | Mi cuenta | Carrito

norma.com

Buscar en todo el sitio ▼ | 🔍 Buscar

Inicio | **Libros** | Su tienda

→ **Autores** → **Los más vendidos** → **Recomendados**

Uno de los portales de libros
más visitados en idioma español.

Regístrese y compre todos sus libros en
norma.com
y reciba grandes beneficios:

- Conozca los últimos libros publicados.

- Mire algunas de las páginas interiores de los libros.

- Reciba mensualmente el boletín de las novedades
  publicadas en los temas de su interés.

- Participe en nuestro programa Norma Puntos y obtenga
  los siguientes beneficios:

  - Gane 2000 puntos por su registro.

  - Refiéranos a sus amigos y gane más Norma
    Puntos por cada uno de ellos.

  - Acumule puntos por sus compras.

  - Los puntos podrán ser redimidos por libros y/o
    descuentos.

- Participe en concursos, foros, lanzamientos y muchas
  actividades más.

- Compre sus libros en una plataforma segura de correo
  electrónico que permite varias alternativas de forma de
  pago.

- Reciba atención personalizada en:
  servicliente@norma.com